BIBLIOTHÈQUE D'HISTOIRE DE LA RENAISSANCE
sous la direction de Denis Crouzet et Nicolas Le Roux
20

Massacre en Provence

Ouvrage publié avec le soutien de l'Association d'études vaudoises
et historiques du Luberon (AEVHL)

Gabriel Audisio

Massacre en Provence

Le Parlement et les vaudois (1540-1545)

PARIS
CLASSIQUES GARNIER
2022

Gabriel Audisio est professeur émérite d'Aix-Marseille Université. Spécialiste du XVIe siècle, d'histoire culturelle, religieuse et des vaudois, il a publié 37 ouvrages et 155 articles dans 9 pays en 4 langues dont *Les Vaudois. Histoire des pauvres de Lyon* (Saint-Rémy-de-Provence, 2016), *Histoire de l'exécution de Cabrières et Mérindol* de Jacques Aubéry (Paris, 1995) et *Lire le français d'hier* (Paris, 5e éd. 2015).

ISBN 978-2-406-13018-5 (livre broché)
ISBN 978-2-406-13019-2 (livre relié)
ISSN 2262-4309

Pour Rose, fidèle lectrice assidue.

À la mémoire de René et de Marie-Claire.

Mais celui qui aura tenu bon jusqu'au bout, celui-là sera sauvé.
Matthieu 20, 22 ; 24, 13. Marc 13, 13.

OUVERTURE

Il est rare de découvrir des documents du XVIe siècle qui n'aient pas encore été exploités. Plus rare encore lorsqu'ils concernent le domaine religieux de cette époque, depuis longtemps étudié notamment pour ce qui regarde l'apparition et la diffusion de la Réforme en France ainsi que sa répression. C'est pourtant ce qu'il advint en 2008. Céline Rigouleau[1], après son cursus d'histoire à l'université de Provence, se trouvait alors en poste aux archives départementales de la Lozère à Mende. Elle me signala l'existence de deux petits registres du Parlement de Provence, l'un de 1540 et l'autre de 1545 consacrés aux « délibérations et procédures contre les vaudois et luthériens ». Ils se trouvaient dans le fonds Ferdinand André, qui fut archiviste départemental de ce dépôt de 1864 à 1893. C'est un ensemble de notes et de documentation historique et archéologique sur la Lozère, mais aussi de plusieurs éléments concernant Marseille et la Provence, parmi lesquels ces deux registres originaux. F. André, avant d'être nommé à Mende, avait été archiviste adjoint en Provence. Ces documents ont depuis rejoint les archives départementales des Bouches-du-Rhône à Marseille[2]. Ils n'étaient donc pas vraiment inconnus, d'ailleurs F. André avait commencé à établir la transcription du premier, restée inachevée mais, par leur transfert en Lozère et leur insertion dans un fonds privé, ils avaient jusqu'ici échappé à l'attention des chercheurs. Pour ma part je regrette évidemment de ne pas les avoir connus d'abord pour ma thèse (1984) et ensuite pour les diverses publications que j'ai depuis consacrées aux vaudois de Provence.

Or*, après les avoir consultés et avoir tiré un article du premier registre[3], il m'est apparu important de les publier intégralement pour

1 Je lui suis très reconnaissant de m'avoir appris l'existence de ces documents et d'en permettre ainsi l'édition.

2 Sous les cotes 1 J 1025-1030, dont les deux registres sous la même cote 1 J 1028.

3 Le massacre des vaudois du Luberon : de la décision (1540) à l'exécution (1545), *Riforma e movimenti religiosi*, 2021, n° 9, p. 105-130.

l'intérêt qu'ils peuvent susciter et les nouvelles informations qu'ils apportent permettant notamment de répondre à certaine question restée sans réponse jusqu'ici, comme nous le verrons, et de permettre à chacun d'en prendre connaissance même s'il n'est pas capable d'en lire l'écriture originale. J'ai toujours considéré que la tâche de l'historien, surtout pour les périodes anciennes, consiste aussi à mettre à la disposition du public au moins certaines des sources sur lesquelles il travaille et qui sont d'accès difficile.

Toutefois publier des manuscrits du XVIe siècle présente de sérieuses difficultés. Les documents ici offerts, comme tous ceux de cette époque, se présentent sans ponctuation ni accentuation. En outre des formules latines surgissent parfois dans le contexte français. Il faut donc trouver des solutions, qui ne peuvent être que des compromis entre deux extrêmes : soit restituer à l'identique l'original, au risque de le rendre accessible seulement aux quelques spécialistes soit de le mettre au goût du jour, perdant ainsi une bonne part de sa saveur ainsi que la disposition première du texte, en interdisant par là-même toute étude linguistique. À vrai dire aucune solution n'est pleinement satisfaisante. Certains spécialistes se sont penchés sur la question, proposant des règles de transcription et d'édition[4]. Le lecteur pourra prendre connaissance de celles qui ont été retenues ici et présentées ci-après.

En tout état de cause il importe, avant d'aborder la lecture des documents, de connaître la situation dans laquelle ils s'insèrent au début des années 1540. Il n'est pas possible de traiter dans le détail les divers aspects abordés par ces deux manuscrits : la Provence, son parlement avec sa composition et son fonctionnement, la ville d'Aix, la poursuite des hérétiques dans le royaume, la dissidence vaudoise, les idées réformées de Luther, l'origine et l'extension de la présence vaudoise… Je m'en tiendrai à ce qu'il me paraît nécessaire et utile de savoir pour aborder et apprécier à leur juste valeur ces textes.

4 Par exemple B. Barbiche et M. Chatenet (dir.), *L'édition des textes anciens, XVIe-XVIIIe siècle*, Paris, Association Études, Loisirs, Patrimoine, 1990.

LE PAYS

Pour comprendre ce qu'il advint en Provence dans les années 1540, il convient de rappeler ce qui passa précédemment, événements auxquels d'ailleurs le premier registre se réfère explicitement, à savoir le début des poursuites contre les vaudois du Luberon, montagne s'étendant d'est en ouest, de Manosque à Cavaillon, sur une soixantaine de kilomètres et culminant à 1 200 m. Même si d'autres « hérétiques », taxés d'être luthériens, furent poursuivis dans d'autres localités disséminées en Provence, cette zone fut la cible particulière des autorités locales tant civiles que religieuses : elle rassemblait non seulement, comme ailleurs dans la province, quelques individus « mal sentant de la foi » mais des communautés entières de vaudois.

La Provence était depuis peu une province du royaume de France. Le comté relevait de la maison d'Anjou et René Ier, roi de Naples, le légua à son neveu, lequel mourut sans postérité en 1481. Louis XI en fut désigné l'héritier à condition de respecter ses privilèges et libertés. Il conclut alors un véritable traité avec les états de Provence, dont il accepta toutes les requêtes. Désormais le roi de France devait expressément mentionner son titre de « comte de Provence, Forcalquier et terres adjacentes » sur tous les actes sous peine d'annulation. Jusqu'à la Révolution, tous les rois de France se soumirent à cette règle. Quant aux Provençaux, notamment les juristes, excluant le terme d'annexion, ils utilisaient plutôt celui de « union » du comté au royaume. L'importance de cette province tenait notamment à sa position méditerranéenne, avec notamment le port de Marseille, « porte de l'Orient », mais aussi à sa situation limitrophe avec le duché de Savoie ainsi qu'avec les États pontificaux (Avignon et le Comtat Venaissin). C'est là que, sur le plan stratégique, le Luberon joue un rôle particulier, se trouvant lui-même partagé entre la Provence, relevant du roi de France et, pour sa partie occidentale, le Comtat, terre du pape. Par ailleurs si la Provence se trouve divisée en une vingtaine d'évêchés, dont les principaux sont ceux d'Aix, Arles et Marseille, le Luberon lui-même en connaît six : Aix, Apt, Carpentras, Cavaillon, Riez, Sisteron, avec cette spécificité à l'ouest : des communautés relevant au civil du roi de France et au spirituel d'un siège épiscopal dépendant directement du pape. Ainsi, par exemple, Murs se trouve en Provence mais la paroisse dépend de l'évêque de Carpentras, en Comtat. De même Mérindol, dont il est souvent question dans nos documents, sis en Provence, avait pour seigneur l'évêque de Marseille mais relevait de l'évêque de Cavaillon, dans les États pontificaux. Cette situation de frontière ne manqua pas d'engendrer des tensions entre la France et le Saint-Siège.

Ainsi que toutes les « montagnes », le Luberon, malgré son aspect imposant, loin de constituer une barrière formait un espace très fréquenté en un temps où la marche était le mode commun de déplacement. Il constituait alors une aire forestière, formée surtout de chênes, et non de pins et de cèdres implantés seulement au XIXe siècle. Cette forêt, surtout dans ses parties moins maîtrisées, pouvait susciter peurs et fantasmes. Elle jouait aussi un rôle important dans l'ancienne économie rurale, offrant gibier et poissons, bois de chauffe et d'œuvre, baies et fruits divers, champignons, toutes ressources indispensables à la survie d'une population souvent à la limite de la disette et parfois même de la famine. Les communautés d'habitants, composées principalement d'agriculteurs, sur les versants nord et sud, s'égaillaient en des villages alignés entre la montagne et les rivières de la Durance au sud et du Calavon au nord, en une zone encadrée par les villes d'Apt au nord, Manosque à l'est, Pertuis au sud et Cavaillon à l'ouest. Les cultures principales correspondaient à la fameuse trilogie méditerranéenne : céréales, vigne, olivier, s'y ajoutant l'ensemble des plantes complémentaires des prés, vergers et jardins ainsi que l'élevage du bétail.

Les ressorts juridiques, vu le partage politique et religieux, relevaient également de plusieurs compétences. Au spirituel, chaque évêque disposait d'un tribunal, l'officialité, présidé par un official. De plus, dans la tradition médiévale et avant la création de l'inquisition romaine en 1542 sous l'appellation de Saint-Office, jamais reçue en France mais active en Comtat, l'évêque pouvait nommer un inquisiteur dans son diocèse, confiant à ce tribunal d'exception la poursuite des hérétiques. Par ailleurs la plupart des ordres religieux étaient implantés dans cette région : carmes, célestins, cordeliers, dominicains, récollets, bernardines, franciscaines. Quant au temporel, la plus haute instance de la justice royale dans la province était le parlement d'Aix-en-Provence, créé en 1501. Il était composé d'un président, 11 conseillers (4 clercs et 7 laïques), 2 procureurs généraux, un avocat général, un avocat des pauvres, 4 secrétaires et greffiers et 3 huissiers, soit 23 personnes[5]. Par la suite le nombre des officiers varia considérablement. En 1535, l'édit de Joinville et l'ordonnance d'Is-sur-Tille réformant la justice en Provence, avec les trois niveaux de juridiction : viguier, sénéchal, Parlement. La Cour aixoise comptait alors un président, 14 conseillers, un avocat général, 2 procureurs généraux, un avocat et un procureur des pauvres, mais l'ordonnance ne prévoyait qu'un seul procureur général, ce qui fut réalisé en 1539.

Le fait le plus frappant dans l'évolution du Parlement est l'accroissement – la « crue » – du nombre de ses membres. En 1541 est créée une seconde charge de président en faveur de Maynier d'Oppède, Garçonnet, déjà président, devenant premier président. En 1543 sont créées en août deux charges de conseillers clercs et deux de conseillers laïques et en septembre six autres conseillers. De plus en 1544 le Parlement est divisé en deux Chambres : la Grand Chambre et la Chambre criminelle ou Tournelle, comptant alors 24 conseillers. S'y ajoute la Chambre des Comptes et Archives, devenue en 1555 la Cour des Comptes[6]. En 1554, suite à la création d'un nouvel office de conseiller, deux consuls de la ville d'Aix adressèrent une remontrance et plainte au Parlement et au roi : « contre la multiplication des officiers de Parlement [...] Les causes ne sont pas assez nombreuses et deux jours d'audience par semaine suffisent ; et encore souvent les audiences s'arrêtent avant l'heure[7]. »

Ainsi le registre de 1540 provient du Parlement ne comptant alors qu'une Chambre, tandis que celui de 1545 est émis par la Grand Chambre. Nous y trouvons ainsi, pour des séances d'exception, la formule « Les chambres assemblées ». La Cour jugeait en première instance les quelques cas qui lui étaient réservés et surtout, en dernière instance, les appels qui lui parvenaient des tribunaux subalternes et ses jugements étaient définitifs... en principe, car chaque sujet pouvait théoriquement en appeler au Conseil du roi ; encore fallait-il en avoir les moyens ! Au niveau inférieur, siégeaient les sénéchaux et les tribunaux de première instance, tel le viguier en ville. Quant aux seigneurs ils

5 L. Wolff, *La vie des Parlementaires Provençaux au XVIme siècle*, Marseille, Imprimerie-Phototypie, 1924, p. 2.

6 C. Dolan, *Entre tours et clochers...*, Sherbrooke, Éditions de l'Université de Sherbrooke, 1981, p. 11. « Au milieu du siècle, en 1555, le Parlement réunissait 55 officiers et la Cour des Comptes 18, soit 73 », *ibid.*, p. 12.

7 Arch. départ. Bouches-du-Rhône, B 3 644, 18 février 1544.

disposaient également de la justice sur leur domaine, haute, moyenne ou basse selon les cas. N'oublions pas qu'à cette époque la seigneurie n'est pas nécessairement liée à la noblesse.

Les seigneuries étaient innombrables et d'importance très inégale suivant les familles ou les communautés qui les détenaient. Les Agout à Lourmarin, les Boulier de Cental à La Tour-d'Aigues et sa vallée, les Forbin à Janson et Saint-Estève se situaient sans conteste au sommet de la hiérarchie nobiliaire locale. Ces deux derniers territoires se trouvent au sud de la Durance et plus vraiment dans le Luberon, mais ils entretenaient avec lui des relations étroites puisque leurs habitants en provenaient. Enfin les institutions religieuses constituaient de réelles puissances : les évêques certes mais aussi les abbayes de Sénanque (cisterciens) et de Saint-Eusèbe (bénédictins) au nord, Silvacane au sud, mais aussi Montmajour près d'Arles, Saint-Victor de Marseille, Saint-Martial d'Avignon et les hospitaliers de Saint-Gilles, toutes maisons possédant de solides propriétés et domaines en Luberon.

La situation, notamment démographique, de la Provence en général et du Luberon en particulier était devenue très préoccupante au milieu du XVe siècle. Depuis un siècle environ, comme dans l'ensemble du royaume, de grandes calamités s'y étaient abattues. La trilogie traditionnelle avait sévi cruellement : famine, peste noire, guerre de Cent Ans… Vers 1450 triste est le tableau : pays dépeuplé, nombre de villages abandonnés et en ruine, cultures en friche. Le dépeuplement moyen de la Provence a été estimé à 42 % ; il atteignit même 60 % dans le pays d'Apt[8] ! Mais passé le cap des années 1450, voici le temps de la rémission et de la reprise. Les villes certes, toujours dévoreuses d'humains, mais aussi les campagnes se repeuplent. Les seigneurs, gros perdants de la crise par le manque à gagner des taxes et redevances qui n'entraient plus, offrirent des conditions particulièrement avantageuses pour attirer de nouveaux colons. Ainsi le pape, pour tout le Comtat, accorda en 1443 une exemption décennale de toutes taxes à qui viendrait s'installer dans ses États. En 1455 le seigneur de Cabrières-d'Avignon, localité que nous retrouverons, obtenait encore du Souverain Pontife la même immunité de tailles et redevances pour ses colons[9]. Mais où et comment les recruter ?

---

8 É. Baratier, *La démographie provençale du XIIIe au XVIe siècle*, Paris, S.E.V.P.E.N., 1961.

9 G. Audisio, *Les vaudois du Luberon. Une minorité en Provence (1460-1560)*, Mérindol, A.E.V.H.L., 1984, p. 68-69.

Si la migration de la montagne alpine vers le bas pays provençal était traditionnelle, elle était jusque-là surtout saisonnière, pour les moissons et les vendanges. Ce n'était plus vraiment la main-d'œuvre recherchée. Or en ces années une mutation économique se produisait sur les hauteurs alpines : la conversion de l'économie, passant de l'agriculture à l'élevage sous la pression montante de la demande urbaine en viande, libérait des bras désormais sans ouvrage[10]. En démographie il en va comme en climatologie : les hautes pressions engendrent un flux vers les basses pressions. La migration s'orienta naturellement vers le bas pays, d'autant que ce n'était pas aller vers l'inconnu : la plupart des migrants avaient déjà tissé des liens à l'occasion de déplacements temporaires. De plus, malgré quelques variantes, ils parlaient la même langue d'oc et les conditions d'accueil proposées étaient des plus favorables. Le Queyras perdit ainsi un tiers de sa population entre 1458 et 1474, dates de deux révisions des feux[11]. L'ampleur des départs semble avoir été massive.

Bien entendu, massif aussi fut le flot migratoire à l'arrivée. Les recherches à partir des actes notariés ont révélé quelque 1 400 personnes, soit autant de familles ce qui représenterait plus de 6 000 individus, provenant des diocèses alpins d'Embrun et de Turin qui se sont installés dans le Luberon, en Provence et Comtat, entre 1460 et 1560, dont les deux tiers entre 1490 et 1530[12]. De nombreux « actes d'habitation » passés par devant notaire entre le seigneur du lieu et les nouveaux habitants nous sont parvenus[13]. Une quinzaine de villages du Luberon abandonnés purent ainsi renaître, qui se retrouvent dans les documents ci-après publiés : Joucas (1465), Lourmarin (1480), Cabrières-d'Aigues (1495), Gignac (1501), Mérindol (1504), La Motte-d'Aigues (1505), Saint-Martin-de-la-Brasque et Peypin-d'Aigues (1506), Saint-Estève-Janson (1507), Roquefure et Murs (1508), Villelaure (1511), Buoux (1512), La Roque-d'Anthéron et Velaux (1514)[14].

---

10 R. Comba, *La popolazione in Piemonte sul finire del Medio Evo. Ricerche di demografia storica*, Torino, Deputazione subalpina di storia patria. Biblioteca storica subalpina, CLXXXXIX, 1977.

11 G. Audisio, *Une grande migration alpine en Provence (1450-1560)*, Torino, Deputazione subalpina di storia patria, 1989, p. 36-38.

12 G. Audisio, *Migranti valdesi, Delfinato, Piemonte, Provenza…*, Torino, Claudiana, 2011.

13 J.-J. Letrait, Les actes d'habitation en Provence (1460-1560), *Bulletin philologique et historique*, 1965, p. 183-226.

14 Voir G. Audisio, *Une grande migration alpine…*, *op. cit.*, p. 45-54.

Cette vague migratoire entraîna un véritable bouleversement dans le paysage : remise en culture des terres en friche, reconstruction des villages et hameaux. Apparut aussi un nouveau type d'habitat isolé : la « bastide », grosse ferme établie à l'écart du village, entourée de ses champs cultivés, à laquelle les premiers occupants donnèrent parfois leur nom. Des patronymes devinrent ainsi des toponymes, toujours lisibles aujourd'hui : La Bérarde, Bourgue, Cortasses, Dauphins, Marres, Perrotets, Reys, Riperts, Serre, Tamisiers…

Or, parmi ces Alpins immigrés, une population particulière, quoique fondue dans la masse migratoire, constituait une communauté homogène. Cabrières-d'Aigues en offre l'exemple le plus patent[15]. Le 10 mars 1495 Raymond d'Agout, seigneur du lieu, signait un acte d'habitation avec 80 chefs de famille qui s'installaient sur ses terres et décidaient de rebâtir le village abandonné. Le document précise qu'ils provenaient de la vallée de Freissinières (05) en Dauphiné. Voilà une localité dont les habitants étaient connus depuis longtemps pour appartenir à la dissidence vaudoise. En 1487-1488 s'était abattue sur les vallées vaudoises des Alpes une rude persécution. Les registres du parlement de Grenoble ont conservé la liste de leurs habitants poursuivis alors pour hérésie : les deux tiers des colons s'installant à Cabrières-d'Aigues s'y retrouvent. Ainsi parmi ces paysans alpins venus s'installer en Provence se dissimulaient des hérétiques vaudois. Si nous considérons cinq villages du sud Luberon ayant été ainsi repeuplés (Cabrières-d'Aigues, La Motte-d'Aigues, Peypin-d'Aigues, Saint-Martin-de-la-Brasque et Lourmarin), sur les 292 immigrés identifiés 245 proviennent de villages vaudois alpins soit 84 %. Qu'était donc cette « hérésie » vaudoise ?

LES VAUDOIS

Pour éviter tout contresens ou incompréhension il importe de nous dégager de la situation actuelle de la religion en France pour tenter de comprendre les mentalités et comportements que nous allons rencontrer

---

15 Arch. départ. Vaucluse, 3 E 55/38, f° 339 ; G. Audisio, *Les vaudois du Luberon*, *op. cit.* p. 52-53, 64-65.

chez les contemporains de François Ier. Malgré la difficulté que cela représente pour nos esprits empreints de laïcité, vivant dans une société où la religion relève principalement de la vie privée et d'une option individuelle, il faut tenter cette approche du XVIe siècle comme un ethnologue aborde un nouveau continent, habité par une peuplade dont il ignore tout ou presque. Le monde qui se présente à nous est celui d'une population profondément, viscéralement religieuse : la religion est générale, unanime, omniprésente. Rien ne lui échappe : du haut en bas de la société, de la naissance à la mort, tout fait, tout événement comporte une dimension religieuse. Il serait possible de multiplier les exemples pris dans les divers domaines de la vie personnelle, familiale, professionnelle et plus largement sociale. Ce serait alourdir de trop cette approche[16]. Tentons seulement de préciser l'origine et les caractères de la dissidence vaudoise[17].

À l'origine, vers 1170, se trouve un riche Lyonnais nommé Vaudès ou Valdès, dont nous ignorons le prénom, d'où le nom de ceux qui le suivirent, comme furent nommés chrétiens les partisans du Christ ou marxistes ceux de Karl Marx. Mais eux-mêmes ne s'appelèrent jamais « vaudois » mais plutôt « Pauvres de Lyon » ou « Pauvres du Christ ». Nous savons peu sur cet initiateur. La tradition veut que, frappé par les paroles dures de Jésus sur la richesse et les riches[18], il ait vendu tous ses biens et se soit mis à mendier et à prêcher l'évangile et la pauvreté, ne tardant pas à entraîner des disciples, hommes et femmes, tous également prêcheurs. Il semble que, dans un premier temps, l'évêque de Lyon, lui-même moine, ait laissé faire. Mais son successeur ne l'entendit pas de même. C'est que se mettait alors en place une nouvelle mesure disciplinaire dans l'Église : le monopole de la prédication réservée aux clercs. Or Vaudès et les siens étaient des laïcs et entendaient le rester. Persistant en leur volonté malgré l'interdiction de prêcher, ils furent d'abord condamnés en 1184 comme schismatiques, c'est-à-dire désobéissant à l'autorité, et finalement comme hérétiques en 1215. En effet ils niaient le purgatoire, affirmant qu'il n'y a que deux voies dans l'au-delà,

16 Voir G. Audisio : *Les Français d'hier*, t. 2, *Des croyants, XVe-XIXe siècle*, Paris, A. Colin, 1996.

17 Pour une vision d'ensemble, voir mon ouvrage : *Les vaudois. Histoire des « Pauvres de Lyon », XIIe-XVIe siècle*, Saint-Rémy-de-Provence, Équinoxe, 2015.

18 Par exemple : « Va, ce que tu as, vends-le, donne-le aux pauvres et tu auras un trésor dans le ciel » ou « Il est plus facile à un chameau de passer par un trou d'aiguille qu'à un riche d'entrer dans le Royaume de Dieu » Marc, 10, 21 et 25)

le paradis et l'enfer. Or, après des décennies de débats et de controverses, l'Église finit par déclarer cette croyance comme doctrine de la foi[19]. À partir des années 1230 ils furent poursuivis comme hérétiques et donc comme perturbateurs de l'ordre public. En ces années se mettait également en place l'Inquisition, tribunal d'exception spécialement chargé de la lutte contre les hérétiques. Dès lors les Pauvres de Lyon furent poursuivis par les autorités à la fois civiles et religieuses.

Les poursuites transformèrent lentement et profondément cette communauté de croyants. Ce fut d'abord la dispersion : d'urbains qu'ils étaient, puisque mendiants, ils gagnèrent les campagnes où la dissimulation était plus aisée. Cette expansion finit par former au XVe siècle une véritable diaspora à l'échelle européenne : du sud-ouest français à la Bohème, en passant par la Provence, le Dauphiné, le Piémont ; de la Poméranie et du Brandebourg aux Pouilles et à la Calabre en Italie du sud, en passant par l'Alsace et la Suisse. Pour subsister et durer il leur fallut également s'organiser : après diverses phases, la communauté se structura en distinguant fidèles et prédicateurs, désormais seulement masculins. L'immensité de cette étendue se répercuta dans la pratique linguistique : la partie orientale de langue germanique appelant ses prêcheurs *Meister* (maître) ou *Beichtiger* (confesseur) et l'aile occidentale de langue d'oc les nommant « barbe », terme piémontais signifiant « oncle ». Visitant clandestinement leurs ouailles, ils étaient particulièrement recherchés par les autorités, comme nous le verrons dans les registres du Parlement.

En fin de compte, que reprochait-on aux vaudois ? Rappelons que toute divergence religieuse était vécue comme une atteinte à la société elle-même. Au sein de la communauté vaudoise il y eut des différences selon les régions et des évolutions au cours du temps. Néanmoins les fondements évangéliques demeuraient : le refus du purgatoire, qui avait pour conséquence de ne pas commander de messes au curé pour le repos de l'âme des défunts, ce qui constituait un sérieux manque à gagner pour le clergé ; le refus du mensonge et du serment, alors que celui-ci était très fréquemment requis ; la confession aux prêcheurs qui absolvaient leurs fidèles ; la réticence envers le culte des saints ; la défiance à l'égard du pouvoir du pape et du clergé. Mais extérieurement ils se comportaient comme les autres : baptême des enfants, mariage, funérailles, messe du dimanche, le tout à l'église paroissiale ; ils payaient comme tout un chacun la dîme,

19 J. Le Goff, *La naissance du purgatoire*, Paris, Gallimard, 1981.

impôt dû au clergé. Ils menaient ainsi une double vie. Ce qui permet de comprendre qu'ils pouvaient passer inaperçus. Or, alors que nous les avons vus s'installer en Provence dès les années 1460, les poursuites à leur encontre ne commencèrent que dans les années 1530, soit à la deuxième voire à la troisième génération. Vu la dissimulation qu'ils pratiquaient, la question n'est donc pas : comment ont-ils pu ne pas être repérés avant ? Mais plutôt : comment expliquer cette brusque découverte ?

L'OUVERTURE DES POURSUITES

Dans la première période, soit jusqu'au début des années 1530, comme il a été dit, les vaudois ne furent pas inquiétés. Est-ce à dire pour autant qu'il n'y eut aucune poursuite contre l'hérésie en Provence ? Quelques mentions attestent le contraire. Ainsi en 1439 Catherine David, habitant Draguignan (83), était poursuivie pour sorcellerie – crime considéré comme une forme d'hérésie relevant donc de l'Inquisition – avant d'être relaxée[20]. Cinquante ans plus tard, en 1489, les comptes du trésorier de la ville d'Apt (84) nous apprennent, grâce aux frais qu'elle avait entraînés, l'exécution d'une autre sorcière, Alaète Hospitalier : salaire du bourreau et de son aide, prix de la corde qui servit à l'étrangler avant de la brûler, achat de la chaîne pour la lier sur le bûcher[21]. En avril de l'année suivante deux « mascas » (sorcières) étaient emprisonnées à Pertuis (84). Le trésorier de la ville a écrit plus loin en marge de ses comptes : « de fère procédures et inquisission [enquête] contre les maculatz [entachés] de l'hérésie tenus prisoniers. » Nous sommes ici dans le Luberon et le compte de 1490 indique, pour clore les frais occasionnés par le séjour de l'official, le juge épiscopal : « Ay baylat à Jaume Bonafeyt per VIII jours que a norrit los vaudese a agut : 1 fl. 7 gr. » (J'ai donné à Jacques Bonnefoi pour 8 jours qu'il a nourri les vaudois, a eu : 1 florin 7 gros)[22]. Cette fois il s'agit bien de vaudois.

---

20 R. Aubenas, *La sorcière et l'inquisiteur. Épisode de l'Inquisition en Provence*, Aix-en-Provence, La Pensée Universitaire, 1956.

21 Arch. départ. Bouches-du-Rhône, B 1700, f° 522.

22 Arch. Com. Pertuis, BB 1, f° 91v°-92v°.

Une autre mention, tout aussi explicite, provient d'un des deux contrats établis à Marseille en 1477 chez le même notaire entre un ensemble de voyageurs et le même patron de bateau pour les transporter en Italie. Le premier, signé en mai, concerne des gens du Dauphiné à destination de Paola. Par le second, établi en septembre et en tout point semblable, les trois représentants agissent pour embarquer jusqu'à 150 personnes de Cabrières-d'Avignon (84), avec femmes, enfants et leurs ustensiles ménagers pour les transporter à Naples à raison d'un écu d'or par personne à l'exclusion des enfants allaités. Il s'agit d'évidence d'une émigration massive et organisée. Or le notaire a intitulé ce second acte : *naulisamentum pro valdensibus* (affrètement de bateau pour des vaudois), cas unique d'un acte notarié établi pour des « vaudois », qui ordinairement tenaient tant à passer inaperçus ! En fin de compte, pour la période de 1460 à 1530, nous ne disposons que de deux indices sûrs prouvant que les contemporains connaissaient la présence vaudoise : l'affrètement de bateau de 1477 à Marseille pour des habitants de Cabrières-d'Avignon et une mention dans les comptes du trésorier de Pertuis en 1490. Bien peu de chose pour une période de soixante ans ! Nous pouvons donc considérer que les autorités leur ont prêté peu d'attention.

Pourtant leur différence ne pouvait duper longtemps leur entourage, surtout à la campagne où rien ne peut rester longtemps inaperçu ni secret, où se pratique quotidiennement ce que l'on pourrait appeler la « solidarité-surveillance », cette attention faite à la fois de bienveillance et de suspicion[23]. Il est vrai que les actes religieux qu'ils posaient, conformes à ceux des autres habitants, permettaient leur intégration. Mais en recevant, quoique de nuit, les prédicateurs ambulants, en se mariant entre eux, en marquant quelque peu leur réticence envers le culte des saints, tellement prégnant alors avec les reliques, ils ne pouvaient passer totalement inaperçus. Il apparaît donc que, pour être intégrés dans la société rurale de Provence, les vaudois n'étaient pas pour autant assimilés[24]. La preuve : alors que jusque-là, pendant un demi-siècle et plus, ils furent laissés en paix, parce qu'ils étaient utiles à la fois aux autres habitants et à leurs seigneurs, la tension monta jusqu'à se muer en opposition, rivalité et dénonciation.

---

23 G. Audisio, *Les Français d'hier*, t. 1, *Des paysans, XVe-XIXe siècle*, Paris, A. Colin, 1993, 1998, p. 245.

24 G. Audisio, Migranti valdesi in Provenza nel Quattrocento e Cinquecento : inserimento, integrazione, assimilazione ?, R. Genre e Piercarlo Pazè (a cura di), *Le migrazioni dalle valli in età moderna*, Perosa Argentina, LAReditore, 2018, p. 101-118.

Par ailleurs, comme dans le reste du royaume, les premiers signes de la Réforme apparurent dans les années 1530 : Luther avait lancé ses 95 thèses en 1517, publié ses quatre écrits majeurs en 1520, et il avait été excommunié en 1521. Quant aux chemins parcourus par cette « hérésie » pour sa diffusion en France, ils restent mystérieux pour une bonne part, même si l'on peut penser qu'ils empruntèrent les diverses voies et moyens de communication de l'époque : routes et chemins, voies navigables, auberges et tavernes, couvents, prédication, enseignement, imprimé. En tout cas, à l'échelle de la France, les recherches qui se sont multipliées sur la présence protestante dans le royaume ont permis de déceler les milieux qui y furent le plus réceptifs : le Midi plus que le Nord, la ville davantage que la campagne, les moines de préférence au clergé séculier. La Provence confirme ce mode de diffusion à l'exception précisément des vaudois, population entièrement rurale.

La dégradation de la situation en Provence dans les années 1530 provint d'abord de la surcharge démographique, due à l'accroissement de la population sur un territoire aux ressources limitées et désormais insuffisantes. De fait le seul engrais possible était le fumier et l'extension des cultures ne pouvait s'effectuer qu'aux dépens de la forêt. Or celle-ci constituait à la fois un domaine réservé aux seigneurs pour la chasse et un domaine utile à la communauté d'habitants bénéficiant de divers droits de prélèvement. La cause de la tension sociale était sur place d'ordre économique mais les poursuites furent engagées par les autorités.

La conjonction de diverses décisions, au début des années 1530, explique le déclenchement des opérations. Tous les témoignages concordent pour le situer alors. En 1530 l'évêque d'Apt[25] nommait inquisiteur de son diocèse un dominicain, Jean de Roma. Rien d'exceptionnel en cela : le crime d'hérésie relevant soit du tribunal de l'évêque, l'officialité, soit de l'inquisition qui, dans la tradition médiévale, dépendait de l'autorité épiscopale. Mais ce qui est remarquable est le zèle que déploya ce personnage dans sa lutte contre l'hérésie. Le 7 juillet 1531 François Ier adressait depuis Fontainebleau une lettre à l'archevêque d'Aix[26] pour « que, incontinent [immédiatement] et le plus secrètement qu'il vous sera possible, vous vous veuillez enquérir ou faire enquérir par voz gens et officiers où et partout vostre diocèse qu'il se trouvera pour aucuns [quelques]

25 Jean de Nicolaï, évêque d'Apt de 1524 environ à 1533.

26 Pierre Filhol, archevêque d'Aix-en-Provence de 1506 à 1541.

personnages [...] qu'ilz soient chargéz ou suspeçonnéz véhémentement dudit crime d'hérésie ou de tenir la secte dudit Luther... » pour faire leur procès jusqu'à sentence définitive[27]. L'initiative du roi de France traduit son inquiétude suite aux troubles survenus dans l'empire germanique nommés *Bauernaufstand* (guerre des paysans) de 1525, suscités par la Réforme luthérienne malencontreusement interprétée par certains comme un appel à la révolte contre les seigneurs. Le rapport de l'archevêque, en réponse à la lettre du roi de 1531 tarda puisque datée de mars 1541. Nous pouvons imaginer la stupeur des officiers épiscopaux qui procédèrent sur place en diverses paroisses, y recevant les abjurations entre 1531 et 1533 : ils s'attendaient à trouver, comme par le passé, quelques dévoyés de la foi ici ou là et, dans ce cas, des luthériens ; ils découvrirent des communautés entières de vaudois et de plus organisées.

De son côté, pour les seules années 1531-1532 et le seul diocèse d'Apt, l'inquisiteur Jean de Roma déclara avoir poursuivi pour hérésie plus de 150 personnes, parmi lesquelles le futur barbe Pierre Griot, encore en formation : la copie du procès-verbal de ses interrogatoires nous est parvenue[28]. Quant au Parlement, en ces deux mêmes années il poursuivit 136 suspects de déviation religieuse, dont 133 vaudois. Les années qui suivirent marquèrent un répit, dû notamment à l'invasion de la Provence par les troupes impériales de Charles Quint en 1536. Mais la reprise fut brutale en 1539-1540 avec la poursuite de 177 prévenus d'hérésie, dont 148 vaudois, à la suite de l'arrestation, de la déposition et des aveux de deux personnages, que nous retrouvons dans nos documents : Jean Serre, le boiteux de Murs, barbe vaudois, et Antoine Garbille, prêtre, tous deux interrogés en 1539.

Telle est la situation provençale en 1540 : une sensibilité accrue à l'égard de la dissidence religieuse, perçue comme une menace immédiate, puisque présente dans nombre de villages de la province et apparemment installée depuis longtemps. Les membres du parlement d'Aix, le clergé mais aussi sans aucun doute une bonne part de la population partageaient ce que Jean Delumeau a appelé pour les gens de cette époque, déjà lourdement frappés par la trilogie calamiteuse (peste, famine, guerre), une « mentalité obsidionale », se sentant comme assiégés par les divers périls.

27 Arch. départ. Bouches-du-Rhône, 1 G 205.

28 G. Audisio, *Une inquisition en Provence (Apt, 1532)*, Paris, H. Champion, 2008.

DEUX REGISTRES DU PARLEMENT D'AIX-EN-PROVENCE

Les deux registres, objet du présent ouvrage, sont de même format (28,5 x 19 cm), n'étant ni foliotés ni paginés. Le premier, intitulé « Registre des délibérations et procédeures faictes par la Court contre les vauldoys et luthériens, MV^{c} quarante », se compose de 82 folios, une seule page et les treize derniers folios vierges. Il s'ouvre le 1er avril 1540 pour s'achever le 17 décembre de la même année. Le second s'inscrit dans la suite du premier comme l'indique le titre : « Continuation du registre des délibérations et procédeures faictes contre les vauldoys et luthériens de l'année MV^{c}XLV » ; il compte 84 folios de texte, sept pages et les vingt-neuf derniers folios vierges, commençant le 12 avril pour se clore le 10 novembre 1545. L'existence de ces deux registres constitue en elle-même une originalité dans les archives du parlement de Provence. Malgré l'incendie qui ravagea le palais royal d'Aix-en-Provence lors de l'invasion des troupes impériales de 1536, détruisant une partie des archives du Parlement, il nous reste une impressionnante série de ses registres pour la période qui suivit cet épisode et qui nous intéresse, constitués surtout des audiences et des arrêts à la barre ; quelques-uns seulement comprennent des délibérations, c'est le cas de nos deux registres. Mais surtout ces derniers ont été ouverts et tenus pour traiter seulement de la poursuite des crimes d'hérésie. Une telle sélection thématique constitue un fait unique dans tout le fonds du Parlement. C'est dire l'importance qu'avait prise cette préoccupation auprès des membres de la Cour. Or, alors que le second se veut la suite du premier, presque cinq ans les séparent. Deux raisons permettent de l'expliquer. La première est que, comme nous le verrons, l'exécution de l'arrêt de novembre 1540 contre les vaudois n'eut lieu qu'en 1545 ; la seconde, liée à la première, est que l'activité antihérétique se relâcha durant la période intermédiaire. De fait si quelque 180 procédures eurent lieu en 1539-1540 et plus de 500 en 1545, les quatre années 1541-1544 en totalisèrent moins de 60. Ainsi s'explique la tenue de ces deux registres, parfaitement atypiques dans la série.

Le contenu en est remarquable puisqu'ils nous offrent les procès-verbaux des séances de délibération, avec le plus souvent la liste des présents et, plus rarement il est vrai car ne se produisant que dans les cas particulièrement délicats, l'opinion de chaque membre, soit une seule fois en 1540 et à deux reprises en 1545. L'intérêt est encore accru du fait que s'y trouvent non seulement la copie de divers documents (ordres ou lettres) émanant du roi, du chancelier[29], du légat[30]ou du vice-légat[31]-d'Avignon, du gouverneur de Provence[32] ou encore de divers membres du Parlement mais aussi celle du courrier envoyé par la Cour ; nous disposons ainsi copie du courrier tant actif que passif. Ces échanges témoignent des hésitations, des tergiversations, des inquiétudes et des demandes de précisions que suscitèrent chez les parlementaires les décisions royales concernant la poursuite de l'hérésie dans leur application concrète.

L'écriture n'est peut-être pas celle du greffier, Honoré Boisson, dont la signature figure pourtant à plusieurs reprises ; il pourrait s'agir d'extraits copiés sur le registre des délibérations. Nous en avons un signe avec les quelques ratures qui y figurent : à trois reprises dans le registre de 1545 où des lignes ont été rayées aux f° 30v° (22 mai), 40v° (15 juin) et 56 (6 juillet)… pour être reprises un peu plus avant dans le texte. Le type même d'erreur commise lors de la copie d'un document en se trompant de ligne ! Cette copie pourrait être l'œuvre d'un clerc ou secrétaire quelconque. Nous ignorons, en l'absence de toute signature, si « Me Jehan Cotereau, secrétaire et greffier criminel » a laissé sa trace dans ces registres. Le copiste est d'évidence un professionnel de l'écrit, rompu aux usages traditionnels de l'exercice : la cursivité, marquant la rapidité du geste en liant les lettres et provoquant parfois leur déformation, l'indique. De plus l'usage constant des abréviations l'atteste avec notamment l'emploi des « notes tironiennes ». Marcus Tullius Tiro (vers 104 – vers 4 avant J.-C.) était un esclave, affranchi par Cicéron, dont il devint le secrétaire et qui inventa un système de tachygraphie : un ensemble de signes qui fut en usage durant des siècles et que nous retrouvons dans nos registres, remplaçant notamment er, et, per ou par, pré, pro ou pour, con ou com, etc. Nous sommes dans la grande tradition scripturaire médiévale, qui explique aussi l'absence de ponctuation

29 Chancelier de France : Guillaume Poyet (1538-1545) ; François Olivier (1545-1560).

30 Légat d'Avignon : François de Clermont-Tonnerre (1513-1541) ; Alexandre Farnèse (1541-1565).

31 Vice-légat d'Avignon : Alexandre Campeggi (1542-1544) ; Antoine Trivulce (1544-1547) et évêque de Toulon (1535-1559).

32 Claude de Savoie, comte de Tende, gouverneur de Provence de 1525 à 1566.

et d'accentuation. Elles ont été introduites dans la transcription car, dans la restitution du texte, il importe parfois d'opter. Il convient de différencier par exemple « ou » et « où ». L'orthographe a été respectée, moyennant les ajustements précisés dans les « Règles de transcription » présentées plus loin.

Outre l'écriture, la langue, quoique française, peut dérouter. Ce n'est certes plus l'ancien français, pratiqué du VIIIe au XIVe siècle et qui nous est parvenu par exemple avec la Chanson de Roland, le Roman de Renart ou les œuvres de Chrétien de Troyes. Mais avec cette langue du XVIe siècle, appelée « moyen français », le risque est pire. En effet le français médiéval nous est devenu parfaitement incompréhensible. Il est vrai que certains termes du moyen français nous sont également devenus étrangers : par exemple ains (mais), fame (réputation), mander (ordonner), etc. Dans ce cas nous savons que nous ne comprenons pas. Mais, le risque majeur est de croire comprendre et de commettre un contresens à cause de termes que nous utilisons toujours mais qui ont changé de signification : par exemple aucuns (certains), exhibition (présentation), inhibition (interdiction), partant (c'est pourquoi), si (aussi, donc), etc. C'est pourquoi il a été jugé utile d'offrir un glossaire en fin d'ouvrage. Autre différence de cette langue, des inversions provenant de la syntaxe latine. Par exemple nous trouvons « l'exécution des choses qui seront sur ce par vous ordonnées » (registre 1, f° 3v[o]) alors que nous écririons : l'exécution des choses que vous ordonnerez sur cela. De même encore l'usage de l'infinitif dans la complétive alors que nous utilisons le subjonctif : « Lesquels jugements [...] voulons être de tel effet [...] » (*ibid.*, f° 4) où nous dirions : lesquels jugements [...] voulons qu'ils soient de tel effet. De même il est écrit « qui appréhender les pourra » au lieu de : « qui pourra les appréhender » (*ibid.*, f° 18v[o]). Toutefois, si ces inversions peuvent dérouter, elles n'empêchent pas vraiment la compréhension.

Par ailleurs le fait que ces lettrés, aussi bien le greffier que les auteurs dont copie des écrits est donnée, soient latinistes se manifeste dans les expressions qui viennent naturellement à leur esprit et sous leur plume dans un contexte au demeurant entièrement français. Non seulement le récurrent *item* [de même] ou *alias* [autrement], que nous utilisons encore, mais des formules ou même des phrases entières : *in favorem fidei* [en faveur de la foi], (registre 1, f° 11v[o]) ; *declaratus hereticus* [déclaré hérétique] (*ibid.* f° 15) ou même *Sequitur rotulus illorum qui fuerunt de heretica pravitate abjurati in diocesi aquensi* [S'ensuit la liste de ceux qui abjurèrent de la perversion hérétique dans le diocèse d'Aix], (*ibid.* f° 14), etc. Ainsi nos documents sont parsemés de latin. Il ne faut pas y voir je ne sais quelle manifestation pédante de cuistre mais plutôt se souvenir que tous sont passés par l'apprentissage en latin et que, pour les juristes diplômés, le latin était la langue de l'Université tant pour les cours que pour les échanges.

Mais, formés au latin et pratiquant le français, ces gens étaient également, pour la plupart, des Provençaux dont la langue d'oc était le moyen de communication quotidien. Il n'est pas rare de voir ailleurs se mêler latin, français et provençal, que ce soit dans la documentation de l'administration locale (registres de délibérations, comptes, cadastres), dans les actes notariés ou plus encore dans la correspondance privée ou les livres de raison, lesquels se trouvent parfois entièrement rédigés en langue d'oc. Il est d'autant plus étonnant de constater que, à l'inverse du latin, la langue locale n'affleure pas ici. Il est vrai qu'aucun terme local n'apparaît dans son intégralité, ce qui peut s'expliquer par la nature très officielle de cette documentation émise au sein de l'administration royale, dans laquelle le français est de règle et courante depuis au moins le XIVe siècle, les comtes de Provence étant des Angevins.

Pourtant, à y regarder de plus près, l'influence provençale est perceptible. D'abord avec le terme récurrent de« Provence », figurant même dans la titulature du roi de France qui ne peut agir ici qu'en qualité de comte de cette province. Or nous trouvons systématiquement le terme écrit « Prouvence », évidente influence du provençal *Prouvenço*, ce qui n'a rien d'étonnant sous la plume de notre greffier, du copiste ou dans les lettres adressées par les conseillers du Parlement. Mais, plus surprenant, nous le trouvons également dans les actes émanant de la chancellerie royale ! Excluant l'hypothèse que les secrétaires de la chancellerie royale aient été provençalisant, reste deux possibilités : soit les originaux portent bien cette orthographe, ce qui dénoterait une attention particulière pour ménager la susceptibilité des parlementaires provençaux, soit c'est le greffier ou le copiste qui, en copiant les textes, s'est naturellement laissé emporter par l'habitude. J'aurais tendance à pencher pour cette dernière explication.

Mais ce n'est pas le seul cas. À l'image de ce terme provençal francisé, bien d'autres subissent la même adaptation ou altération. Nous trouvons ainsi « extrangier » (*estrangié*), especial, *mossen* (messire), cayeron (*caierot* : petit cahier), Allemagno, paouvre ou pouvre (*poure* ou *paure*, prononcé « paoure » : pauvre), estatuts, Penthecouste (*Pentacousto* : Pentecôte), proucéder, interroguer (*interrouga*). Tandis que les expressions ou termes latins apparaissent tels quels, le provençal n'émerge pas de la même façon : il apparaît dans sa francisation. Voilà qui témoigne, chez les lettrés, tant de leur pratique courante de la langue locale que de leur maîtrise de la langue « françoise » c'est-à-dire celle de l'Île-de-France.

Enfin nous pouvons être déroutés par une orthographe irrégulière qui paraît même aléatoire. C'est qu'en réalité elle n'est pas encore fixée. Son écriture est soit phonétique pour les moins instruits, soit étymologique pour les lettrés. Nous trouvons ainsi luthériens et « lutériens, luthérians », « quant » au lieu de quand, les noms se terminant en « ent, ant » se voient bien souvent privés du "t" final, "s" et "z" sont équivalents pour marquer le pluriel en fin de mot, "y" souvent utilisé au lieu de "i", le "s" aujourd'hui tombé en désuétude et remplacé par un accent circonflexe est encore présent ainsi dans « estre », « evesché », « fenestre », « vostre » et vaudois est régulièrement écrit « vauldoys ». Même les noms propres, de personne ou de lieu, peuvent varier : le conseiller Durant se voit également nommer Duranti, et le greffier Boisson, Boissoni, selon la forme latine des patronymes restée longtemps en usage. En considérant la copie des deux premières pages de ces registres, chacun pourra à la fois apprécier la qualité graphique de l'écriture et le service rendu par la transcription qui en a été effectuée. Qui persévèrera dans la lecture de cette dernière, mise ainsi à sa disposition, aura la satisfaction d'entrer en contact, le plus directement qu'il est encore possible, avec ce « monde que nous avons perdu[33] » et d'en déguster les saveurs linguistiques.

Ces précisions données tant sur leur contexte et environnement que sur les documents eux-mêmes, il est temps de se plonger dans ces deux registres. N'oublions pas qu'ils sont produits par la plus haute instance judiciaire de Provence et qu'ils ne concernent que la poursuite des hérétiques en 1540 et 1545, tandis que dans les autres registres conservés pour ces mêmes années se trouvent l'ensemble des affaires traitées par la Cour[34]. Cependant, malgré les précautions prises, les avertissements

33 P. Laslett, *The World we have lost*, Londres, Methuen & C°, 1965.

34 Arch. départ. Bouches-du-Rhône, B 3640 Audiences (1536-1541) ; 3732 Civil (1540) ; 3739 Civil (1545) ; 4500 Civil (1540) ; 5448 Criminel, arrêts à la barre (1545).

donnés et les ajustements pratiqués, il se pourrait que le lecteur éprouve trop de difficulté à lire cette langue qui nous est devenue bien étrangère. Dans ce cas, il ira directement au sommaire qui est présenté après la transcription des deux registres. Il pourra d'ailleurs à tout moment, s'il le souhaite, trouvant un passage qui l'intéresse plus particulièrement, se reporter facilement à la transcription grâce à la date puisque les délibérations du Parlement se succèdent dans l'ordre chronologique. Quant aux autres, mieux armés pour la lecture de ce moyen français ou suffisamment courageux pour s'y lancer, il est temps d'ouvrir ces registres et d'en prendre connaissance.

Mes remerciements les plus chaleureux s'adressent à Jean-Michel Ott et Michel Reynier qui ont bien voulu, une fois de plus, relire l'ensemble de cet ouvrage avant sa publication.

TRANSCRIPTION

RÈGLES DE TRANSCRIPTION

Ces manuscrits n'étant ni paginés ni foliotés, a été ajouté le foliotage entre crochets [ ] : le numéro seul indique le recto ; suivi de « v° » il signale le verso.

La présentation en alinéas a été respectée le plus souvent. Toutefois, pour alléger et faciliter tant la lecture que la compréhension, certains longs passages ont été scindés.

Ponctuation et accentuation, absentes ou aléatoires, ont été restituées selon notre usage.

Expressions et mots latins ont été mis en italiques et, si besoin, traduits (traduction entre crochets).

L'orthographe a été respectée. Les lettres "i" et "u" ayant une valeur de consonne ont été transcrites respectivement en "j" et "v". De même ont été distingués "c" et "t".

Les termes abrégés ont été transcrits dans leur intégralité suivant l'orthographe actuelle. L'abréviation « Monsr » a été développée en « Monsieur » ou « Monseigneur », les deux termes étant alors équivalents. Il en est encore ainsi aujourd'hui par exemple en italien et en espagnol respectivement avec les termes *signore* et *señor* traduits en « Monsieur » ou « Seigneur ».

Des mots tombés en désuétude ne sont plus compris et d'autres, toujours employés, ont changé de sens. Lorsqu'un tel terme apparaît pour la première fois il est suivi d'un astérisque indiquant qu'il figure dans le glossaire placé en fin d'ouvrage.

Tout ajout au texte est produit entre crochets : [ ].

Un mot qui n'a pu être lu est signalé par des points de suspension entre crochets [...].

Lorsque le scribe a d'évidence commis une erreur, qui ne nuit pas à la compréhension, elle est reproduite telle quelle suivie du terme latin entre crochets signifiant « ainsi » : [*sic*].

Les notes de bas de page se trouvant dans la transcription concernent le texte seul ; les autres se trouvent soit dans « l'approche », qui précède la transcription des documents, soit dans « l'apport » qui la suit.

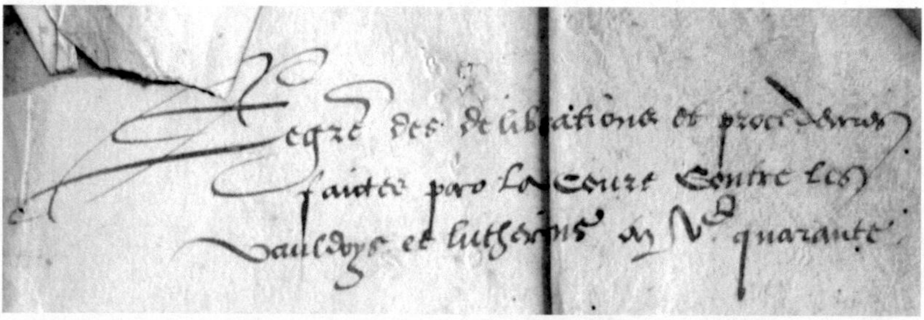

FIG. 1 – Registre des délibérations et procédeures faictes par la Court contre les vauldoys et luthériens. MV^c^ quarante. Archives départementales des Bouches-du-Rhône, 1 J 1028.

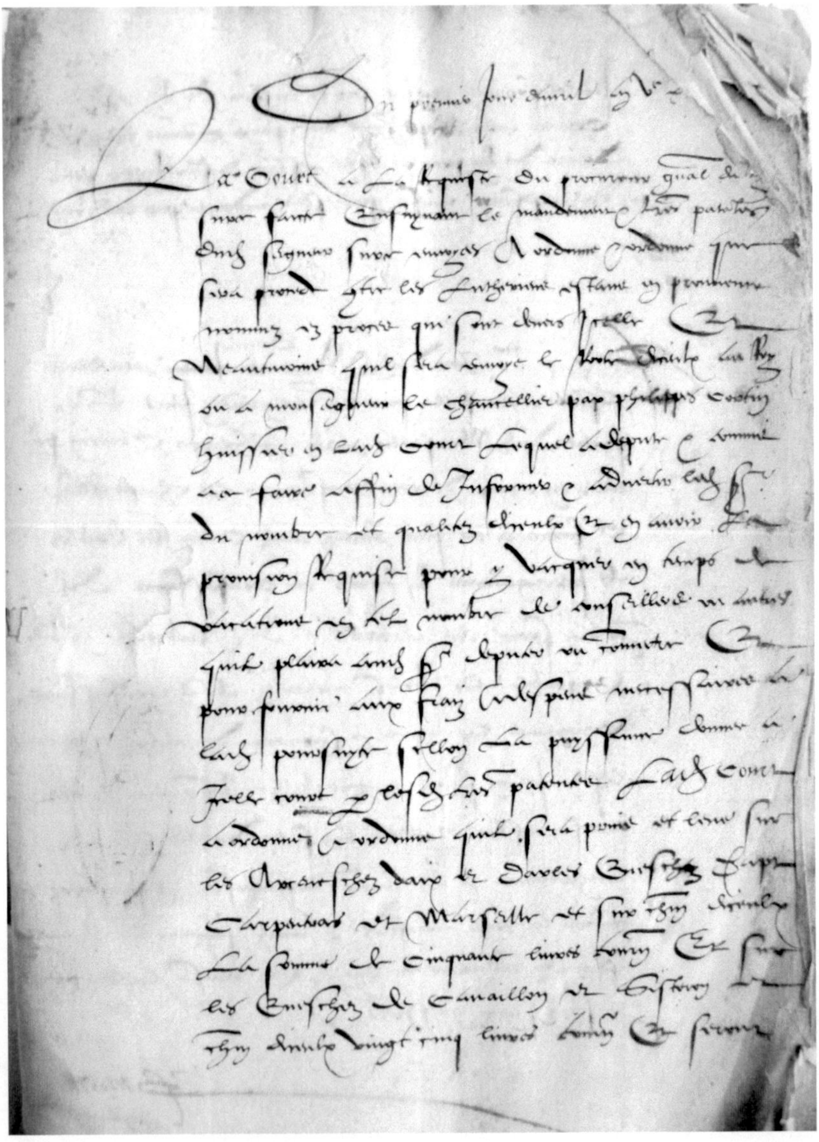

FIG. 2 – Début du premier registre (1540).
Archives départementales des Bouches-du-Rhône, 1 J 1028.

PREMIER REGISTRE (1540)

Registre des délibérations et procédeures faictes par la Court contre les vauldoys et luthériens. MV^{C} quarante

[F^{o} 2] Du premier jour d'avril MV^{C}XL.

La Court, à la requeste du procureur général du roy sur ce faicte en suyvant le mandement* et lettres patentes* dudit seigneur sur ce envoyées, a ordonné et ordonne que sera procédé contre les luthériens estans en Prouvence nomméz èz* procès qui sont devers icelle. Et néantmoins qu'il sera envoyé le roole* d'iceulx au roy ou à monseigneur le chancellier par Philippes Cortin huissier en ladite Court, lequel a député et commis à ce faire affin de informer et advertir ledit seigneur du nombre et qualitéz d'iceulx et en avoir la provision requise pour y vacquer en temps de vacations* en tel nombre de conseillers ou autres qu'il plaira audit seigneur députer ou commectre. Et, pour fournir aux fraiz et despens nécessaires à ladite poursuyte sellon la puyssance donnée à icelle Court par lesdites lettres patentes, ladite Court a ordonné et ordonne qu'il sera prins et levé sur les arceveschéz d'Aix et d'Arles, éveschéz d'Apt, Carpentras et Marseille et sur chacun d'iceulx la somme de cinquante livres tournois et sur les éveschéz de Cavaillon et Sisteron et chacun d'iceulx vingt-cinq livres tournois et seront [f° 2v^{o}] icelles sommes exigées par le trésorier du roy ou son commis à la recepte générale dudit pays comme les propres deniers du roy pour en après estre distribuées pour ledit affaire ainsi qu'il sera ordonné par ladite Court.

Du Xme jour dudit moys ~~de juillet~~ d'avril.

La Court, estant à Marseille pour tenir les Grandz Jours, se partit dudit Marseille ledit Philippes Courtin pour aller en Court devers monseigneur le chancellier. Et furent à ces fins bailléz* audit Cortin les doubles des interrogatoires, responces et confessions de Jehan Serre dict de Bérard et de Ambroise Garbilhe, ensemble* les rooles extraictz desdites confessions contenans les noms et surnoms* de ceulx que lesdits Jehan Serre et Garbilhe respectivement ont acusé estre et tenir la secte vauldoyse et luthérienne et les avoir dogmatiséz* et preschéz, pour le tout monstrer à mon dit seigneur le chancellier affin d'en advertir le roy. Et ainsi le certifie je soubzsigné greffier,

Boissoni.

[F° 3] Du vingt^{me} jour de juillet audit an mil V^{C}XL.

Ledit Cortin huyssier fut de retour et présenta à la Chambre en temps de vacations les lettres missives du roy, ensemble les lettres patentes de commission adressantes à la Court pour procéder contre lesdits luthériens et vauldoys. Et pareillement autres lettres closes et patentes adressantes à monseigneur le conte de Tende, gouverneur de ce pays, pour donner mainforte à ladite Court et assembler, si besoing est, le ban* et arrière-ban* pour exéquuter les mandemens et ordonnances que seront faictes en ladite matière par icelle Court, desquelles lettres la teneur s'ensuyt.

Lettres missives adressantes à la Court.

À noz améz et féaulx les gens tenans notre Court de parlement de Prouvence.

De par le roy conte de Prouvence.

Noz améz et féaulx, vous verrez par les lettres patentes que présentement vous avons faict expédier pour procéder à l'encontre des luthériens, vauldoys [f° 3v°] et autres chargéz* et acuséz de crimes d'hérésie et autre secte contraire et dérogante à la religion chrétienne à l'exécution desquelles nous voullons et vous mandons que vous procédez en la meilleure et plus grande diligence que vous porres.

Et, affin que en cella vous soiez mieulx obéis et que l'exécution des choses qui seront sur ce par vous ordonnées soit faicte telle qu'il appartient au bien de notre dit pays de Prouvence, nous avons semblablement faict expédier noz lettres patentes de commission à notre très cher et amé cousin le conte de Tende, notre lieutenant et gouverneur oudit pays, pour de sa part y tenir la main et, si besoing est, assembler telle force que l'auctorité nous en demeure et que nous et justice soyons obéys.

Parquoy vous ne ferez faulte d'y faire votre devoir de sorte que ledit pays puisse estre purgé et nectoyé de telles erreurs le mieulx et le plus tost que faire se pourra. Et vous nous ferez service très agréable en ce faisant. Donné à Fontainebleau le troys^{me} jour de juing an MV^{C}XL. Ainsi signé : Françoys.

Bochetel.

Lettres patentes de commission adressantes à ladite Court.

[f° 4] Françoys, par la grâce de Dieu roy de France, conte de Prouvence, Forcalquier et terres adjacentes, à noz améz et féaulx les gens tenans notre Cour de parlement dudit pays séant à Aix salut et dilection.

Comme nous ayons esté advertiz que, en divers lieux et endroictz de nostre dit pays et conté, se treuvent à présent plusieurs personnaiges luthériens, vauldoys et autres chargéz et diffaméz de secte contraire et derrogante à la religion chrétienne et tellement y croissent et multiplyent lesdites erreurs qu'il est très nécessaire, pour le bien dudit pays et des habitans en icelluy, y donner prompte provision, Nous, à ces causes, qui désirons de tout notre cueur faire cesser, estaindre et abolir ces malheureuses et damnables sectes et hérésies et en nectoyer notre royaume et les pays de notre obéyssance, affin aussi qu'il soit procédé contre ceulx qui en seront trouvéz chargéz avecques plus grand soing et en meilleure diligence qu'il n'a esté par le passé, cognoissant que jusques icy les juges inférieurs dudit pays se sont assès mal acquitéz d'y faire si bon et entier devoir que l'importance de l'affère le requéroit, vous avons, par l'advis et délibération des gens de notre Conseil privé, commis et attribué, commectons et attribuons par ces présentes la cognoissance en première instance de tous ceulx et celles de nos dits pays et conté de Prouvence qui se treuveront chargéz desdites erreurs, voullons qu'il soyt par vous procéder contre eulx le plus sommairement et en la plus briefve expédition que faire se pourra.

Et, pour mieulx vérifier et advérer les faultes par eulx en cella commises, [f° 4v°] vous avons donné et donnons pouvoir, puyssance et faculté de commètre et députer tel et telz d'entre vous que verrez bon estre pour aller sur les lieux instruyre les procès et les mectre en estat de juger nonobstant oppositions ou appellations quelzconques pour lesquelles ne voullons estre par eulx différés en aucune manière, encores qu'il feust question de la torture, à laquelle toutesfois ilz appelleront jusques au nombre de cinq ou six notables personnaiges noz officiers ou autres gens de justice pour assister au jugement d'icelle torture et, ce fait, rapporter lesdits procès en notre dite Court pour y estre par vous jugéz, décidéz et déterminéz ; voullans en oultre, si voyez qu'il soit requis et nécessaire pour le bien de justice, de faire semblable délégation aux principaulx juges provinciaulx dudit pays, que le puissiez faire avecques telles modifications et limitations que verrez estre à faire. Et aussi, s'il estoit besoing pour plus promptement faire la pugnition exemplaire des déliquans, que toute la Compaignye de notre dit Parlement se transportast en aucuns lieux d'icelluy pays, voullons et nous plaist que durant le temps des vacations vous le puissiez ainsi le faire et avons, quant à ce, auctorisé et auctorisons tous les jugemens qui seront par vous donnéz ès dits lieux, lesquelz voullons estre dau tel effect et valleur que s'ilz avoient esté faictz et donnéz en notre dite ville d'Aix. En défendant et très expressément enjoignant à vous et ung chacun de vous que, pendant et durant ledit temps des dites vacations, vous n'ayez à vous absenter de ladite ville sinon pour le faict [f° 5] et cas dessusdit.

Et, pour autant qu'il se y pourroit trouver si grande multitude de déliquans que se départir* votre dite Compaignye et l'estendre en divers lieux la justice n'en pourroit estre faicte si prompte ne si bonne qu'il appartient et que nous le désirons, vous avons davantaige permys, voullons et nous plaist que vous puyssiez, pour ceste foys seulement et sans tirer la chose à conséquence, députer et envoyer aucuns d'entre vous ès lieux où vous verrez qu'il sera le plus requis, ausquelz nous avons semblablement donné et donnons puyssance et auctorité de procéder contre tous ceulx qui s'en treuveront chargéz et leur faire et parfaire leurs procès diffinitivement jusques à l'exécution des jugemens qui s'en ensuyvront, nonobstant oppositions ou appellations quelzconques, en appellant toutesfois avecques eulx gens notables de justice noz officiers ou autres jusques au nombre tel qu'il est requis par les ordonnances de notre dite Court de parlement pour faire arrestz et jugemens en dernier ressort. Et le semblable voullons que puyssiez faire en notre dite Court savoir est de appeler gens de justice en l'absence des conseillers d'icelle jusques au nombre suffisant à faire arrestz comme dict est.

Lesquelz jugemens qui ainsi seront donnéz, tant en notre dite ville d'Aix que hors icelle, avons de notre plaine puyssance et auctorité royal et prouvençal auctoriséz et auctorisons et voullons estre dau tel effect et valleur que s'ilz avoient esté donnéz en notre dite Court de parlement, icelle assemblée et séant en ladite ville d'Aix comme dessus est dit. Si* voullons et vous mandons que ces dites présentes vous [f° 5v°] faictes enregistrer ès registres de nostre dite Court. Et au faict et exéquution d'icelles vacquez et entendez le plus diligemment que faire se pourra. Car tel est notre plaisir. De ce faire vous avons donné et donnons plain pouvoir, auctorité, commission et mandement espécial. Mandons et commandons à tous noz justiciers, officiers et subgetz que à vous en ce faisant obéissent, prestent et donnent conseil, confort, aide et prisons si mestier* est et requis en sont. Donné à Fontainebleau le dernier jour de may l'an de grâce mil cinq cens quarante et de notre règne le vingt-six^me^. Ainsi signé : par le roy, conte de Prouvence, Bochetel.

Teneur des lettres patentes adressantes à monseigneur le conte de Tende, gouverneur et lieutenant général pour le roy en Prouvence.

[f° 6] Françoys, par la grâce de Dieu roy de France, conte de Prouvence, Forcalquier et terres adjacentes, à notre très cher et amé cousin le conte de Tende, chevalier de notre ordre, notre lieutenant général et gouverneur en nos dits pays et conté ou à son lieutenant audit gouvernement, salut. Comme, après avoir entendu que en divers lieux et endroictz de nos dits pays et conté se tiennent à présent plusieurs luthériens, vauldois et autres chargéz et acuséz d'hérésie et secte damnable et contraire à la religion chrétienne, nous ayons, pour donner ordre à faire cesser lesdites erreurs et affin d'en nétoyer notre dit pays de Prouvence, faict présentement expédier noz lettres patentes de commission aux gens tenans notre Court de parlement dudit Prouvence pour procéder contre ceulx qu'ilz en treuveront chargéz et acuséz en la meilleure et plus briefve expédition de justice que faire se pourra. Et leur en avons commis et attribué la cognoissance en première instance et, avecques ce, permys qu'ilz puyssent déléguer et députer quelques-ungs d'entre eulx pour aller sur les lieux faire et instruyre les procès contre ceulx qui en seront chargéz ou y commètre les principaulx juges provinciaulx et lesdits procès, [f° 6v°] faictz et instruictz, estre rapportéz en notre dite Court pour y estre jugéz et décidéz diffinitivement et, si besoing est pour plus promptement faire la pugnition exemplaire desdits cas, transporter en aucuns lieux dudit pays ledit Parlement durant le temps des vacations ou bien le départir et estendre en divers lieux ainsi qu'ilz adviseront estre le plus nécessaire pour le bien d'icelluy pays.

Et, pource que nous désirons de tout notre cueur que la justice et pugnition des délinquans et coulpables desdites erreurs soyt faicte telle et si estroicte que les autres y pregnent exemple et que pour la multitude d'iceulx il pourroit advenir que les arrestz qui seront donnéz à l'encontre d'eulx ou aucuns d'eulx ne porroient estre exéquutéz sans notre ayde, force et auctorité, Nous, à ces causes, voullons et vous mandons que de votre part vous ayez à tenir main à toutes les exécutions qui pour ce seront requises et nécessaires et, si besoing est, à ce que la force et auctorité [f° 7] nous en demeure et que nous et notre justice soyent obéyz, assembler et convocquer le ban et arrière-ban, les gens de noz ordonnances, prévostz de noz mareschaulx de nos dits pays et conté de Prouvence ou leurs lieuxtenants et commis et tous autres noz justiciers, officiers et subgetz d'icelluy pays que verrez estre requis et nécessaire et que le cas le requerra de sorte que la justice et pugnition s'en ensuyve telle qu'il appartiendra et qu'il aura esté ordonné par notre dite Court. De ce faire vous avons donné et donnons plain pouvoir, auctorité, commission et mandement espécial, mandons et commandons à tous noz justiciers, officiers et subgetz que à vous en ce faisant obéyssent, prestent et donnent conseil, confort, ayde et prisons, si mestier est et requis en sont. Donné à Fontainebleau, le dernier jour de may l'an de grâce mil cinq cens quarante et de notre règne le vingt-six^me^. Ainsi signé : par le roy, conte de Prouvence. Bochetel.

[f° 7v°] Veues lesquelles lettres patentes et missives et leues en ladite Chambre, fut arresté et conclu par icelle de mander à tous messieurs les conseillers absens de eulx en venir et assembler en ceste ville d'Aix au XXVIIIe jour du présent moys de juillet pour pourveoir, délibérer et conclure ès dites affaires de luthériens. Et ordonne que cependant lesdites lettres seront enregistrées ès registres d'icelle et communiquées au procureur général du roy. Et quant aux lettres patentes et missives adressantes à monseigneur le conte de Tende, gouverneur de ce pays, fut aussi arresté et conclu de les luy envoyer incontinent* à Thollon par Pierre Sansson, huissier, avec une lettre missive de ladite Chambre.

Faict et délibéré présens messieurs maîtres Barthélemy de Chasseneux président, Geoffroy Salla, George Durand, Françoys Somat, Bernard de Badet et Françoys de Genas conseillers.

Boissoni.

Suyvant laquelle délibération dudit jour vingt^{me} de juillet furent lesdites lettres patentes de commission communiquées au procureur général du roy. Et pareillement furent baillées à Pierre Sansson, huissier, les lettres patentes et missives de mon dit seigneur le gouverneur pour les luy porter à Thollon avec la lettre missive de ladite Chambre despéchée en la manière que s'ensuyt :

[f° 8] Lettres missives de la Chambre adressantes à monseigneur le conte.

À Monseigneur. Monseigneur le conte de Tende, grand séneschal, gouverneur et lieutenant général pour le roy au présent pays de Prouvence et admirail des mers de Levant.

Monseigneur, nous avons ce jourd'huy receu ung pacquet de lettres patentes et missives du roy, entre lesquelles y en avons trouvé unes adressantes à vous, pour nous donner mainforte et ayde ès affères dont ledit seigneur nous escript et commande de pourveoir promptement et à diligence comme porrez veoir par lesdites lettres que vous envoyons par ce porteur.

Nous mandons assembler messieurs de la Court de céans au XXVIIIe de ce moys pour délibérer et mètre ordre ès dites affères et, s'il est besoing, d'avoir votre ayde et mainforte, nous vous en advertirons à ce que le voulloir du roy soit entièrement acomply ainsi que nous désirons et sommes de bon voulloir à l'ayde du Créateur. Lequel prions vous donner, Monseigneur, en santé, bonne vye et longue, en nous recomandant à votre bonne grâce. D'Aix, ce XXe jour de juillet MV^{c}XL. Ainsi signé : Les gens tenans la Chambre en temps de vacations, prestz à vous faire service.

Boissoni.

Dudit jour XXe de juillet fut commis audit Pierre Sanson, huissier, de aller au partir dudit Thollon vers monsieur maître Françoys [f° 8v^{o}] Rascas, seigneur de Bagarris [Le Bourguet], conseiller en ladite Court, estant au Muy pour luy faire tenir la lettre missive de ladite Chambre despéchée en la forme et manière que s'ensuyt :

Lettres missives à monsieur de Bagarris, envoyées par l'huissier Sansson.

À Monseigneur, Monsieur du Muy et de Bagarris, conseiller du roy au parlement de Provence.

Monsieur de Bagarris, nous avons receu par l'huissier Cortin des lettres patentes et missives du roy par lesquelles il est mandé et enjoinct à la Court de pourveoir incontinent et à diligence à certains urgens affères qui sont de grande importance. Et pour ce faire est expressément défendu aux gens de ladite Court de eulx absenter et départir d'icy durant ces vacations. À ceste cause et que pour délibérer et conclure ès dites affères il est requis et nécessaire que toute la compaignye soit icy assemblée, nous vous envoyons le présent porteur tot exprèz à ce que ne faillez vous trouver icy au XXVIIIe de ce moys pour y pourveoir sellon le voulloir et intencion dudit seigneur que sera la fin. Priant le Créateur vous donner bonne vye et longue. D'Aix, ce XXme de juillet MVCXL.

Les gens tenans la Chambre en temps de vacations,
vos bons frères.

Boissoni.

[f° 9] Du XXIme jour dudit moys de juillet.

Furent envoyées pareilles et semblables lettres que celles de monsieur de Bagarris de par ladite Chambre à monsieur Me Claude Jarente, seigneur de Sénas estant audit Sénas, par Decoderio son clerc et par messagiers exprèz à messieurs Mes Charles de Glandèves, seigneur de Saint-Martin, et Nicolas Émenjaud, aussi conseillers estans au cartier du Muy et de Grasse. Et pareillement fut mandé à messieurs Mes Honoré de Tributiis et Jehan Donneaut, aussi conseillers estans à Saincte-Marguerite, de eulx en venir incontinent. Et par autre messagier exprèz fut mandé à messieurs Mes Jehan Maynier, seigneur d'Opède, et Anthoine Roland, aussi conseillers estans à Romans par commission du roy, de eulx en venir audit jour XXVIIIe du présent moys de juillet. Et ainsi le certifie je, secrétaire et greffier criminel de ladite Court cy* soubzsigné,

Boissoni.

Du XXIIIIe dudit moys de juillet.

Fut arresté et conclud par ladite Chambre d'envoyer homme exprès à Me Anthoine Mangoni, notaire d'Apt, pour apporter ou envoyer incontinent tous et chacuns les procès des luthériens et vauldoys nomméz en ung inventaire signé dudit Mangoni auquel Mangoni autrefoys ont esté délivréz par monseigneur l'archevesque d'Aix et par monseigneur le président et commissaire. Et pareillement pour apporter les procès [f° 9v^{o}] faictz contre ceulx qui brisèrent naguyères les prisons dudit Apt et tous les autres procès estans par devers ledit Mangoni contre ceulx qui sont ou ont esté par cy-devant chargéz de la secte vauldoyse et luthérienne ensemble le roole de ceulx qui ont abjuré à Apt.

Suyvant laquelle délibération dudit jour fut envoyé audit Mangoni par homme exprès la lettre de ladite Chambre despéchée comme s'ensuyt :

Lettre missive de par la Chambre envoyée à Mangoni, notaire d'Apt.

À Me Anthoine Mangoni, notaire à Apt.

Me Mangoni, nous envoyons ce porteur tout exprès par devers vous à ce que tout incontinent, la présente receue, vous apportez ou envoyez par devers le greffe criminel de la Court de céans, féablement cloz et scéléz, tous et chacuns les procès des luthériens et vauldoys nomméz en l'inventaire et récépissé signé de votre main dont vous envoyons le double. Et pareillement les procès faictz contre ceulx qui brisèrent naguyères les prisons d'Apt et tous [f° 10] les autres procès que vous aurez par devers vous contre ceulx qui sont ou ont esté par cy-devant chargéz de la secte vauldoyse et luthérienne ensemble le roole de ceulx qui ont abjuré à Apt. Si n'y faictes faulte car nous en avons à faire de présent. Et à Dieu qui vous aye en sa garde. D'Aix ce XXIIIIe jour de juillet MV^{c}XL. Les gens tenans la Chambre en temps de vacations.

Boyssoni.

Inventoire mandé avec ladite lettre missive mys au greffe par maistre Guillaume Fabri, greffier civil.

Inventoire des procès faictz à l'instance du procureur de la foy contre les dessoubz nomméz, accuséz et prévenuz d'hérésie, non condemnéz, lesquelz procès ont esté mys par devers la Court souveraine de Parlement par maistre Jehan de Rome, docteur en théologie et inquisiteur de la saincte foy catholicque.

Et premièrement

- Le procès faict à l'instance du procureur de la foy contre Pierre Griot, barbe* et prescheur de la loy luthérienne et vauldoyse.
- [F° 10v°] *Item* le procès faict à l'instance que dessus contre Sébastien Raube du lieu de Viens.
- *Item* le procès faict à l'instance du procureur de la foy contre Jacques Thalon du lieu de Mus.
- *Item* le procès faict à l'instance que dessus contre Michel Serre *alias* Lambridat de la cité d'Apt.
- *Item* le procès faict à l'instance que dessus contre Jehan Serre, filz de Georges de la paroisse de Gargas.
- *Item* le procès faict à l'instance que de dessus contre Jehanyn Chouvin de Buoulz diocèse d'Apt.
- *Item* le procès faict à l'instance que dessus contre Pierre Chauvin, filz dudit Jehanyn dudit lieu de Buoulz.
- *Item* le procès faict à l'instance que dessus contre Jacomin Chovin, filz dudit Jehanin du lieu de Buoulz.
- *Item* le procès à l'instance dudit procureur de la foy contre Anthonnète, femme dudit Jehanin Chovin de Buoulz.
- *Item* le procès faict à l'instance que dessus contre Angelline Chovine, fille dudit Johanyn de Buolz.
- *Item* le procès faict à l'instance que dessus contre Angelline Chovine, fille dudit Jehannyn de Buoulz.
- [F° 11] *Item* le procès faict à l'instance que dessus contre Michaelle Chovyne, fille dudit Jehannyn de Buoulz.
- *Item* le procès faict à l'instance que dessus contre Perrine, veufve de feu Pépin Callier de Saignon au diocèse d'Apt.
- *Item* le procès faict à l'instance que dessus contre Ferlin Callier, filz dudit Pépin.
- *Item* le procès faict à l'instance que dessus contre Guillaume Callier, aussi filz dudit Pépin.
- *Item* le procès faict à l'instance dudit procureur de la foy contre Rostang Boussor du lieu de Viens.

– *Item* le procès faict à l'instance que dessus contre Pierre Luc, de Sainct-Quentin au diocèse d'Apt.
– *Item* le procès faict à l'instance que dessus contre George Avon de la cité d'Apt.
– *Item* le procès faict à l'instance que dessus contre Pierre Serre le boyteux du lieu et paroisse de Gargas.
– [F° 11v°] *Item* le procès faict à l'instance que dessus contre Parise Barthélemy, veufve de Chaffre Barthélemy du lieu de Sivergues.
– *Item* le procès faict à l'instance que dessus contre Jacques Branto de Rossilhon.
– *Item* le procès faict à l'instance que dessus contre Allexis Mallan du lieu de Lacoste au diocèse d'Apt.
– *Item* le procès faict à l'instance dudit procureur de la foy contre Anthoine Mallan dudit lieu de Lacoste.
– *Item* deux procès ensemble attachés faictz à l'instance que dessus contre Michel Gignoux, fils de Jacques Gignoux du lieu de Sainct-Ferréol près Viens et contre Marie Rousse, femme dudit Jacques Gignoux.
– *Item* le procès *sive* [ou] informations et révellations faictes *in favorem fidey* [pour la foi] contre maistre Raymond Rebufelly, baille de Viens.
– *Item* quatre procès ou confections ensemble attachés à sçavoir de Brancays Lambert de Viens, Denis Forcade *alias* Lo Gasque, Spérit Alion [f° 12] *alias* Gaclaudon et Guillaume Dupuy *alias* Borron, lesquelz auroient levé les armes pour ledit mastre Raymond Rebuffely contre l'inquisiteur, lesdits procès faitz à l'instance dudit procureur de la saincte foy.
– *Item* le procès faict à l'instance que dessus contre Thonnète, femme de Pierre Cardon de Rossillon.
– *Item* le procès faict à l'instance que dessus contre Anthoine Périn du lieu de Sivergues.
– *Item* les procès attachés ensemble faictz à l'instance dudit procureur de la foy contre François Baulmes et Jehannyne sa femme du lieu de Buoulx.
– *Item* le procès faict à l'instance que dessus contre Pierre Carbonel *alias* Lo Regnard de Viens habitant à Ginhac.

- *Item* le procès faict à l'instance que dessus contre Jacques Alhault du lieu de Lacoste.
- *Item* le procès faict à l'instance du procureur de la foy contre Anthoine Sambuc de Rossillon.
- [F° 12v°] *Item* le procès faict à l'instance que dessus contre Pierre Sambuc de Rossillon.
- *Item* le procès faict à l'instance que dessus contre Barthélemy Sambuc de Rossillon.
- *Item* le procès faict à l'instance que dessus contre Jacques Pellenc du lieu de Torrètes.
- *Item* le procès faict à l'instance que dessus contre Jehan Tasquier de Torrètes.
- *Item* le procès faict à l'instance dudit procureur de la foy contre Anthoine Ramasse *alias* Barrous de Bonyoux.
- *Item* le procès faict à l'instance [f° 13] que dessus contre Hugues Rodol de Boinoulx.
- *Item* le procès faict à l'instance que dessus contre Lancellot Martin du lieu de Rossillon.
- *Item* le procès faict à l'instance que dessus contre Giraud Mallan du lieu de Lacoste au diocèse d'Apt.
- *Item* le procès faict à l'instance dudit procureur de la foy contre Marguerite, veufve de feu Gonnet Barrous du lieu de Ginhac au diocèse d'Apt.
- *Item* le procès faict à l'instance dudit procureur de la foy contre Richard Ferrand du lieu de Buoulx au diocèse d'Apt.
- *Item* le procès faict à l'instance que dessus à l'encontre de maistre [f° 13v°] Ysoard Boyer du lieu de Casenove diocèse d'Apt.
- *Item* le procès faict à l'instance du procureur de la foy contre Jehan Michel *alias* Tirasse d'Apt.
- *Item* le procès faict à l'instance dudit procureur de la foy contre Thomas Michel *alias* Tirasse d'Apt.
- *Item* le procès faict à l'instance que dessus contre Pierre Barois [*sic*] de Gignac.

Je soubzsigné confesse avoir receu de Révérend Père en Dieu monseigneur l'Éleu arcevesque d'Aix et monseigneur le président de Prouvence, par les mains de monsieur le secrétaire Fabry en ensuyvant le mandement de mes dits seigneurs, les procès cy-dessus mentionnés jusques au nombre de quarante troys inclusivement et non plus, tesmoing mon seing manuel cy mys le XXIIIe de may l'an mil V^{C}XXXIII. Mangoni, notaire.

[F° 14] Du XXVIIe dudit moys de juillet.

Monsieur le procureur général du roy meit par devant la Chambre ung roole de ceulx qui ont abjuré par devant l'official* d'Aix estans de la diocèse dudit Aix, lequel roole dit avoir recouvert du notaire dudit official d'Aix. Et a esté enregistré au présent procès-verbal par ordonnance de ladite Chambre comme s'ensuyt :

Sequitur rotulus illorum qui fuerunt de heretica pravitate abjurati in diocesi aquensi [S'ensuit le rôle de ceux qui abjurèrent de la perversion hérétique dans le diocèse d'Aix].

In loco de Luremarino [Dans le lieu de Lourmarin] :

- *Primo* Jacobus Passeti
- Franciscus Rostagni
- Huguetus Gardiol
- Bourgonhonus Crucis
- Johannes Faverii
- Anthonius Serre
- Stephanus Serre
- Monetus Regis
- Johannes Bonini
- Petrus Copperii
- Johanna Passete, *uxor* [femme de] Jacobi Passet
- [F° 14v°] Anthoneta Tarsian, *uxor* Stephani Faverii
- Valentina Bartholomee, *uxor* Moneti Regis
- Parissia Guitone, *uxor* Francisci Rostagni
- Magdalena Copperie, *uxor* Petri Coperii
- Catherina Sambuce, *uxor* Stephani Serre
- Catherina Passete, *filia* [fille de] Jacobi
- Catherina Serre, *uxor* Anthonii Serre
- Stephanus Faverii

– Michael Passeti
– Claudius Bonini
– Claudius Passeti
– Johannes Dugo
– Petrus Faverii, *filius* [fils de] Johannis
– Catherina Reyne, *uxor* dicti Petri
– Constancia, uxor Johannis Bonini
– Hugueta, filia Francisci Rostagni
– Anthonius Monasterii
– Petrus Rostagni, *filius* Francisci
– Petrus Prini
– Franciscus Ailhaudi
– Johannes Jacobi
– [F° 15] Franciscus Ferrandi
– Francesca, *uxor* Alphantis Jouberti
– Alayeta, *uxor* Francisci Ferrandi
– Johanna Barberie
– Henricus Roeti
– Johanna, *uxor* Johannis Jacobi
– Valentina, *uxor* Guilhermi Roeti
– Johannes Andriveti
– Guilhermus Regis
– Petrus Regis
– Johanna Andrivete
– Petrus Bartholomei
– Lantelmus Blanqui
– Bermondus Ponssardi
– Guigonus Bertini
– Anthonius Copperii
– Guilhermus Coperii, *filius* Comini (?)
– Johannes Calliarii alias Coperii
– Jaumeta Cardonne, *uxor* Claudii Passeti
– Hugo Bertini, *declaratus hereticus* [déclaré hérétique]
– Guillermus Melli, *declaratus hereticus*
– Cominus Cavallerii alias Coperii *equidem declaratus hereticus* [également déclaré hérétique]

[F° 15v°] *In loco de Villalaura* [Dans le lieu de Villelaure] :

- Petrus Magneti
- Guilhermus Blanqui
- Philippus Calverii
- Henricus Serre
- Raymundus Serre *declaratus hereticus*
- Johannes Fabri de *Capreriis Ayguesii* [Cabrières-d'Aigues]
- Clementius Sambuc de *Cadaneto* [Cadenet]
- Guigo Seguini de *Janssono* [Saint-Estève-Janson]
- Anthonius Anthoardi alias Lo Veyrie de *Cucurono* [Cucuron]
- Petrus Barbe de *Cucurono*
- Sebastianus Laugerii, *scholaris habitator aquensis* [étudiant habitant d'Aix]
- Antonius Galoysii, *scholaris abjuravit* lenter… [? ; étudiant a abjuré]
- Ludovicus Colomberii de *Pertusio* [Pertuis]
- Frater Andreas de Maximis *ordinis sancti Augustini conventus aquensis* [de l'ordre de saint Augustin du couvent d'Aix]
- Frater Jacobus Fontayne *ordinis minorum conventus aquensis* [de l'ordre des mineurs du couvent d'Aix]
- Anthonius Callerii de *Roca Anteronis* [La Roque-d'Anthéron]
- Guillermus Breti de *Capreriis* [Cabrières-d'Aigues]
- Carolus de Lalanda *aquensis* [d'Aix]
- Franciscus Gauterii, *bibliopola civitatis parisius habitator aquensis* [libraire de la ville de Paris habitant d'Aix]
- Dominus Jacobus Stapheta *medicus aquensis abjuravit in civitate parisius in manibus R. D. archiepiscopi aquensis* [médecin, abjura dans la cité de Paris entre les mains du révérend seigneur archevêque d'Aix]
- [F° 16] Catherina Carbonerie, *uxor* Ludovici Columberii de *Pertusio*
- Alayona, *uxor* Johannis Columberii de Pertusio
- Petrus Rostagni *Ayguesii* [d'Aigues]
- Johannes Pelati *eiusdem loci* [du même lieu]
- Danyel Ruffi *eiusdem loci*
- Johannes Cathalani *eiusdem loci*
- Michael Ripperti *eiusdem loci*
- Guilhermus Nicolai de *Mota Aiguesii* [La Motte-d'Aigues]
- Anthonius Revelli de *Pertusio.*

Dudit jour XXVIIe de juillet.

Pierre Sansson, huyssier, présenta à ladite Chambre la responce de monseigneur le conte de Tende, gouverneur de ce pays, et pareillement la responce faicte par monsieur Me Françoys Rascaz, seigneur de Bagarris, conseiller en ladite Court, par lettres missives qui furent leues en ladite Chambre et par ordonnance d'icelle cy enregistrées comme s'ensuyt :

Lettres missives de monseigneur le conte de Tende contenans response à la Chambre.

À Messieurs les gens tenans la Chambre en temps de vacations à Aix.

[F° 16v°] Messieurs, j'ay receu la lettre que m'avez escripte ensemble les lettres patentes et missives qu'il a pleu au roy me mander et cuyde* que aux pénultièmes estatz qui furent tenus à Aix a environ deux ans nous eusmes ensemble quelque propos touchant l'affaire contenu ausdites lettres avecques offre de vous donner toute l'ayde et faveur pour ce requise et nécessaire. Et davantaige vous prye m'advertir de tout ce que vous sera besoing à la mainforte et ayde des affères dont ledit seigneur m'a escript, car je y pourveoray promptement et de sorte que le voulloir dudit seigneur sera entièrement acomply à l'ayde du Créateur. Lequel je prye vous donner, Messieurs, bonne et longue vye. De Thoullon ce XXIIIe jour de juillet MV[C]XL. Votre bien entièrement bon amy, Claude de Tende.

Lettres de monsieur de Bagarris.

À Messeigneurs.

Messieurs les président et conseillers tenans la Chambre au temps des vacations à Aix.

Messeigneurs, j'ay receu la lettre que vous a pleu m'escripre [f° 17]. Et quant à me trouver à Aix au XXVIIIe de ce moys seroit chose impossible à moy, voyant l'équipaige auquel suys de présent comme ce porteur vous en porra certifier. Toutesfois me parforceray*, toutes choses layssées, m'y trouver au plus près du jour de l'assignation qui me sera possible espérant que, quant les choses seront arrestées, votre bon plaisir sera me renvoyer par deçà pour mectre quelque fin à mes affaires qui me pressent bien fort à présent. Messeigneurs, après que me seray recommandé très humblement à votre bonne grâce, prierai Notre Seigneur vous donner très bonne et longue vye. De May, ce XXVe de juillet, votre très humble serviteur. F. Rascaz.

Du XXVIIIe dudit moys de juillet.

Me Anthoine Mangoni, notaire d'Apt, pour response de la lettre à luy envoyée de par ladite Chambre, comme dict est dessus, renvoya par le messagier qui luy fut envoyé exprès une lettre missive à moy soubzsigné greffier, laquelle fut leue en ladite Chambre, présent le procureur général du roy qui, en ensuyvant le contenu d'icelle, requist compulsoire* contre Me Dominico Bonamico, vicaire d'Apt, pour avoir et recouvrer* les procès que ledit Mangoni dit luy avoir délivréz par ladite lettre. *Etiam* [aussi] par arrestement et détencion de la personne dudit Bonamico veu qu'il est extrangier et pour les causes et raisons contenues en ladite lettre. Ce que fut octroyé par ladite Chambre et ordonné ladite lettre missive estre cy enregistrée, dont la teneur s'ensuyt :

[F° 17v°] Lettre missive envoyée par Mangoni, notaire d'Apt, le XXVIIIe de juillet.

A Monseigneur Monsieur Boyssoni, substitut au greffe du parlement de Prouvence à Aix.

Monsieur, je me recommande humblement à votre bonne grâce. Par ce porteur ay receu les lettres et double du roole des procès des vauldoys que m'avez envoyé. Et quant de apporter tout ce que demandez il m'est à ceste heure impossible à cause que j'ay esté contrainct par ung procureur de monseigneur d'Apt qui est par devers nommé Dominico Bonamico, de mectre ès archifz de l'évesché et entre ses mains environ cent cinquante procès, entre lesquels sont les procès que j'avoys retiré de monsieur le greffier Fabri par ordonnance de monseigneur le président et de monseigneur d'Aix, depuys lequel recouvrement les aucuns* ont esté abjuréz. Je vous asseure que, en ceste matière des vauldoys et autres, les officiers de monseigneur d'Apt ont esté traictéz par ce procureur comme Dieu a voullu. J'ay bien encores rière* moy quelques procès et quelques abjurations que ne luy ay pas encores rendues. Et de ce que luy ay baillé en ay le roole et quictance au bout.

Ledit procureur est en Avignon devers monseigneur d'Apt que y est, lequel, ainsi qu'avons sceu icy, a résigné par permutation son évesché d'Apt à monseigneur de Forlino. [F° 18] J'espère qu'il sera demain icy. Luy venu, je luy monstreray la lettre que m'avez envoyé et s'il me veult rendre les procès en bonne heure, sinon je m'en iray incontinent à Aix porter devers la Court ce que j'ay avec le roole de ceulx que luy ay bailléz et certifieray de ceulx qui ont abjuré et de ceulx qui sont encores à faire leur devoir.

Et s'il vous sembloit bon cependant mander lettres contre ledit Dominico Bonamico pour remectre entre mes mains les procès qu'il m'a ostéz, encores que le messaige vint à mes despens, la Court recouvreroit tout. Et aussi je vous asseure qu'il m'a frustré de toutes les vacations qui me seroient à l'advenir deues. J'espère bien toutesfois advertir la Court des moyens qu'il a trouvéz pour avoir argent des condemnations des vauldois et d'autres choses que vous diray quant seray devers vous ung des ces jours. Je vous supplye, s'il est possible, avoir ceste lettre de la Court pour luy commander que l'envoyez à mes despens car il m'a osté les procès qui sont miens et non à luy, s'il n'est venu dans deux jours et je n'ay lesdites lettres que je vous mande, je ne fauldray* estre à Aix pour faire mon devoir incontinent deux jours passéz, par quoy adviserez pour le mieulx. Et, sur ce, je prie le Créateur que vous doint [donne] bonne vye et longue. D'Apt, en votre maison, ce XXVe jour de juillet, votre humble serviteur, Anthoine Mangoni.

[F° 18v°] Du XXXme dudit moys de juillet.

La Court assemblée où furent présens messeigneurs Mes B. de Chassaneuz président, Geffroy Sala, G. Durand, F. Somat, Nicolas Émenjaud, J. Donneault, F. Rascaz, B. de Badet et F. de Genas, conseillers.

Garsonnet, pour le procureur général du roy, requist estre procédé à l'exécution des lettres patentes du roy contre les luthériens et vauldoys et ce par tous les moyens que ladite Court adviseroit à ce que le pays en soyt purgé et nectoyé sellon le voulloir et intencion dudit seigneur.

Sur quoy fut arresté et conclud, veu les charges et informations, interrogatoires, responses, confessions et accusations de Jehan Serre et Ambroise Garbilhe, prisonnyers, et les conclusions du procureur général du roy estans au pié desdites informations et procès, que tous les nomméz ès rooles extraictz desdites confessions et procès, ausquelz ledit Serre disoyt avoir presché et dogmatisé les erreurs luthériennes et vauldoyses, ensemble les barbes estans audit roole seroient prins et saisiz au corps et admenéz prisonnyers ès prisons de la Conciergerie qui apréhender les pourra.

Et, à faulte de pouvoir estre apréhendéz qu'ils seront adjournéz à trois briefz jours de quatre [f° 19] en quatre jours à comparoir en personne par devant ladite Chambre pour respondre et ester à droict [comparaître] sur le contenu des charges et informations et à telles demandes et conclusions que ledit procureur général du roy vouldroyt prendre contre eulx et chacun d'eulx sur peine de cinq cens livres tournois chacun, de bannissement et d'estre déclairéz attainctz et convaincuz des cas et crimes à eulx imposéz.

Et en oultre que tous et chacuns leurs biens seront pris et saisiz à la main du roy par description et inventaire et establyz commissaires pour iceulx biens régir et gouverner et en rendre bon compte et reliqua quant et à qui il appartiendra.

Et pareillement fut conclu et arresté de commencer ladite exécution à ceulx de Mérindol et d'envoyer monsieur Me Françoys Rascaz, conseiller, par devers monsieur le conte de Tende, gouverneur de ce pays, pour l'advertir et avoir la mainforte et assembler gens en armes en tel nombre que sera requiz pour faire ladite exécution actendu la situation dudit lieu de Mérindol où lesdits luthériens et vauldoys principaulx se dient estre retiréz et fortifiéz et la multitude d'iceulx. Et que sera despéchée ladite commission de prinse de corps audit Cortin, huissier, pour s'y en aller avec les gens dudit monsieur le conte [f° 19v°] et se saisir de tous ceulx qu'il trouveroit audit Mérindol et envoyer prisonnyers en la C onsiergerie du palais les principaulx nomméz au roole s'ils se peuvent appréhender et les autres ensemble leur famille arrester et détenir audit Mérindol pour après leur estre faictz leurs procès sur les lieux par commissaires ainsi qu'il sera après advisé.

Auquel Cortin, huyssier, fut incontinent despéchée ladite commission avec le roole de ceulx dudit Mérindol aux fins que dessusdites en la manière que s'ensuyt cy-après.

Pareillement dudit jour fut despéchée une lettre missive de par ladite Chambre à mon dit seigneur le conte de Tende et gouverneur avec commission contenant la délibération de ladite Chambre pour assembler gens en armes à faire la mainforte pour ladite exécution et le tout baillé et délivré à mon dit sieur le conseiller Rascas pour porter à mon dit seigneur le gouverneur de la teneur que s'ensuyt :

Lettre missive de par la Chambre envoyé à monsieur le conte de Tende, gouverneur de ce pays.

[F° 20)] À Monseigneur, Monseigneur le conte de Tende, grand sénéchal, gouverneur et lieutenant général pour le roy en Prouvence et admirail des mers du Levant.

Monseigneur, nous envoyons par devers vous monsieur de Bagarris, conseiller de céans, présent porteur expressément pour vous advertir de la délibération et conclusion que nous avons faicte touchant les vauldoys et luthériens. Il vous communicquera le tout ensemble la commission de prinse de corps qu'en avons décernée et le roole de ceulx que fault prendre les premiers, que nous gardera vous faire plus longue lettre, fors* que vous pryans y voulloir tenir la main et faire de sorte que nous les puyssions avoir ainsi que sommes asseuréz estez de bon voulloir.

Et, en nous recommandant à votre bonne grâce, prions le Créateur vous donner, Monseigneur, en santé, bonne vye et longue. D'Aix ce XXXme jour de juillet MV^c^XL. Les gens tenans la Chambre en temps de vacations, prestz à vous faire service.

Boissoni

Lettres patentes de commission adressantes à mon dit seigneur le gouverneur.

Françoys, par la grâce de Dieu roy de France, [f° 20v°] conte de Prouvence, Forcalquier et terres adjacentes, à notre très cher et amé cousin le conte de Tende, chevalier de notre ordre, notre lieutenant général et gouverneur en nos dits pays et conté ou à son lieutenant audit gouvernement salut. Comme, en procédant par nos améz et féaulx conseillers les gens tenans la Chambre de notre parlement dudit Prouvence en temps de vacations, par spéciale commission et mandement de nous contre certains luthériens, vauldoys et autres chargéz et acuséz d'hérésie et secte damnable et contrère à la religion chrestienne, il ayt esté ce jourd'huy décerné prinse de corps contre plusieurs desdits luthériens et vauldoys en grand nombre et ladite prinse de corps commise au premier huissier de nostre dite Court sur ce requis, et pource qu'il seroit chose difficile audit huissier de faire ladite exécution sans avoir sur ce mainforte et grosse compaignye de gens arméz pour la multitude desdits vauldoys, actendu aussi le lieu où se dyent estre retiréz et faire demeurance*,

Nous, à ces causes, par délibération d'iceulx gens de notre dite Chambre et à la requeste de notre procureur général audit pays, vous mandons que, en ensuyvant noz autres lettres patentes à vous à ces fins par cy-devant adressées, incontinent après la présentation qui vous [f° 21] sera faicte de ces présentes et de ladite commission de prinse de corps avec le roole desdits vauldoys signé du greffier criminel de notre dite Court, vous assemblez ou faictes assembler en armes secrètement et à diligence tel nombre de gens que vous verrez estre requis et néccessaire pour faire la mainforte à ladite exéquution de prinse de corps desdits enrôléz de sorte que la force nous en demeure et que la justice et pugnition en soyt faicte et le mandement de ladite Chambre entièrement exéquuté.

De ce faire vous avons donné et donnons plain pouvoir, auctorité et commission, mandons et commandons à tous noz justiciers et subgetz que à vous, voz commis et députéz en ce faisant soyt obey. Donné à Aix, le XXXme jour de juillet l'an de grâce mil cinq cens quarante et de notre règne le vingt-six[me]. Ainsi signé : Par la Chambre ordonnée en temps de vacations.

Boissoni.

Commission de prinse de corps.

Françoys, par la grâce de Dieu roy de France, conte de Prouvence, Forcalquier et terres adjacentes, au premier huissier de notre Court de parlement [f° 21v°] dudit Prouvence sur ce requis salut. À requeste de notre procureur général audit pays et par ordonnance de la Chambre ordonnée en temps de vacations, Nous te mandons et commectons par ces présentes que tous et chacuns les nomméz au roole qui ce sera pour ce baillé, signé du greffier criminel de nostre dite Court, tu prègnes et saisisses au corps et les admène prisonnyers ès prisons de la Consiergerie de notre palais d'Aix pour y estre détenuz jusques à ce que autrement en soyt ordonné et, à faulte de les pouvoyr apréhender, adjourne-les à trois briefz jours de quatre en quatre jours à comparoir en personne par devant notre dite Court pour respondre et ester à droict sur le contenu des charges et informations contre eulx faictes et à telles demandes, requestes et conclusions que notre dit procureur général vouldra prendre et eslyre contre eulx sur peine de cinq cents livres chacun, de bannissement et d'estre déclairéz attainctz et convaincuz des cas et crimes à eulx imposéz.

Et en oultre tu prens et saisisses à notre main tous et chacuns leurs biens par description et inventaire y establissant bons [f° 22] et souffisans commissaires qui en puissent et sçaichent rendre bon compte et reliqua quant et à qui il appartiendra.

De ce faire te donnons pouvoir, mandons et commandons à tous noz justiciers et subgetz que à toy, en ce faisant, ilz obéyssent et entendent, donnent ayde, faveur, prisons et mainforte si mestier est et requis en sont. Donné à Aix le XXXe jour de juillet l'an mil cinq cens quarante et de notre règne le vingt-sixme. Ainsi signé : Par la Chambre ordonnée en temps de vacations.
Boyssoni.

Roole de ceulx dudit Mérindol, extraict
du procès et délivré audit Cortin, huissier.

Mérindol, de l'évesché de Cavaillon.

- La maison de Andrieu Maynard, baille* et toute sa famille
- La maison de Françoys Maynard et toute sa famille
- La maison de Martin Maynard et famille
- La maison de Jacquet Maynard et famille
- La maison de Michel Maynard et sa famille, cousin dudit Jehan Serre
- La maison de Jehan Pont et sa femme
- [F° 22v°] La maison du tornejayre [potier], sa femme et enfans
- La maison de Berthin Vyan, sa femme et enfans
- La maison de Jehan Pelenq, sa femme et ses enfans, les grandz et plusieurs autres maisons situées au hault dudit Mérindol desquelles ne sçait le nom.

Au bas dudit Mérindol

- La maison de Peyron Rey et toute sa famille
- La maison de Philippon Maynard et toute sa famille
- La maison du maistre de l'escolle appellé Jacques, en laquelle a veu demeurer trois ou quatre fuytifs de Torreves [Tourves] et cuyde qu'ilz y sont.

- Généralement toutes les maisons dudit Mérindol tant hault que bas sont de ladite secte excepté trois ou quatre car y a presché y a environ ung an.
- Les maisons du tournyaire [potier] et du carbonnyer [charbonnier] n'en sont poinct.

Ceulx que a nommé Garbilhe à Mérindol

- Me Elyon de Torreves
- Pomerii, relieur de livres
- [f° 23] Marthe, sa femme que a esté nonnain* à Nysmes
- Faverii, de Torreves
- Thomas, du Plan-d'Apt
- Guillaume le Normant

Dudit jour XXXe de juillet.

Fut envoyée une lettre missive de par ladite Chambre à Me Honoré Malet, lieutenant du juge de Barjoulx [Barjols], pour faire mener prisonnyer en la Consiergerie du palais ung nommé mossen Peyre Gondre presbtre demeurant à Mérindol et à présent détenu prisonnyer audit Barjoulx pour crime d'hérésie, ainsi que Me Claude Chartrassii, juge dudit Barjoulx a adverty monseigneur le président disant ledit Chartrassii juge que icelluy Pierre Gondre avoyt esté longtemps absent et fuytif dudit Barjoulx et naguyères estoyt là venu pour recouvrer la reste de ses biens. Et fut ladite lettre missive baillée audit Chartrassii juge pour la faire incontinent envoyer par homme exprès à son dit lieutenant en la manière que s'ensuyt :

Lettre missive envoyée de par ladite Chambre au lieutenant du juge de Barjoulx.

[F° 23v°] À Me Honnoré Maleti, lieutenant du juge de Barjoulx.

Maistre Honnoré Maleti, le juge de Barjoulx nous a faict entendre comment vous aviez faict prisonnyer ung presbtre de Barjoulx demeurant à Mérindol nommé Pierre Gondre, chargé d'estre luthérien. Et, pource que la cognoissance nous en appartient, nous vous envoyons la présente à ce que tout incontinent icelle receue vous admenez ou faictez mener seurement prisonnyer ledit Gondre ès prisons de ceste ville d'Aix, ensemble les charges et informations et procédeures que vous aurez faict contre luy. Si n'y faictes faulte autrement l'on s'en prendra à vous. Et à Dieu, qui vous ait en sa garde. D'Aix ce XXXme de juillet MV^C^XL. Les gens tenans la Chambre en temps de vacations.

Boissoni.

Dudit XXXme de juillet.

Messeigneurs Mes Jehan Maynier, seigneur d'Opède, et Anthoine Roland, conseillers estans à Romans, envoyèrent response à ladite Chambre par le messagier à eulx mandé et fut la lettre missive et pacquet présenté à ladite Chambre et le tout veu fut ordonné estre cy enregistré comme s'ensuyt :

[F° 24. En marge :] Lettres de messieurs d'Oppède et Rolandi.

À messeigneurs messieurs tenant la Chambre en temps des vacations au parlement de Prouvence.

Messieurs, nous avons receu tout asteure [à cette heure-ci] les lettres missives que vous a pleu à ung chacun de nous escripre du vingt-ungnième de ce moys nous mandant par icelles nous trouver devers vous au vingt-huictiesme dudit mois pour quelques affaires que vous sont survenuz. Et, combien que* nous ayons receu lesdites lettres tard pour nous y trouver à l'assignation pour la distance que y a de ceste ville jusques à Aix, toutesfoys n'eussions fally incontinent nous mètre en chemin pour y faire notre pouvoir et debvoir si feust esté en notre puyssance et liberté de ce faire et avons assayé de pouvoir avoir congé au moyen de partir d'icy pour ce faire. Ce que ne nous a esté pousible d'obtenir ains* le procureur du roy et partie l'ont empesché formellement, protestant contre nous comme vous verrez par le double des responses que vous envoyons.

Ce que, et aussi considéré la qualité, grandeur et importance de l'affaire du roy qui est en notre charge, sera cause que ne pourrons partir d'icy pour ne les mectre en arrière sans autre mandement du roy, dont vous plerra nous tenir pour excuséz et humblement recommandéz à voz bonnes grâces.

Et nous prions Dieu, Messieurs, que vous doinct bonne vie et longue. De Romans, ce XXVIe de juillet. Ainsi signé au dessoubz desdites lettres : voz humbles serviteurs et frères, Maynier, Rollandi.

[F° 24v°] Response du procureur du roy mandée avec ladite lettre missive.

Le procureur du roy, auquel auroit esté communicqué la missive de la Court de parlement d'Aix signée par Boissoni dattée du XXIe de ce mois de juillet dirigée à monsieur le baron d'Oppède, conseillier du roy audit parlement d'Aix et aussi une autre semblable missive dirigée à Me Anthoine Rolland, conseillier dudit parlement d'Aix, toutes deux tendent afin de se trouver audit parlement d'Aix au XXVIIIe jour de ce dit moys de juillet et de surceoir s'il estoit pousible de la commission pour laquelle ilz sont à présent en ceste ville de Romans, ledit procureur, empeschant le faict contenu ès dites lettres, dict que vous, monsieur d'Oppède, avez esté et estez constitué par lettres patentes dudit seigneur en chief pour faire et parfaire à toute diligence le procès de André Sourman et consortz, fermier du tirage du sel qui se faict outremont la rivière du Rosne et aussi pour juger et vuider* les procès faicts contre les officiers et autres qui auroient malversé ès gabelles dudit seigneur.

Et à ses fins auriez convocqué et appellé autres conseillers tant du parlement du Daulphiné que du Conseil de [f° 25] Dombes et aussi des juges souverains tant du bailiage de Viennoys que de la cité du Puy pour procéder audit affaire et informer les abbuz que se faisoient ès dites gabelles dont le roy a esté interressé de plus de cinquante mille livres tournois pour an. Et seroit pour l'advenir si ledit affaire demeuroit imparfaict. Et oultre ce avez à congnoistre des abbuz et malversations que se font sur les péages, subcides et autres tributz que se lièvent tant sur ladite rivière du Rosne que sur les rivières de la Saonne et l'Izère, et aussi par terre dont la Républicque et pouvre peuple sont intéresséz annuellement de plus de deux cens mille livres tournois.

Et le roy, par ses lettres patentes, vous auroit commis la refformation d'iceulx pour y procéder somairement, toutes excusations cessans, et à ces fins vous auroit dispenséz, et tous autres qui vacqueront audit affaire, à la résidence que seriez tenuz faire ès dites Cours souveraines, ayant esgard à la arduyté* et pondérosité* desdites matières, estans de si grande importance et [f° 25v°] lesquelles présentement sont en termes de décision, tellement que en brief le debvoir de justice pourra estre manifesté sellon le vouloir et mandement dudit seigneur et, par votre absence, ledit affaire demeureroit en arrière et imparfaict au grand préjudice du roy et intérestz de sa Républicque par votre coulpe*.

À ceste cause ledit procureur vous supplye et requier qu'il vous plaise vouloir continuer à l'entière vériffication et procédures des matières à vous commises, estans de l'arduyté et gravité susdites dont le roy et sa Républicque peuvent estre intéresséz annuellement de trois cens mille tournois [*sic*], mesmement que avez esté et estez dispencé de la résidence que devez faire audit Parlement et que, sans exprès mandement dérogeant ès dites commissions à vous dirigées, ne devez laysser en arrière lesdites matières à vous commises et par ladite missive à vous dirigée ne vous est faicte aucune mention d'aulcung autre affaire particulier concernant l'estat du roy. Et aussi est cause impousible de faire plus grand service audit seigneur [f° 26] que de procéder et vuyder lesdites matières, lesquelles ne deves mètre en arrière mais procéder à la décision d'icelles sans vous divertir* d'aultres affaires, autrement ledit procureur a protesté et proteste contre vous des domaiges et instéretz que par votre deffaulte pourroient advenir audit seigneur et à sa Républicque. Et de ce vous requiert luy en faire acte. Ainsi signé Préposite procureur du roy, collation est faicte à son original. J. Gardane.

Response du chanoyne de la Bretonyère, partie civile, mandée aussi par lesdits seigneurs d'Opède et Rolandi.

Le chanoyne de la Bretonyère, partye civile et poursuyvant les abbuz, malversations et larrecins faitz aux gabelles du roy sur le sel des sallins de Porrays et autres abbuz et laracins faicts aux exactions des péages que se liève nt sur les rivières du Rosne, la Saonne et l'Izère et par terre ; aussi avoir veu votre lettre à vous seigneur, baron d'Oppède, conseiller au parlement de Prouvence, et à vous seigneur Rolland, aussi conseiller en ladite Court, ad ce que vous retirez à ladite Court pour le jugement de quelques urgens [f° 26v°] affaires survenuz, dict que ladite Court est assez informée du faict de votre commission et que le roy vous a dispencé de la résidence que devez à ladite Court et vaccant au faict de votre commission qui est tant cause nécessaire continuer pour la grand prouffit du roy et de toute la Républicque.

Parquoy icelluy de la Berthonnière [*sic*], partie civile come dict est, dict que ne vous deves partir de ceste présente ville de Romans ains deves continuer votre dite commission, autrement, à faulte de ce faire, actendu qu'estez dispenséz par le roy de ladite résidence, proteste contre de vous [*sic*] des despens, domaiges et intérestz que seront de plus de cent mil escus vaillant, ayant esgard à la haulte matière dont est question en voz procédures et d'en advertir monsieur le chancellier voire le roy et de vous prendre, ledit cas advenant, en partye formelle car, comme sçavez, le roy vous a estably président, vous seigneur baron d'Oppède, et vous commande assembler les autres commissaires, ce que avez faict et, comme voyes l'affluance des matières à vous commises et évocquées du Grand Conseil voire du [f° 27] Conseil privé et de toutes les Courts souveraines sur le faict desdits péages et de soy despartir d'une si belle et comode commission n'y a propoz ny apparance.

Faict à Romans, ce XXVIe de juillet au soir mil cinq cens quarante. Ainsi signé : La Bretonyère, partye civile. Collation est faicte à son propre original. J. Gardane.

Du dernier jour dudit mois de juillet.

Fut présentée à ladite Chambre la responce de monsieur Me Charles de Glandèves et, icelle veue, fut ordonné par ladite Chambre estre enregistrée au présent procès et dont la teneur s'ensuyt :

Lettre missive de monsieur le conseiller de Glandèves.

À Messeigneurs. Messieurs tenens la Chambre ordonné [*sic*] en temps de vaccations à Aix.

Messeigneurs, ce jourd'huy XXVIIe de ce mois mon frère m'a fait tenir par homme exprès de Sainct-Martin des lettres de voz seigneuries par lesquelles vous a pleu me ordonner me trouver à Aix demain XXVIIIe de ce mois, à quoy ne eusse fally [f° 27v°] si me fusse trouvé audit Sainct-Martin mais à présent estant si loing, l'assignation m'est tant briefve qu'il m'est du tout impossible acomplir voz commandemens, vous suppliant, Messeigneurs, que puysque suys tant près de ma maison me parmètre d'y aller faire ung tour pour donner quelque ordre à mes petitz affères et retirer ce peu que y sera, actendu les dangers que y sont de tout perdre. Messeigneurs, en me très humblement recomandant à vos bonnes grâces, je prierai le Créateur vous donner en santé très bonne vye et longue. De Grasse, ce XXVIIe de juillet, votre très humble serviteur. Charles de Glandèves.

Du deuxième jour d'aoust.

Monsieur le procureur général du roy dit et proposa en la Chambre comme luy estoyent venuz deux païsans, qui se dyent à ce expressément envoyéz par les communaultéz de Cabrières et de Villelaure, qui luy ont dit comment le bruit est par ce quartier-là que les gens de monsieur le conte de Tende y doibvent aller et qu'ilz doubtent d'estre affoléz* [f° 28] et pilléz par lesdites gens de monsieur le conte. Et, à ceste cause, ont esté envoyéz par lesdites communaultéz pour offrir toute obéyssance et que, par une simple lettre missive que la Chambre mande s'ilz obéyront et feront la mainforte aux huissiers ou autres que la Court y envoyera et s'obligeront de représenter en personne ceulx que la Court demandera en donneront plège* de ce faire, et tout requiz expressément d'en advertir ladite Chambre.

À quoy fut respondu par monseigneur le président que ledit procureur général dist à ceulx-là qu'ilz allassent quérir procuration de ceulx qui les avoyent à ce envoyéz et qu'ilz apportassent lesdites procurations èsquelles tous les constituans fussent nomméz pour, ce faict, y estre pourveu.

Du troysième jour dudit moys d'aoust.

Fut mené prisonnyer ledit monsieur Peyre Gondre dessus nommé en vertu de la lettre missive cy-dessus envoyée à Me Honoré Malleti, lieutenant du juge de Barjoulx, lequel Mallet meit au greffe une pièce d'informations faictes contre ledit Gondre ensemble certains interrogatoires [f° 28v°] et responses faictes par devant luy. Et fut commis à messieurs Mes Jehan Donneaud et Bernard de Badet, conseillers, de interroguer ledit Gondre tant sur lesdites charges et informations que sur autres informations estans rière le greffe faictes contre icelluy Gondre.

Du quatriesme jour dudit moys d'aoust.

Me Anthoni Mangoni présenta à la Chambre certaine requeste contre Me Dominico Bonamico et autres officiers de l'evesque d'Apt pour avoir payement ou compensation de ses escriptures et vacations faictes ès procès des vauldoys, à laquelle requeste estoit attaché ung advis des condemnations receues par lesdits officiers d'Apt sur lesdits luthériens.

Et le tout communicqué à monsieur le procureur général [qui] print ses conclusions au pié de ladite requeste affin d'avoir adjournement contre ledit Bonamico et autres officiers pour venir deffendre à telles requestes, demandes et conclusions et de raison. Ce que luy fut octroyé et ordonné ledit avis estre cy registré dont la teneur s'ensuyt :

> [F° 29] Advis sur la réception des deniers des condemnations faictes contre les vauldoys et luthériens au diocèse d'Apt tant des condemnations faictes du temps de feu Me de Roma que depuys en ça.

C'est assavoir que monseigneur l'évesque d'Apt César de Trivoulx, [après] avoir prins la possession de l'évesché, feit trésorier pour exiger lesdites condemnations Me Claude Guérin, chanoyne et arcediacre d'Apt, lequel et ses députéz auroient receu grosses sommes d'argent, comme appert par leur recepte, de laquelle ont rendu compte audit évesque d'Apt ou ilz ont encore l'argent rières eulx.

Toutesfoys ledit argent n'a esté employé en aucunes œuvres pies ne en aucune autre chose contenue ès dites condemnations ains lesdits deniers ont esté employéz et mys à la bource dudit évesque ou lesdits receveurs l'ont encores, qui se montent plus de quatre à cinq cens florins et davantaige.

[F° 29v°] Et depuys trois ans en ça est venu audit Apt ung Dominico Bonamico, procureur dudit évesque d'Apt, lequel a tousjours sollicité le greffier dudit évesque de lui bailler le double des condemnations, ce qu'il auroit faict. Et, à la fin, ceste année ledit Dominico auroit demandé de rechief lesdits procès audit greffier pour entièrement veoir lesdites condemnations, lequel les luy auroit bailléz avec récépissé de luy au roole d'iceulx. Et incontinent qu'ils les auroit euz auroit faict autre greffier et auroit exigé les condemnations que s'ensuyvent :

À Syvergues

De Guillaume Camps dit Périn	L f[lorins]
De Françoys Pellenchon	XXX f.
De Anthoine Camps dit Périn	XXV f.

À Rocquefure

De Jehan Gaudin alias Blanc	XL f.
De George Jory, Michel et Jehan Peyrons	XV f.

[F° 30] À Lacoste

De Georges Bernard	XXX f.

À Rossillon

De Poncet Martin	XX f.

À Oppédète

De Léonard Luc, pour Pierre Luc	VI f.
De Anthoine Luc, pour Politre Luc son frère	XXVI f.

À Gignac

De Jacques Serre	VI f.

À Bonnyoulx [*Bonnieux*]

De Barthélemy Nyel, Jehan Reboulh, Jehan de Vaulx et Amyel Byolez	XVIII escuz sol
De Ferlin de Meilhe	XV escuz sol.

Et pour avoir argent prest à ceulx de Cyvergues leur a quicté une moytié pour autre au détriment de leur pénitence encores que la condemnation porte que se doibvent convertir *in usibus piis* [en œuvres pies]. Et cella a faict pour recouvrer argent [f° 30v°] à cause qu'il a pié à l'estrief [le pied à l'étrier] pour s'en aller à cause de la permutation dudit évesché d'Apt faicte par l'évesque d'Apt avec monseigneur de Forligno[1]. Ainsi signé : Mangoni.

Du cinquiesme jour dudit moys d'aoust.

Ledit Me Anthoine Mangoni, notaire d'Apt, en ensuyvant le mandement de ladite Chambre a mys rière le greffe criminel plusieurs procès faicts contre certains particuliers de la diocèse dudit Apt tenans la secte vauldoyse et luthérienne, déclairéz et contenuz en ung inventaire escript de sa main dont la teneur s'ensuyt cy-après, partie desquels procès ont autresfoys esté jugéz et les aucuns desdits particuliers abjuréz comme est contenu audit roole.

1 Évêques d'Apt : César Trivulce (1533-1540) ; Pierre de Forli (1540-1559).

[F° 31. En marge :] Receu l'original inventaire et pièces y mentionnées le X de septembre 1540 [signature non lue]

Inventoire des procès mis au greffe de la souveraine Court de parlement de Prouvence par maistre Anthoine Mangoni, notaire dudit Apt, et ce par mandement de ladite Court, lesdits procès concernans la matière de la saincte foy catholicque et tant des adjuréz [*sic*] que non abjuréz.

[Les chiffres romains de la numérotation des pièces ont été remplacés par les chiffres arabes]

Premièrement de la ville et terroir d'Apt

1 – Le procès faict contre Catherine Castaigne, condemnée et abjurée
2 – Le procès de Loys Serre, Jehan Serre son frère, Blanche Caillière, femme dudit Loys et Anthonète, mère desdits Loys et Jehan
3 – Le procès de Guillaume Serre dit Pansète demeurant à Apt
4 – Le procès contre Facy Pellenc du Plan-d'Apt
5 – Le procès contre Lame, femme de Michel Serre dit Lembridat
6 – Le procès contre Michel Serre dit Lembridat
7 – Le procès contre Raynaud Serre, filz dudit Michel [f° 31v°]
8 – Le procès contre Marguerite Serre, femme de Colin Pelenc
9 – Le procès contre Guillaume Serre, filz de Michel dict Lembridat
10 – *Item* le procès contre Jacques de Savigny, natif d'Alençon en Normandie, barbe
11 – Le procès contre Valentine, femme de Raymond Serre
12 – *Item* le procès faict contre Christofle Meysonier et Thomas Daulphin
13 – L'abjuration de Loys et Hugues, filz de Thomas Michel dit Tirasse
14 – L'abjuration de Barthélemy, fils dudit Thomas Michel
15 – L'abjuration de Michelle Alayete, femme dudit Thomas Michel
16 – Le procès de Jehan Géraud, barbe du lieu de Jalasse[2] près Pignarolz au diocèse de Turin
17 – Le procès de Pierre Griot, barbe du lieu de Patemousche, paroisse de Sézanne [Cesana Torinese], au diocèse de Turin [f° 32]

2 Localité non située.

18 – Le procès contre Jacques Pellenc d'Apt
19 – Le procès de Guillaume Serre de Murs
20 – Le procès contre Anthoine Bourgue d'Apt
21 – L'abjuration de Claude, femme dudit Anthoine Bourgue
22 – Le procès contre Rolland Roy de Sault
23 – Le procès contre Jehan Tasquier
24 – Le procès contre Jacques Tallon de Murs
25 – Le procès contre George Avon d'Apt

Rossillon

26 – Le procès de Poncet Martin et Jehan Rigord
27 – Le procès de Anthoine Branto de Rossillon
28 – Le procès contre Pierre Cardon
29 – L'abjuration de Anthonète, femme de Pierre Cardon
30 – L'abjuration de Nicolas, filz dudit Pierre Cardon
31 – Le procès contre Jehanne Bosque de Rossillon
32 – Le procès contre Mayffret Daulphin [f° 32v°]
33 – Le procès contre Barthélemy Branto
34 – L'abjuration de Jacques Aycard alias Gros
35 – Le procès contre Paulet Branto, filz de Anthoine
36 – Le procès contre Jehan Vacquet
37 – Le procès contre Thomas Bertolin
38 – Le procès contre Marguerite Aycarde, femme de Jacques Aycard
39 – Le procès contre George Astier de Rossillon
40 – Le procès contre Anthoine Morissan
41 – Le procès contre Barthélemy Daulphin
42 – Le procès contre Jehan Bergier
43 – Le procès contre Daulphine, fille de Michel Bernard
44 – Le procès contre Siméon Rossenc
45 – Le procès contre contre [*sic*] Raymond Tallon
46 – Le procès contre Pierre Sambuc
47 – Le procès contre Anthoine Sambuc
48 – Le procès contre Lancellot Martin

Buoux

49 – Le procès contre François Baulmas et Jehanne Gallete sa femme [f° 33]
50 – Le procès contre Jehanne, femme de Anthoine Geors et Dominicque son filz
51 – Le procès contre Michel Pélegrin
52 – Le procès contre Jehanyn Chovin
53 – Le procès contre Anthoine Seguyn
54 – Le procès contre Pierre Seguyn, son filz
55 – Le procès de Huguète Chabaude, femme de Thonon Chovin
56 – Autre procès de Jehanne, femme de Anthoine Geors, et Dominicque son filz
57 – Le procès de Michaelle, fille de Jehanyn Chovin
58 – Le procès de Jacomin, filz dudit Jehanyn Chovin
59 – Le procès de Pierre, filz dudit Jehanyn
60 – Le procès contre Jacques Chovin
61 – Le procès de Angeline, fille de Jehanyn Chovin
62 – Le procès contre Jacques Chovin
63 – Le procès de Anthoine et Pierre Seguyns, père et filz
64 – Le procès de Loys Cambe alias Riboroux
65 – Le procès contre Richard Ferrand [f° 33v°]

Lacoste

66 – Le procès contre Peyron Mallan
67 – Le procès contre Alexis Mallan
68 – Le procès contre Estienne Arnoux dict lo Mercier
69 – Le procès contre Gérauld Mallan
70 – Examen de Angelline, femme de Pierre Michel
71 – Le procès contre Estienne Estève dict Bartholin
72 – Le procès contre Pierre Michel dit Lombard
73 – Abjuration de Jacques Donzel
74 – Examen de Anthoine Appi, filz de Estienne
75 – Le procès contre Jacques Alhault
76 – Le procès contre Jacques Gardiol
77 – Le procès contre Catherine, veufve de feu Johannet Gardiol
78 – Le procès contre Françoyse, veufve de feu Estienne Appi

79 – Le procès contre George Bas
80 – Le procès contre Henrigon Mallan
81 – Le procès contre Catherine, fille de feu Pierre Nicolet [f° 34]
82 – Le procès contre Estienne Baridon
83 – Le procès contre Loys Gardiol
84 – Le procès contre Anthoine Alhaud
85 – Le procès contre Jehan Bas
86 – Le procès contre Angéline, femme de Peyron Michel
87 – Le procès contre Ysabelle, femme de Estienne Arnoux
88 – Le procès contre George Bernard
89 – Le procès contre Jehan Arnoux

Gargas

90 – Le procès contre Nicolas Bosc
91 – Le procès contre Jehan, filz de George Serre
92 – Le procès contre Pierre Serre le boyteux
93 – Le procès contre Parise Barthélemye
94 – Le procès contre Catherine, femme de Pierre Armand
95 – Aultre procès contre ledit Jehan Serre, filz de George

Roquefure

96 – Le procès de Jehan Roux de Roquefure [f° 34v°]
97 – Abjuration de Thonnète, femme de George Jorry
98 – Abjuration de Anthoine Gaudin alias Blanc
99 – Abjuration de Margarite, femme de Jehan Gaudin
100 – Le procès contre George Jory
101 – Le procès de Barthélemy, filz de Jehan Gaudin
102 – Abjuration de Michel Peyron de Roquefure
103 – Le procès contre Jehan Gaudin alias Blanc
104 – Le procès et abjuration de Claude, fille dudit Jehan Gaudin alias Blanc
105 – Le procès contre Marie, femme de Jehan Baulmes
106 – Le procès contre Jehan Peyron
107 – Le procès contre Jehan Baulmas

Ginhac [Gignac]

108 – Le procès de Pierre Carbonel
109 – Le procès contre Jehan Daulphin
110 – Le procès contre Jacques Barrier coronier [*sic*]
111 – Le procès contre Jaumet Odoyn
112 – Le procès contre Guillaume du Puy alias Borron
113 – Le procès contre Hélesme, veufve de feu Christol Mély [f° 35]
114 – Le procès contre Spérit Mély
115 – Le procès contre Estienne Barrier
116 – Le procès contre Marie, femme de Jehan Daulphin
117 – Le procès contre Armand Martin
118 – Le procès contre George, femme de Michel Robert
119 – Le procès contre Margarète, veufve de Gonnet Barrier
120 – Le procès contre Jehan Barrier
121 – Le procès de Martin Barrier, filz de feu Gonet
122 – Le procès de Guigo Carbonel alias Regnard
123 – Le procès de Alaète Carbonelle, veufve de Spérit Carbonel
124 – Le procès de Jehan Roux alias Pignoulx
125 – Le procès contre Claude Robert
126 – Le procès contre Michel Robert alias Banastier
127 – Le procès contre Thomas Martin
128 – Le procès de Jacques Serre de Gignac
129 – Le procès contre Pierre Barrier

Viens

130 – Le procès contre Ferréol Rebuffel [f° 35v°]
131 – Le procès contre Rostaing Brosset
132 – Le procès contre Jehan Escariou
133 – Le procès contre Brancays Lambert
134 – Le procès contre Michel, filz de Jacques Ginoux
135 – Le procès contre Marie, femme dudit Jacques Ginoux
136 – Le procès contre Michel Cartoux dit Canet de Viens
137 – Le procès et abjuration de Bastien Raube
139 [*sic*] – Autre procès contre Rostang

- Le procès contre Me André Arnoux
- Le procès contre Denis Forcade
- Le procès contre Espérit Élion dit Garlandon
- Le procès contre Johannet Gignoux
- Les révellations contre maistre Rebufelly

Oppedète

- Le procès contre Béatrix, femme de Nicolas Fayet
- Examens de Jehan Gignoux et Anthoine Luc
- Procès de Anthoine Luc [f° 36]
- Le procès contre Magdaleine Luque
- Examen de Marguerite, femme de Claude Luc
- Le procès contre Jehan Luc, filz de Pierre
- Le procès contre Pierre Luc
- Le procès contre Claude Luc
- Le procès contre Léonard Luc
- Examen de Pierre Luc, filz de Jehan
- Le procès de Politre Luc
- Le procès de Jacques Gignoux *interdum* [parfois] de Viens et d'Oppedète.

Sivergues

- Le procès contre Anthoine Périny alias Camps
- Le procès contre Guillaume Camps dict Périn
- Le procès contre François Pélenchon
- Le procès contre Jacques Baulmas habitant de Sivergues

Saignon

- Le procès de Perrine Caillière, femme de Pépin Callier [f° 36v°]
- Le procès de Ferlin Caillier, son filz
- Le procès de Guillaume Caillier, son filz

Agoult [Goult]

- Deux adjurations [*sic*] de maistre Parceval Tercian et Benoist, son frère

Bonioux [Bonnieux]

– Le procès contre Suffren Carbonel
– Le procès contre Raymonet Carbonel, son filz
– Le procès contre Jehan Reboul dict lo vanayre [le vannier]
– Le procès contre Daniel Bioulz
– Le procès contre Amiel Royère habitant de Bonioulx
– Le procès contre Barthélemy Niel
– Le procès contre Jehan de Vaulx
– Le procès et abjuration de maistre Jehan Déodat habitant de Bonioux

Dans un sac

– Un cayer d'abjurations cotté par A, auquel y a unze abjurations en quatorze [f° 37] fuilletz escriptz des particuliers y nomméz, diocésains d'Apt.
– *Item* ung autre cayeron* d'abjurations cotté par D, auquel y a sept abjurations en dix fuilletz escriptz des particuliers y nommés, diocésains d'Apt.
– *Item* le procès faict contre Jacques Serre dict de Bérard, frère de Jehan Serre dict de Bérard, à présent du palais par auctorité de la Court souveraine et est ung de ceulx qui ont dernièrement brisé les prisons d'Apt.
– *Item* le procès de Barthélemy Serre, nepveu dudit Jehan Serre dict Bérard de Murs, qui est aussi ung de ceulx qui dernièrement ont brisé les prisons.
– *Item* le procès de maistre François Rosset, médecin de Bonioux, séminateur d'hérésie, qui est aussi ung de ceulx qui ont dernièrement brisé les prisons d'Apt.
– *Item* ung livre dudit Jehan Bérard intitulé *Déclaration des parolles* etc., auquel y a ung épître envoyé au duc de Lorraine et [f° 37v°] encores ung autre épître audit duc de Lorraine avec ung livret intitullé *Les Rogneux qui gratent*[3] *chacun* etc., lequel livre est couvert de parchemin escript.
– *Item* ung autre livre intitulé *Sommaire et briefve déclaration* etc., auquel y a ung autre livre intitulé *Le livre des marchans* etc. Et y a aussi ung autre livre intitulé *Chanssons nouvelles* etc. couvert ledit livre de parchemin sur gros papier doublé et collé.

3 Gratter les rognes : faire des reproches, blâmer.

– *Item* une effigie faicte en impression contre notre Sainct Père le pappe. Et au-dessus est escript un ménestrier [musicien] de estrange façon. Et au-dessoubz de laquelle effigie y a ung escripteau qui se commence *Le temps passé* etc. Et feust ladite affigie trouvée l'an mil cinq cens trente-sept le jour de Saint-Michel au lieu de Rossillon par messieurs les vicaire et official d'Apt et l'enquésiteur de la foy audit Apt en présence de plusieurs [f° 38] gens ung jour de foyre, comme apert par acte receu par maistre Anthoine Mangoni, laquelle estoit plaquée au portal d'une esglise de sainct Anthoine près le portal dudit Rossillon et feust arrachée par lesdits vicaire et inquisiteur.
– *Item* ung examen tabellionné* faict par monseigneur de Carpentras[4] à Jehan Bérard le VIIe avril mil cinq cens trente six dans ledit sac.

Dudit jour cinquiesme d'aoust, monsieur Me Claude Jarente, seigneur de Sénas, conseiller en ladite Court, envoya une lettre missive à ladite Chambre pour s'excuser, laquelle veue fut ordonné estre cy enregistrée dont la teneur s'ensuyt :

Lettre missive de monsieur de Sénas adressante à ladite Chambre.

[f° 38v°] À Messeigneurs, Messeigneurs le président et Messeigneurs tenans la Chambre en temps de vacations à Aix.

Messeigneurs la cause pour quoy ne me suys trouvé devers vous seigneuries au jour qu'il leur avoit pleu me mander a esté que, après qu'il a pleu à Dieu me guérir et eschapper mon filz de la maladie et indisposition qu'il avoyt, il luy a pleu d'en envoyer une à moy, c'est ung désaysement* et impotence de ma personne avecques doleur grande et quasi insuportable et telle que suys contrainct de garder presque tousjours non tant seulement la chambre mais le lict et que, quant je suys coché, je ne me puys tourner ny lever sans grosse ayde, dont messeigneurs en ay bien voullu advertir icelles voz seigneuries à celle fin qu'elles soyent acerteines que ce n'a esté pour leur désobéyr mais pour n'avoyr esté à moy possible à cause de ladite indisposition et que, ce actendu, il soyt leur bon plaisir m'avoir et tenir pour excusé. Aussi messeigneurs que je leur supplye très humblement soit leur bon plaisir voulloir faire et me commander leurs plaisirs pour iceulx tousjours très humblement [f° 39] de tout mon pouvoir les acomplir.

4 Évêque de Carpentras : Jacques Sadolet (1517-1535), cardinal ; Paul Sadolet (1541-1569).

Messeigneurs, après m'estre recommandé très humblement et de tout mon cueur à voz bonnes grâces, m'en iray prier le Créateur vous donner en bonne santé vye longue et l'acomply de voz désirs. Escript en votre maison de Sénas, ce quatrième jour d'aoust, votre très humble serviteur, C. Sénas.

Du sixième jour dudit moys d'aoust.

Qui fut le jour et feste de Sainct-Saulveur, la Chambre à ce assemblée en l'église de Sainct-Saulveur d'Aix par mandement de monseigneur le président, où furent présens ledit monseigneur Me Barthélemy de Chasseneuz président, G. Sala, George Durand, Françoys Somati, Nicollas Émenjaud, Jehan Donneaul et Françoys Rascas, les autres messieurs les consellers absens ormis monsieur Me B. de Badet qu'estoyt malade dans ladite ville d'Aix.

Ledit monsieur Françoys Rascaz, seigneur de Bagarris, feit rapport comment, en ensuyvant la commission et mandement à luy donné de par ladite Chambre, il se seroit transporté par devers et à la personne de monseigneur le conte de Tende, sénéchal et gouverneur de ce pays, trouvé au lieu de Vidaulban, auquel [f° 39v^o^] il auroit présenté les lettres missives et patentes de ladite Chambre et luy auroit faict entendre l'ordonnance et délibération d'icelle Chambre touchant la prinse de corps de ceulx de Mérindol. Et si luy auroit monstré le roole de ceulx dudit Mérindol que faulloit prendre et saisir, le requérant de par ladite Chambre de voulloir assister à ladite exécution et faire la mainforte suyvant les lettres patentes et mandement du roy et, pour ce faire, assembler le nombre de gens qu'il verroit y estre requis et nécessaire le plus diligemment et secrètement que faire se pourroit.

À quoy ledit seigneur gouverneur se seroit offert très voullentiers et respondu que, pour plus secrètement faire ladite assemblée, il manderoit aux gens de sa garnison au XIX ou XXme du présent moys auquel jour ils devoyent changer de quartiers et soubz umbre* dudit changement de eulx assembler et si feroyt aprester deux cens hommes à pié qu'il lèveroit sur les gallères qui seront tous prestz audit jour et incontinent il en advertiroit ladite Chambre. Et, pour ce qu'il [f° 40] fauldroyt contenter lesdites gens à pié, que ladite Chambre advisast quelque moyen pour les payer et leur donner quelque chose pour leur contentement. Et en oultre ledit seigneur de Bagarris présenta à ladite Chambre une lettre missive de mon dit seigneur le gouverneur adressante à ladite Chambre dont la teneur s'ensuyt cy-après.

Veues laquelle lettre missive et rapport dudit seigneur de Bagarris, fut ordonné par ladite Chambre icelle lettre missive estre enregistrée au présent procès-verbal. Et quant au payement desdits gens à pié que icelle Chambre assemblée y pourveoiroit au premier jour.

Lettre missive de monsieur le conte de Tende, gouverneur de Prouvence, adressante à la Chambre.

À Messieurs les gens tenans la Chambre en temps de vacations à Aix.

Messieurs, j'ay receu la lettre que vous m'avez escripte par monsieur de Bagarris avec ung roole que m'avez envoyé et entendu par luy ce que vous avez acordé ensemble suyvant ledit [f° 40v°] roole que j'ay trouvé très bon et vous asseure que de ma part y feray tout ce que cognoistrez qui me sera possible, comme au demeurant j'ay prié ledit seigneur de Bagarris vous dire de ma part, qui me gardera vous faire plus longue lettre, en me recomandant bien fort à toute la compaignye et prye le Créateur vous avoir tousjours en sa saincte garde. De Vidauban, ce IIIe d'aoust, votre entièrement bien bon amy, Claude de Tande.

Du dixième dudit moys d'aoust.

Je soubzsigné greffier, par le mandement de mon dit seigneur le président, m'en suis allé par devers et à la personne de monsieur Me Thomas de Piolenc, procureur général du roy, auquel, ensuyvant la charge et mandement à moy sur ce donné par mon dit sieur le président, ay dit qu'il regardast et advisast par quel moyen l'on pourroit avoir prisonniers ceulx de Cabrières et de Mérindol sans y envoyer les gens de monsieur le conte sellon ce qu'il auroyt ces jours proposé en ladite Chambre luy avoir [f° 41] esté offert par aucuns païsans, eulx disans envoyéz expressément par les communaultéz de ces lieux-là, mais que ne feust de sorte qu'il n'y eut point de faulte et qu'il en vint advertir la Chambre à lendemain.

À quoy ledit procureur général du roy respondit qu'il avoit faict entendre à Me de Bécariis, advocat en ladite Court, qu'on luy admena lesdits païsans, la response que mon dit sieur le président luy avoit faicte d'envoyer quérir procurations spéciales desdites communaultéz et qu'il pençoyt que ledit de Bécayris s'y en estoyt allé et envoyeroit veoir s'il estoyt revenu et en parleroit demain à ladite Chambre.

Du XIIe jour dudit moys d'aoust,

De la partie des manans et habitans de Cabrières et La Mothe-d'Aygues et de Sainct-Martin-de-la-Brasque, fut présentée requeste à ladite Chambre avec une procuration attachée à ladite requeste dont la teneur s'ensuyt cy-après, lesquelles requeste et procuration veues et leues en ladite Chambre [f° 41v^{o}] fut ordonné icelle requeste et procuration estre communiquées au procureur général du roy.

Suyvant laquelle ordonnance et par commandement de ladite Chambre furent lesdites requeste et procuration incontinent portées à messieurs les advocat et procureur général du roy en leur parquet par moy soubz-signé greffier criminel,

Boissoni.

Requeste des manans et habitans de Cabryères, de La Mote-d'Aygues et de Sainct-Martin-de-la-Brasque présentée à la Chambre en temps de vacations.

[F^{o} 42] À Nos seigneurs de Parlement,

Supplient humblement les pouvres manans et habitans du lieu de Cabrières et de La Mote-d'Aygues et de Sainct-Martin-de-la-Brasque et autres lieux nommés en l'actestor[5] yci dernier* attaché après la procuration de ceulx de Cabrières, aussi dernier attaché, desquelles puissances et procurations ung est après à les fère tirer à la forme et sorte de ceulx de Cabrières et en telle sorte que semblera à la Court et que le bon plaisir de la Court soit avoir esgard au contenu de ladite procuration et autres. Et si bon semble à la Court vouloir depputer ung ou deux de messieurs de la Cour avecques monsieur le procureur général du roy et se vouloir transpourter sur le lieu et lieux, lesquels ont constitué, et se vouloir informer et faire subvection* occulaire pource que préthendent faire

5 Provençal : attestat, certifié.

aparoir du contraire de ce que l'on a vouleu dire que ilz font congrégations illicites. Car disent vouloir estre très obéyssans de la Court et de ceulx qui seront commis par icelle affin que la Court entende le tout et pour obvier* à toute euvre de faict et que justice soit administrée et autrement pourveoir de sa bénigne grâce ainsin* que bon [f° 42v°] vous semblera et ferez bien et justice. Ainsi signé au pied de ladite requeste : de Becarys, avecques congé et licence de la Court.

Procuration atachée à ladite requeste.

L'an de grâce mil cinq cens quarante à la nativité Notre Seigneur et le huictiesme jour du mois de aoust, régnant très chrestien prinse Françoys, roy de France, le premier de ce nom, conte de Prouvence, Forcalquier, longue vie. Saichent tous, présens et advenir, que congrégé* le honnorable parlement delz honnorables et discretz hommes du lieu de Cabrières-d'Aygues en la plasse dicte del fort dudit lieu et par davant le honorable homme Pierres Rostang, baille de la Court dudit lieu de Cabrières-d'Aygues, et ce pour Nicholas Jaumet, garde juré dudit lieu, à la manière acoustumée, auquel sont estéz présens ceulx qui s'ensuyvent :

Et premièrement Loys Durant et Jehan Pascal, scindicz et procureurs modernes dudit lieu de Cabrières-d'Aygues, *item* Angelin Jordan, Guillem Pélegrin, Jaume Roux, Guillaume Pellat, Bertrand Manhan, [f° 43] Michel Panin filz de Loys, Phelip Ripert, Anthoine Roux, Suffren Panin, Bonnet Anthoard, Crespin Francisquin et Nicolas Panin, Jacomin Panin, Jehan Cathallan, Olivier Raynaud, Loys Rippert, Michel Panin filz de Bastille Panin, Peyre Thome, Jordan Roux, Jehan Anthoard, Peyre Anthoard filz de Bertrand, Mathieu Jaumet, Mathieu Baridon, Jaume Baridon, Jaume Baridon [*sic*], Isnard Jordan, Espérit Ripert, Peyre Bret, Guillaume Raux [*sic*], Jehan Baridon filz de Espérit, Bertrand Anthoard, Peyre Crespin, Peyre Jordan filz de Anthoni, Jaume Baridon filz de Jehan, Daniel Roux, Estienne Bartallon, Jaume Anthoard, Jehan Durand, Danyel Bonnet, Nicolau Jauvent, Pierre Anthoard, Daniel Baridon, George Raux Durand [*sic*], Michel Arbaud, Bernardin Ponsat, Laydet Martin, Peyre Jordan filz de Jehan, dudit lieu de Cabrières-d'Aygues en la diocèse d'Aix,

auquel parlant a esté dit et proposé par lesdits scindicz comment estoit venu à leur notice que aucuns leur enemys et envyeulx auroient dit et divulgué contre la vérité que non seulement les particuliers dudit lieu de Cabrières ains universellement tous dudit lieu de Cabrières estoient diffaméz d'estre suspectz de hérésie et inhobéissans aux mandemens et commandemens de nostre Sainct Père le pappe et [f° 43v°] de l'Esglise catholicque de Rome et aussi aux mandemens et commandemens du très chrestien prince roy de France, roy, seigneur et maistre et conte de Prouvence et de ses officiers, ce que préthendent lesdits manans et habitans faire apparoir* du contraire et de soy rendre à toute obéyssance de mon dit seigneur le roy et de sa Court de Parlement et aussi de ses officiers et commis et autrement faire tout ce faire apartient à bons chrestiens et bons subjectz du roy nostre sire.

Et, pour le tout faire aparoir et entendre à nos seigneurs de Parlement et à mon seigneur l'agent du roy et autres que sur ce seront commis, les surnommés et descriptz de parlement et Conseil dudit lieu de Cabrières et la majeur partye des deux partyes dudit lieu de Cabrières, tous ensemble, et nully* d'eux discrépant* ne contredisant, mais tous de bon accord et en ung convenentz sans révocation aucune de leurs procureurs et advocatz par eulx continuellement ou divisement* autresfoys constituées de leur bon gré, [f° 44] pure et franche volanté, tant en leurs noms propres que de ladite université* et singulières personnes d'icelle, de nouveau ont faict et font, constitué et constituent par ces présentes comme leurs advocatz et procureurs, pour supplier et le tout faire entendre et aparoir à mes dits seigneurs de Parlement et à tous autres à qui apartiendra, s'est : Mes Thomas de Beccarys, Honoré Ferreporte, docteurs et advocatz dudit parlement de Prouvence, et aussi maistre Pierre de Pontevès, procureur audit Parlement, avecques puissance de pouvoir substituer ung ou plusieurs advocatz et procureurs en cas de nécessité en ladite matière et mesmement et spécialement de vouloir supplier très humblement à nos dits seigneurs de Parlement et autres à qui apartiendra que, nonobstant lesdits envieulx, ung [*sic*] aye vouleu dire que lesdits manans et habitans dudit lieu de Cabrières sont acoustumés soy congrégier avec autres préthenduz leur adhérandz, tant de jour comme de nuict, avec force* d'armes en certains lieux, plasses, châteaux et montaignes, ce que préthendent faire aparoir du contraire.

[F° 44v°] Et, pour ce, faire supplication tendant affin que le bon plaisir de ladite Court soit vouloir procéder en ceste matière avec aucune congnoissance de cause et bénignité comme ladite Court a acoustume de faire contre et envers les bons subjectz du roy. Et, pour mieulx procéder en la matière dudit affaire que est de importance, que le bon plaisir soit de ladite Court et de leur bénignité et humilité, avant que procéder plus avant, vouloir commettre et eslire ung ou deux de mes dits seigneurs de Parlement avec, si bon leur semble, monsieur le procureur général du roy ou autres que bon semblera à ladite Court, aux despens, fraiz et mises* proporcionablement desdits manans et habitans dudit lieu de Cabrières et autres imputéz si poinct n'y a et illec prendre sommaires informations de la vie et conversation d'eulx, habitans audit lieu et pour visiter le lieu et lieux, là oùt [*sic*] a vouleu dire et diffamer que se font les préthendues congrégations et, en ce, vouloir ouÿr les tesmoings, nobles, dames et subjectz et autres habitans et circumvoysins, lesquelz seront nommés et mys par roolles et [f° 45] escriptz par lesdits manans et habitans, se offrent et présentent réyaulment* et de faict à tout mandement de la Court ou de ses commis, huissiers, sergens et exécuteurs à ce faire, de leur faire mainforte, leur faire bonne compaignie comme bons subjectz du roy, les desfraier et payer leurs despens à la délibération de ladite Court affin que, le tout veu et consulté, la Court de sa bénigne grâce puisse procéder en termes de justice et de miséricorde ainsin que bon luy semblera de faire, en gardant tousjours les bons subjectz du roy de toute oppression et violance et autrement faire dire les deffendre, procurer, supplier et faire toutes causes ainsin que le mérite de la cause le portera et que eulx pourroient faire dire supplier s'ilz y estoient en présence propre.

Promectant avoir rat* et agréable tout cella que, par les susdits maistres advocatz et procureurs surnommés ou substitués par eulx, auroit esté faict, dict, supplié et procuré et de les relever de toute charge de procuration et demeurer au droict et toute cause jugée [f° 45v°] soy rendant pleige* pour eulx en tout et par tout, leur donnant plain pouvoir, auctorité et faculté à chacun d'eulx par son endroict les susdits manans et habitans général et spécial pouvoir de ainsins faire et de ne contrevenir en de cella que par les surnommés, leurs advocatz et procureurs ou substitués par eulx, avoir esté faict, dict, conseillé et procuré, et se [*sic*] sur l'obligation de tous et chacuns leurs biens propres et de ladite université présens et advenir, lesquels ont obligé aux Courts de messieurs de parlement de Prouvence, des submissions du susdit Aix et de toutes autres ès contés de Forcalquier et de Prouvence, oùt [*sic*] que soient constituées. Et ont renoncé et renoncent à tous droictz et voyes par lesquelles pourroient contrevenir èz causes susdites. Et ainsin ont juré et promis, èz mains de moy notaire royal et tabellion, à Dieu et sainctz évangillez pour eulx et chacun d'eulx manuellement touchés et des causes dessus dites les susdits manans et habitans dudit lieu de Cabrières ont demandé leur estre [délivré, f° 46] acte publique par moy notaire soubsigné.

Acte faict et passé oùt [*sic*] que dessus, en la présence de Philippes de Millani, bourgeois de la ville de Pertuis, de Claude de Taco et de Mathieu Rodde, brasiers* de La Tour-d'Aygues, et de moy Bertrand Juge, notaire royal et tabellion, que ay prins, receu et publié des causes susdites acte publique et de ma main propre escript et, en signe de vérité, de mon seing manuel acoustumé soubzsigné, Ber J., notaire.

Certiffie moy dessus escript Bertrand Juge, notaire royal, avoir prins et receu les procurations de les universités de la Mote-d'Aygues et de Sainct-Martin-de-la-Brasque en la forme, teneur et manière, *mutatis mutandis* [les modifications nécessaires effectuées] de la précédente du lieu de Cabrières a esté prinse et suis après aller prendre les autres de Villelaure, de Lourmarin et de Mérindol et de cella ay esté requis de ce faire. Ainsins le certiffie moy dit Bertrand Juge, notaire royal soubzsigné, *Judicis* notaire.

[F° 46v°] Sur laquelle requeste, après avoir ouÿ les gens du roy en leur requeste verbalement faicte en ladite Chambre, fut arresté et conclud que l'ung des huyssiers de la Court se transportera sur les lieux de Cabryères, de La Mothe-d'Aygues et de Sainct-Martin-de-la-Brasque avec Me de Bécarys, qui a signé ladite requeste, et requierra les scindicz et habitans desdits lieux nomméz en ladite procuration de luy rendre prisonnyers les nomméz au roole qui, pour ce, sera extraict du procès et de luy faire mainforte et donner gens pour iceulx prisonnyers conduyre et admener ès prisons de la Consiergerie du palais de ceste ville d'Aix.

En vertu de laquelle ordonnance furent despéchées lettres de commission adressantes au premier huissier sur ce requis et délivrées par mandement de ladite Chambre à Pierre Sansson, huissier, avec les rooles extraictz du procès faict contre Jehan Bérard et Garbilhe et le double desdites requeste et procuration desquelles lettres et rooles la teneur s'ensuit.

Commission de prinse de corps contre ceulx de Cabryères, La Mothe-d'Aygues et de Sainct-Martin-de-Brasque.

[F° 47] Françoys par la grâce de Dieu roy de France, conte de Prouvence, Forcalquier et terres adjacentes, au premier huissier de notre Court de Parlement sur ce requis, salut.

À la requeste de notre procureur général et par ordonnance de la Chambre ordonnée en temps de vacations, Nous te mandons et commétons par ces présentes que tous et chacuns les nomméz au roole cy attaché, quelque part qu'ils porront estre apréhendéz, tu pregnes et saisisses au corps et les admène prisonnyers ès prisons de la Consiergerie de notre palais d'Aix pour y estre détenuz jusques à ce que autrement en soyt ordonné. De ce faire te donnons pouvoir, mandons et commandons à tous noz justiciers et subgetz que à toy, en ce faisant, ilz obéyssent et entendent, donnent ayde, faveur, prisons et mainforte, si mestier est et requis en sont. Donné à Aix, le XIIe jour d'aoust l'an mil cinq cens quarante et de notre règne le vingt-six^me^. Par la Chambre ordonnée en temps de vacations.

Boissoni.

Roole attaché ausdites lettres

Roole de ceulx qui seront prins au corps.

Cabrières-d'Aygues

Jaume Rippert, médecin
[f° 47v°] Loys Rippert, son filz
Les chefz des maisons des Bretz
Les chefz des maisons des Blancz
Le baille dudit Cabrières
Guillaume Rostaing, nepveu dudit baille
Jacques Daulphin alias Put
Et ung nommé Mimet

À La Mothe-d'Aygues

Le baille dudit lieu de La Mote et deux siens enfans
Nicolas Cavallier

À Sainct-Martin-de-Brasque

Le baille dudit lieu

Les chefz des bastides des Jaumes et Chevaliers que sont trois ou quatre, l'une auprès de l'autre.

Par ordonnance de la Chambre.

Boissoni.

[F° 48] Dudit jour XIIe d'aoust, à la requeste du procureur général du roy, fut conclu et arresté d'envoyer à messieurs de Sénas, de Glandèves, de Tributiis et Rascaz de eulx en venir, tout laissé et toutes excusations cessans, se trouver en ceste ville d'Aix le XXIIe du présent moys d'aoust pour procéder en l'affère desdits luthériens suyvant le mandement du roy et interpellation sur ce faicte par ledit procureur général du roy. Suyvant laquelle délibération fut dudit jour envoyée à mon dit seigneur de Sénas une lettre de par ladite Chambre de la teneur que s'ensuyt cy-après, laquelle lettre, par mandement de ladite Chambre, fut baillée à Me Consolati, procureur en ladite Court par moy soubzsigné greffier, présent Melchior Desiderii, clerc dudit seigneur de Sénas, qui estoyent prestz à monter à cheval pour eulx en aller audit Sénas. Et ainsi le certiffie, je soubzsigné, greffier

Boissoni.

Lettre missive envoyée de par la Chambre à monsieur Me Claude Jarente, seigneur de Sénas.

À Monsieur de Sénas, conseiller du roy au parlement de Prouvence.

[F° 48v°] Monsieur de Sénas, nous vous avons par cy-devant escript et envoyé homme exprèz pour vous trouver icy avec la compaignye au XVIIIe du moys passé et depuys avons veu voz excuses mais, à cause qu'il ne nous est possible de procéder ès affaires dont vous avions escript ainsi que avons esté ce jourd'huy interpelléz et requiz par les gens du roy sans estre en plus grand nombre, nous vous envoyons la présente à ce que, toutes excusations cessans, vous en venez icy et vous y trouvez le XXIIe du présent moys d'aoust pour procéder et donner ordre ès dites affères sellon le voulloir et intencion du roy. Par quoy vous regarderez de n'y faillir.

En vous disant à Dieu, lequel prions vous donner bonne vye et longue. D'Aix ce XIIe jour d'aoust MV^{C}XL. Les gens tenans la Chambre en temps de vacations, voz bons frères.

Boissoni.

Du lendemain, XIIIe dudit moys d'aoust.

Fut donnée pareille et semblable lettre adressante à monsieur Me Charles de Glandèves par mandement de ladite Chambre à Barthélemy Baille, serviteur de Me Mathieu Le Cellier s'en allant à Saint-Martin, pour la faire tenir audit monsieur de Glandèves ou audit Me Mathieu son fermier pour la luy envoyer la part où seroit ledit seigneur de Glandèves. [f° 49] Et pareillement fut baillée autre lettre missive de par ladite Chambre à Me Jehan Cotereau, secrétaire et greffier criminel, pour la faire tenir à monsieur de Saincte-Marguerite de la teneur que s'ensuyt :

Lettre missive de par la Chambre à monsieur de Saincte-Marguerite.

À Monseigneur Monsieur de Saincte-Marguerite, conseiller du roy au parlement de Prouvence.

Monsieur de Saincte-Marguerite, nous avons ce jourd'huy esté interpellez et requiz de procéder suyvant le mandement et commission du roy ès affères dont vous avons naguères escript, ce que ne nous est possible de faire sans estre en plus grand nombre. À ceste cause nous vous envoyons la présente à ce que, tout laissé et toutes excusations cessans, vous en venez icy et vous y trouvez le XXIIe du présent moys d'aoust pour procéder et donner ordre ès dites affères, parquoy vous regarderez de n'y faillir.

En vous disant à Dieu, lequel prions vous donner bonne vye et longue. D'Aix ce XIIe d'aoust MV^{C}XL. Les gens tenans la Chambre en temps de vacations, voz bons frères.

Boissoni.

Pareille lettre fut donnée, de par ladite Chambre ledit jour XIIIe d'aoust adressante à monsieur Me François Rascaz, seigneur de Bagarris, à monsieur Bernardin Rascaz, chanoyne d'Aix, son oncle, lequel a prins sur sa charge de la luy fère tenir.

[F° 49v°] Dudit jour XIIIe d'aoust.

La Chambre, advertye que le lieutenant du sénéchal au siège de Digne avoit naguyères constitué prisonniers certains particuliers dudit Digne chargéz de ladite secte luthérienne, ordonna et commande de luy escripre une lettre missive de la teneur que s'ensuyt cy-après, laquelle lettre, par mandement de monsieur le président, fut baillée au receveur dudit Digne Bourdon, lequel print sur sa charge de la fère conduyre.

Lettre missive de par la Chambre au lieutenant de Digne.

A Monsieur le lieutenant du sénéchal au siège de Digne.

Monsieur le lieutenant, nous avons esté advertiz que vous détenez prisonnyers à Digne certains particuliers chargéz d'estre luthériens et, pource que le roy, par lettres patentes, nous a commis naguères la cognoissance en première instance de semblables matières de luthériens et vauldoys estans en ce pays, nous vous envoyons la présente à ce que, incontinent icelle receue, vous nous advertissez des procédeures qu'aurez faictes contre lesdits prisonnyers. Et pareillement nous envoyez le double de leurs responces et confessions et ce dont ilz sont chargéz pour y pourveoir ainsi [f° 50] qu'il apartiendra. Et néantmoins cependant procédez à vous informer contre les suspectz de ladite secte estans de votre ressort et constituez prisonnyers ceulx que vous trouverez chargéz et les interroguez sans toutesfois procéder à aucune ordonnance diffinitive ou de torture ou eslargissement* d'iceulx prisonnyers sans nous en advertir au préallable. En vous disant à Dieu, qui vous ayt en sa garde. D'Aix, ce XIIIe d'aoust MV[C]XL. Les gens tenans la Chambre en temps de vacations.

Boissoni.

Du XXIIe jour dudit mois d'aoust.

Maistre François Rascaz, seigneur de Bagarris, envoya une lettre pour s'excuser à ladite Chambre, de la teneur que s'ensuit :

Lettre missive de monsieur de Bagarris.

A Messeigneurs, messieurs les président et conseillers tenans la Chambre en temps de vacations à Aix.

Messeigneurs, yer XVIIme de ce mois receuz la lètre [f° 50v°] que vous a pleu m'escripre pour me trouver devers vous le XXIIe, ce qu'est à moy impossible pour autant que, depuis la première foys que vous me mandastes et le jour du dimenche au soir que je partis d'Aix pour aller devers monseigneur le gouverneur, ma fiebvre quarte me reprynt en chemin et depuis m'a toujours continué en augmentant chacun excès de plus fort en plus fort de sorte que les derniers excès que en ay eu, que furent vendredy et lundi, ont estés avec si très grand roydeur* de froid que j'en trembles au lict par l'espace de trois ou quatre heures aussi fort que si c'estoit au plus grand yver.

Messeigneurs, l'excuse n'est poinct controuvée*, sur la foy et serment que je doibz au roy et à la Court, dont j'en suis bien marry* car vouldrois bien pour ma santé que fust telle et seroit impossible à moy à me mectre en tel estat en si long chemin sans grand dangier de pyre inconvénient. Et, avec ce, quant [bien même] je serois porté sur le lieu ainsi que je suis, ne vous porries servir de moy la tierce partie du temps car du jour de mon excès et du landemain n'est question que je bouge de la maison. Par quoy vous plerra me tenir pour excusé à quelque temps que j'aye un peu de repoz veoir si la fiebvre vouldra prendre party [f° 51], laquelle suis asseuré n'est revenue pour autre chose que pour tant d'allées et venues que j'ay faict au chault* dernièrement.

Messeigneurs, après m'estre recommandé très humblement à voz bonnes grâces, prieray Notre Seigneur vous donner bonne et longue vye. De Bagarris, ce XVIIIme d'aoust, votre très humble serviteur.

F. de Bagarris.

Dudit jour XXIIe d'aoust.

En ladite Chambre où estoyent présens messieurs Mes B. de Chasseneuz, président, G. Sala, G. Durand, F. Somati, H. de Tributiis, N. Émenjaud, J. Donneaul, B. de Badet et F. de Genas, conseillers.

Pierre Sansson, huissier, feit son rapport par escript, ce qu'il avoit faict touchant la commission à luy donnée pour aller à Cabrières, par lequel il rapporta en effet que les gens dudit Cabrières luy auroient faict responce, après avoir eu sur ce leur conseil à Pertuis que, touchant ceulx de La Mote-d'Aygues et de Sainct-Martin-de-la-Brasque, il ne leur estoyt possible de les rendre prisonnyers. Et, quant à ceulx dudit Cabrières nomméz au roole, qu'il y en avoit partie de mortz et les autres estoyent absens mais qu'ilz doneroyent ordre dans quelques jours [f° 51v°] de les avoir et luy feroient mainforte et doneroyent toute l'ayde et faveur que leur seroyt possible. Et sur ce il s'en estoyt revenu et autrement ainsi qu'il est contenu audit rapport mys au sac.

Lequel rapport leu en ladite Chambre fut par ordonnance d'icelle communicqué à messieurs les gens du roy.

Et tantost après, présens les advocat et procureur général du roi, fut proposé par monseigneur le président et remonstré comment monseigneur le conte de Tende et gouverneur de ce pays luy envoya dernièrement le seigneur de Colombiers, son maistre d'hostel, pour entendre et sçavoir ce qu'il devoit faire touchant le propos et affère de Mérindol, dont ladite Chambre luy avoit escript ces jours passéz et envoyé par le seigneur de Bagarris. Auquel seigneur de Collombiers il auroit faict response que, quant à luy, il ne pouvoit pas faire autre délibération que celle que ladite Chambre avoyt conclu et arresté et que l'on actendoyt l'exécution dudit arrest et mandement d'icelle Chambre au jour que ledit seigneur gouverneur avoyt dict audit seigneur de Bagarris.

Et depuys ledit seigneur gouverneur luy auroit escript et envoyé, par le cappitaine Magrin, une lettre missive qu'il a leue en ladite Chambre cy-après registrée. Lequel cappitaine [f° 52] Magrin luy a dit de bouche que la bande de mon dit seigneur le conte se doibt trouver demain au lieu de Cabryères pour y louger, pour ce que le quartier estoyt là de présent et que, si on luy bailloit ung huissier ou ung commissaire pour y aller exéquuter le mandement de ladite Chambre, qu'on luy assisteroit sans toutesfoys faire aucun effort d'armes pour la première foys mays que, s'il y avoit résistance ou rébellion du cousté de ceulx dudit Mérindol, qu'il en advertiroit mon dit seigneur le conte pour avoir des gens à pié affin d'estre les plus fortz.

Sur quoy Garsonnet, pour le procureur général du roy, en requérant tousjours l'exécution des lettres patentes du roy, a demandé et requis que les gens dudit seigneur gouverneur se transportent audit Mérindol sans toutesfoys faire aucunes insolences, forces, violences ne* oppressions aux subgetz du roy et que, avant que partir, soyt enjoinct audit cappitaine

Magrin et ses gens de ne faire aucunes insolences, forces, violences ne oppressions.

[F° 52v°] Et sur ce fut arresté et conclu par ladite Chambre que, en ensuyvant la délibération et ordonnance cy-devant faicte, le premier huissier Loque, Philipes Cortin, aussi huissier, et Hector de Sallis, massier* d'Apt ou Raquin, sergent, s'en iront après demain et se trouveront de bon matin audit Mérindol, acompagniéz dudit cappitaine Magrin et autres gens de guerre que leur fournira icellui Magrin pour exéquuter le mandement de prinse de corps contre les enrooléz dudit Mérindol tant seulement pour ceste heure et, [dans le cas] où ne pourront estre appréhendéz, seront faicts les adjournements à troys briefz jours sans toutesfoys estre faicte aucunes oppression, violences ou insolences sur les subgèz du roy par lesdits Magrin et gens de guerre, ausquelz sera, pour ce, faicte injonction et exprès commandement. Et en oultre sera procédé par lesdits huissiers et sergent à la saisie, inventarisation et description des biens d'iceulx enrooléz.

Lettre missive de monsieur le conte de Tende adressante à monseigneur le président.

[F° 53] À Monsieur le grand président à Aix.

Monsieur le Président, après avoir receu la créance* que m'avez envoyé par Colombier, mon M^e^ d'hostel, je vous envoye le cappitaine Maigrin, homme d'armes de ma compaignye, auquel ay donné charge de mener et conduyre ma compaignye et se tenir prest, pour le jour que lui direz qu'il parte, ensemble mon forrier, de aller aux lieux qu'il vous semblera qu'il aille pour le service du roy. Et sur cela je me vois recomander de bien bon cueur à vous, en priant Dieu, Monsieur le Président, vous doint [donne] ce que désirez. De Brignole, ce XXme jour d'aoust. Votre entièrement bien bon amy, Claude de Tande.

Du XXVIIe jour d'aoust.

Fut présentée à ladite Chambre une lettre missive du lieutenant du sénéchal au siège de Digne avec ung [f° 53v°] sommaire et advertissement des procédeures par luy faictes contre certains particuliers de Digne et son ressort chargéz de tenir ladite secte luthérianne et vauldoise, ensemble ung petit livre intitulé *Les grandz pardons et indulgences, le très grand jubilé* etc., lesquelz advertissemens et livre ont esté mys au sac. Veuz lesquelles lettre et advertissemens fut conclu d'y envoyer deux de messieurs les conseillers pour illec* faire et parfaire les procès ausdits luthériens et remys à demain pour y pourveoir.

Lettre missive du lieutenant de Digne adressante à la Court.

Aux très redoubtéz et honnoréz Seigneurs Messieurs de la Court de parlement de Prouvence.

Très redoubtéz et honnoréz Seigneurs, suyvant ce que vous a pleu m'escripre, j'envoye par le présent porteur à voz seigneuries la somme des procédeures et de ce que a esté faict à l'encontre des détenuz, suspectz de erreur luthérienne et hérésie et eusse mandé les originaulx desdites procédeures ne fut que à toutes heures font besoing icy pour procéder tant contre lesdits détenuz ou absentéz que autres qui journellement [f° 54] sont descouvers par quelque information nouvelle. Vous suppliant, Messeigneurs, me commander votre bon voulloir pour icelluy acomplir à mon pouvoir.

Et, après m'estre très humblement recommandé à voz seigneuries, prie Dieu le Créateur qu'il vous ayt en sa garde. De Digne, ce XXVme d'aoust, votre très humble et obéyssant serviteur. B. Clariani.

Du lendemain XXVIIIe dudit moys d'aoust.

Jehan Loys Loque, premier huissier, feit son rapport par escript à ladite Chambre des procédeures et exploictz par luy faictz à Mérindol avec Cortin et de Sallis, par lequel est contenu en effect comment estre arrivé audit lieu de Mérindol, avec les dessus dits Cortin et de Sallis et en la compaignye dudit cappitaine Maigrin et certains tesmoingz nomméz audit exploict, il auroit trouvé que les gens dudit Mérindol avoyent vuydé le lieu et s'estoyent trèstous* retiréz avec leurs mesnage et meubles au [f° 54v°] boys et mectéries [métairies] et que, sans grosse difficulté et sans grand danger, l'on n'eust peu saisir au corps lesdits enroolés à cause qu'ils estoyent allyéz et s'estoyent fortifiéz audit boys, mectéries et cavernes ainsi qu'il auroit esté informé des rentiers dudit Mérindol et autres gens nomméz en son dit exploict.

Au moyen de quoy il les auroit adjournéz à trois briefz jours de quatre en quatre jours et n'auroyt procédé à aucune inventorisation de leurs biens à cause que ilz avoient emporté et caiché tout le meuble et n'avoit trouvé personne qui luy eût sceu enseigner leurs biens immeubles ny qui en eût voullu prendre la charge et administration et autrement ainsi qu'il est contenu audit rapport mys au sac.

Veu lequel rapport, fut mys en délibération et conclu d'envoyer à monsieur le conte le double d'icelluy exploict à ce qu'il pourvoye à faire abatre lesdits cavernes et lieux fortz que l'on dit estre parmy le boys dudit Mérindol [f° 55] et qu'il y envoye gens pour sercher ledit boys et saisir au corps lesdits enrooléz et que cependant l'on procédera par deffaulx contre eulx.

Et ladite délibération et conclusion faicte, ladite Chambre feit entrer le sieur de Mollans, l'ung des cappitaines de mon dit seigneur le conte, auquel feit entendre le rapport dudit premier huissier et par elle de l'advis et délibération d'icelle Chambre. Lequel remonstra qu'il seroit bon d'envoyer quelqu'un de messieurs les conseillers par devers mon dit seigneur le conte pour luy faire entendre le tout. Et, sur ce propos, ladite Chambre feit appeller les gens du roy auquelz avoir faict aussi entendre ledit rapport du premier huyssier et l'advis et délibération de ladite Chambre.

Et, après leur avoir communicqué ledit rapport et icelluy veu, Me Guilhaume Garsonnet, pour le procureur général du roy, dict que par ledit rapport et procès-verbal [f° 55v°] il treuve que l'huissier a faict ses diligences à trouver ceulx qui sont enrooléz à Mérindol chargéz d'estre luthériens et vauldoys et a treuvé par information faicte du rentier dudit lieu et de certains autres qu'ils se sont caichéz parmy le boys et que en premier lieu il appert seulement d'une simple fuyte et évasion pour crainte de justice ès cavernes particulières mais n'appert point qu'ilz se soyent mys en trope, assemblée ne congrégation illicite.

À ceste cause, avant que procéder, a requis estre plus amplement informé sur ce, s'ilz treuvent aucun lieu fort ou s'ilz sont en assemblée illicite pour veoir si c'est pour rébellion de justice. Et sur ce lui estre décernée commission pour, l'information rapportée, faire telles requestes qu'il verra estre à faire par raison.

Sur quoy ne fut faicte aucune délibération ains ladite Chambre se leva pour l'heure de dix heures sonnées et remyt pour y pourveoir et délibérer au premier jour.

[F° 56] Dudit jour XXVIIIe d'aoust.

Ladite Chambre commit Mes Honnoré de Tributiis et Nicolas Émengeault, conseillers, pour aller à Apt et illec faire et parfaire les procès sur les lieux contre ceulx qui sont chargér [*sic*] tenir la secte vauldoyse et luthérienne au diocèse dudit Apt jusques à sentence et exécution d'icelle, en appellant avec eulx gens notables de justice et autres officiers du roy en tel nombre qu'il est requis à faire arrestz par les ordonnances sellon la forme et teneur des lettres patentes du roy.

Et pareillement commit Mes Jehan Donneaul et Bernard de Badet, aussi conseillers, pour se transporter à Digne et autres lieux du quartier de là pour pareillement faire et parfaire les procès contre ceulx qui sont de présent détenuz audit Digne et autres qui se treuveront chargéz de tenir ladite secte tant audit Digne que Barcillonne [Barcelonnette], Sisteron et leur ressort sellon la forme et teneur desdites lettres patentes du roy, ausquelz sieurs conseillers et commissaires furent pour ce despéchées lettres de commission par mandement de ladite Chambre en la forme et manière cy-après registrées. Et ordonne que de l'argent saisi par le lieutenant de Digne à Henry Hermite seroyt consigné ès mains du receveur Bordon la somme de trois cens escuz pour faire les fraiz nécessaires à la charge d'en rendre compte par icelluy Bordon. Et, pour ce, fut envoyée lettre missive audit lieutenant de Digne comme cy-après.

[F° 56v°] Pareillement dudit jour XXVIIIe d'aoust,

Par mandement de ladite Chambre, fut escript à monsieur de Langié, gouverneur et lieutenant général pour le roy en Piedmont, et à messieurs de la Court de parlement de Thurin et lesdites lettres missives, ensemble le roole des vauldoys et barbes estans audit Piémont, nomméz et accuséz par ledit Serre avec le nom des lieux et jours où se font les assemblées, furent baillées à monsieur Darlier, conseiller en ladite Court de Piémont, estant lors à Aix, pour les faire tenir et le tout communicquer audit gouverneur et à la Court, ce qu'il promit et print sur sa charge de faire.

Lettre missive de par la Chambre au gouverneur de Piémont.

À Monseigneur Monsieur de Langié [Guillaume du Bellay, seigneur de Langey], lieutenant du roy en son pays de Piémont.

Monseigneur, nous avons cy prisonnyer ung nommé Jehan Serre dict Bérard, du lieu de Murs en ce pays de Prouvence, qui est l'ung des barbes dogmatisans en la secte luthériane et vauldoyse et, par ses responces et confessions, il a chargé et nommé plusieurs autres desdits barbes demeurans en votre gouvernement dont nous vous avons bien voullu advertir par monsieur Darlier, conseiller au parlement de Thurin, présent porteur auquel nous avons baillé par roole les noms d'iceulx barbes [f° 57] et les lieux et jours èsquelz ilz s'assemblent pour vous communicquer le tout, que nous gardera vous faire plus longue lettre, fors que vous prions, pour le devoir de justice et extirpation de ladite secte y voulloir entendre de votre part et y mectre tel ordre que bon vous semblera.

En nous recommandant de bien bon cueur à votre bonne grâce et prions le Créateur vous donner, Monseigneur, en santé bonne vye et longue. D'Aix, ce XXVIIIe jour d'aoust MV[C]XL. Les gens tenans la Chambre en temps de vacations prestz à vous faire service.

Boissoni.

Autre lettre de par ladite Chambre adressante à la Court de parlement de Thurin.

À Messseigneurs, Messieurs les gens tenans le parlement de Thurin.

Messeigneurs, nous avons cy prisonnyer ung nommé Jehan Serre dict Bérard du lieu de Murs en ce pays de Prouvence, qui est l'ung des barbes dogmatisans en la secte luthériane et vauldoyse et, par ses responses et confessions, il a nommé et acusé plusieurs autres desdits barbes et principaulx dogmatisans en ladite secte qui sont de votre ressort et juridiction dont nous vous avons bien voullu advertir par monsieur Darlier, conseiller en votre Court, auquel nous avons baillé le roole desdits barbes et le nom des lieux et jours èsquelz iceulx barbes ont acoustume de eulx assembler pour [f° 57v°] y mectre ordre de votre part et y pourveoir ainsi que bon vous semblera pour le devoir de justice.

Et, en nous recommandant de bien bon cueur à voz bonnes grâces, prions le Créateur, Messeigneurs, vous donner bonne vye et longue.

D'Aix, ce XXVIIIe jour d'aoust MV^{C}XL. Les gens tenant la Chambre en temps de vacations.

Boissoni.

Lettre missive au lieutenant de Digne.

À Monsieur le lieutenant du sénéchal au siège de Digne.

Monsieur le Lieutenant. Nous avons veu la lettre que nous avez escripte ensemble les advertissemens des procédeures par vous faictes contre ceulx qui sont chargéz de tenir la secte luthériane à Digne et son ressort qu'avons trouvées bonnes. Et lundy prochain se partiront deux d'entre nous pour aller sur les lieux faire les procès contre lesdits chargéz. Cependant pouvez continuer de procéder contre eulx suyvant ce que nous vous avons escript par cy-devant. Et au surplus faictes consigner ès mains du receveur Bordon trois cens escuz, des deniers que avez saisis à Henry Hermite, et ce par le séquestre dudit argent pour, d'icelle somme, payer les fraiz nécessaires ainsi qu'il sera ordonné par la Court ou par lesdits commissaires.

En vous disant à Dieu, lequel prions vous donner bonne vye. D'Aix, ce XXVIII d'aoust MV^{C}XL. Les gens tenans la Chambre en temps de vacations.

Boissoni.

[F° 58] Du XXXme jour dudit moys d'aoust.

La Chambre, en pourvoyant sur la requeste dernièrement faicte par l'advocat général du roy, décerna commission adressante au premier huissier ou sergent et au plus prochain juge royal sur ce requis pour informer sur ce : si ceulx de Mérindol sont en troppe et assemblée illicite au boys en armes et s'ils tiennent aucun lieu fort dans ledit boys et ès cavernes dudit Mérindol et quelz lieux fortz ilz ont dans les boys.

Item sur ce : si audit Mérindol se tient la synagogue* et escolle des erreurs luthériennes et vauldoyses et si l'on y envoye des petitz enfans des lieux circumvoysins pour apprendre lesdites erreurs et sectes damnées.

Item sur ce que plusieurs luthériens, vauldoys, barbes et autres tenans ladite secte, qui sont chasséz de toutes partz, se retirent audit lieu de Mérindol et y sont receuz et s'il y a eu d'aucuns presbtres et des nonnains aussi qui se y sont mariéz.

Item sur ce : s'il y a des imprimeurs de livres desdits erreurs prohibéz et deffenduz et si l'on y faict pouldre et munition de guerre.

Et fut ladite commission expédié [*sic*] à monsieur le procureur général du roy pour l'envoyer exéquuter.

[f° 58v°] Du XXXe d'aoust mil V^C^XL en la Chambre.

Présens messieurs le président, Salla, Durant, Somati, de Tributiis, Émenjaud, Donneaul, de Badet et de Genas.

L'advocat et procureur généraulx ont remonstré qu'ilz ont esté advertiz que la Court est en propos d'envoyer aucuns de messieurs les conseillers à Digne et Apt pour les luthériens et n'ont entendu que l'on y envoye aucun d'eulx et remonstrent que, si elle y envoye, vueille envoyer ung d'eulx c'est le procureur général et, en son absence, l'advocat ou l'ung en ung lieu et l'autre en l'autre ou, si n'y peuvent aller, de permettre de substituer et que les causes sont d'entre eulx et sont parties et fault qu'ilz y prennent leurs conclusions et qu'ilz en prendront mieulx leurs conclusions et mieulx en advertiront le roy ou autres qu'il apartiendra s'ilz y sont présens que autrement, suppliant de leur garder leurs préhéminences et droictz de leurs offices disans que les procureurs et advocats des sièges ne sont pas de la Court de céans.

[F° 59] Du sabmedy XXXme jour d'octobre,

Après avoir esté conclud l'arrest sur la demande de prouffit et utilité des deffaultz obtenuz par le procureur général du roy contre ceulx de Mérindol, adjournéz à trois briefz jours, fut délibéré et arresté d'envoyer monsieur de Bagarris par devers monsieur le conte pour luy faire entendre ledit arrest affin de pourveoir sur l'exécution d'icelluy.

Du jeudy quatriesme novembre.

Monsieur Me François Rascaz feit rapport à la Court comment il avoyt esté par devers monsieur le gouverneur et luy avoyt communiqué l'arrest de la Court conclud contre ceulx de Mérindol suyvant la délibération de la Court pour pourveoir sur l'exécution et s'apprester avant la publication d'icelluy. Et que ledit monsieur le conte auroyt trouvé bon ledit arrest et respondu comment le sieur de Mollans estoyt allé jusques à Marseille et que à son retour ilz adviseroyent le moyen pour faire mectre à exécution ledit arrest et envoyeroit ledit sieur de Mollans par devers la Court pour l'advertir de la conclusion qu'ilz en auroient faicte. Et cependant que la Court sursoyast à la publication d'icelluy arrest.

[F° 59v°] Du XII novembre.

La Cour, ayant receu une lettre missive de Philibert de Savoye, pour raison d'ung Loyson du Puy détenu prisonnyer à Entrevaulx, et pareillement une information de Jacques de Combis de Tretz, venant freschement de Mérindol, comment ceulx dudit Mérindol s'apprestoyent pour eulx mectre en deffence et que l'on y actendoyt gens et munition, envoya le seigneur de Barras par devers monsieur le conte avec ladite lettre missive et le double de ladite information pour luy faire entendre le tout et comment à Mérindol se tiennent en armes et sont délibéréz de eulx défendre et affin de pourveoir à faire exéquuter l'arrest conclud contre ceulx dudit Mérindol et sçavoir quant on le devra faire publier. Et, à ces fins, fut escripte une lettre à mon dit sieur le conte de la teneur que s'ensuyt :

Lettre à monseigneur le conte de Tende.

Monseigneur, nous envoyons par devers vous monsieur de Barras, conseiller de céans, présent porteur pour vous parler tant des affères de Mérindol que de certaine lettre missive que nous avons receu de Nysse pour l'affère d'ung Loyson du Puy et d'autres affères qu'il vous dira de par nous. À ceste cause ne vous ferons plus longue lettre mais, en nous recommandant humblement à votre bonne grâce, nous prierons le Créateur qu'il vous doint [donne], Monseigneur, en santé, bonne vye et longue.

[F° 60] D'Aix, ce XIIe de novembre MV^C XL. Les gens tenans la Court de parlement en Prouvence, prestz à vous faire service.

Du XVIIme jour du mois de novembre MV^C XL.

Monsieur Me Nicolas Émenjaud, conseiller, feit rapport à la Court comment avoyt parlé à monsieur le Conte touchant l'affère de Loyson du

Puy, lequel luy auroyt faict response qu'il y avoyt déjà pourveu d'envoyer quérir ledit Loyson et faict responce au prince de Savoye.

Segondement des bledz [blés], qu'il y avoyt aussi pourveu et envoyé au roy pour former la traicte*.

Tiercement de l'arrest de Mérindol et monsieur le conte a esté d'advis que la Court procède à la publication de l'arrest et cependant l'on verra si ceulx dudit Mérindol prendront party et délougeront et il mectra ordre d'assembler gens et escripra à monsieur le légat d'Avignon qu'il mecte ordre que ne se retirent au Conté autrement qu'il les poursuyvra jusques au bout et que l'on en advertisse aussi ceulx d'Apt et de Sisteron. Et si ne bougent [f° 60v°] dudit Mérindol il y envoyera tel nombre de gens qui seront les plus fortz. Et davantaige ledit seigneur gouverneur seroyt d'advis que les gens du roy feissent requeste pour mectre sus [lever] quelque argent pour payer les fraiz et supplie la Court de luy en donner advis. Fut mys en délibération qu'est ce que l'on en doibt faire. Et fut résolu de prononcer l'arrest.

Du jeudy XVIIIe jour dudit moys
de novembre mil VC quarante.

La Court séant en jugement, où estoyent présens messieurs Mes B. de Chasseneuz président, C. Jarente, G. Salla, G. Durant, C. de Glandèves, F. Somati, F. Fabri, H. de Tributiis, N. Emenjaud, J. Donneaul, F. Rascaz et F. de Genas, conseliers, feit publier l'arrest de Mérindol.

Dudit jour XVIIIe novembre.

Fut commise l'exéquution d'icelluy arrest en ce que faict exéquuter à Mérindol au premier huyssier. Et fut conclu d'envoyer monsieur l'advocat devers monsieur le gouverneur et, s'il est requiz, que y verse [assiste] ung conselier, fut arresté d'y envoyer monsieur Me Honoré de Tributiis [f° 61] qui accepta la commission et offrit à y aller. Et fut escript à monsieur le conte une lettre comme s'ensuyt :

Lettre missive à monseigneur le conte de Tende, gouverneur de Prouvence.

Monseigneur, nous avons ce jourd'huy faict publyer en jugement l'arrest des vauldoys et luthériens de Mérindol ainsi que serez averty par monsieur l'advocat général du roy, présent porteur, qui s'en va expressément par devers vous avec le *ditum* [offre] dudit arrest. Il vous plaira bailler la mainforte pour l'exéquution requise sur le lieu le plus promptement que faire se pourra.

Et, sur ce, en nous recommandant humblement à votre bone grâce, prions le Créateur vous donner, Monseigneur, en santé bonne vye et longue. D'Aix, ce XVIIIe de novembre MV^CXL. Les gens tenans la Court de Parlement, prestz à vous faire service.

Dudit jour fut publié l'arrest à Jacques Pellenq, condemné à estre brullé et exéquuté. Pareillement contre Guillaume Serre.

[F° 61v°] Du XXme dudit moys de novembre.

Fut présentée la lettre du parlement de Thurin pour avoir le double de la confession de Jehan Serre. Et fut ordonné par la Court que seroyt envoyé.

Dudit jour Léon Ségur fut ouÿ et les deux tesmoingz de Mallemort. Et la Court envoya quérir les consulz et commanda de mectre ordre aux portes.

Du dimenche XXI de novembre.

La Court assemblée dans l'église des carmes, présens messieurs le président, Jarente, F. Somati, H. de Tributiis, Émenjaud, Donneaul, Rascaz et de Genas.

Monsieur Garsonnet, pour le procureur général et le sieur de Mollans, feit rapport comment il avoit esté par devers monsieur le conte et luy auroit monstré l'arrest de la Court prononcé contre ceulx de Mérindol et luy auroyt requiz la mainforte pour l'exéquution d'icelluy. Lequel monsieur le conte auroyt le tout communiqué au sieur de Mollans, cy présent, et se seroyt offert de faire la mainforte requise et nécessaire et de y aller en personne, [f° 62] si faict besoing, et pareil offre auroyt faict ledit sieur de Mollans.

Et, suyvant la charge que la Court luy donna, il auroyt offert aussi à mon dit seigneur le conte, s'il y voulloyt aller en personne, que mon dit seigneur le président et quelcuns de messieurs les conseiliers y iroyent aussi en sa compaignye.

Dict qu'il a esté adverty que le lieu de Mérindol est de l'ancien domayne et patrimoyne du roy et fut baillé par ledit seigneur ou ses prédécesseurs, contes de Prouvence, à l'évesque de Marseille en eschange et pour réconpence de la jurisdiction que ledit évesque avoyt en ladite ville de Marseille. Tellement que, si le château et maisons dudit lieu de Mérindol se viennent à démolyr et abatre, l'évesque de Marseille pourroyt demander la jurisdiction de Marseille au roy pour son éviction.

Segondement dict que ledit lieu de Mérindol est une place forte et que se porroyt fortifier et, ainsi qu'il a entendu du temps de la guerre de l'empereur, les ennemyz du roy n'y firent rien ny peurent entrer.

Tercio est ledit lieu de Mérindol limitrophe du Conté de Venise* et sur le bort de la Durance et si se venoyt à faire la démolition, le roy [fº 62vº] y pourroyt avoir grand intérest, joinct que* le seigneur de Marseille [*sic*], par l'exchange, est tenu de faire homaige au roy pour le regard dudit lieu de Mérindol et le roy perdroyt, par ce moyen, ce droict-là.

Quarto seroyt l'intérest des subgetz du roy, si ladite démolition se faict, pour ce qu'ilz supportent les charges et en conséquence fauldroyt abatre tout plain d'autres villaiges comme Lourmarin, Rossillon, Jocquaz et autres lieux qui sont aussi infectz de ladite secte.

À ces causes et raisons ilz ont advisé, mon dit seigneur le conte, le sieur de Mollans et luy de requérir à la Court voulloir sursoyer à ladite démolition du château et maisons dudit Mérindol jusques à ce que le roy en ayt esté adverty. Et cependant l'on les chassera et mon dit sieur le conte se saisira dudit château et maisons jusques à ce que l'on ayt responce du bon volloir du roy.

Le sieur de Mollans a advoué* le dire de mon dit sieur l'advocat. La Court, eu [*sic*] sur ce délibération, luy a faict response qu'elle a esté meue de ordonner ladite démolition par plusieurs bones et justes causes, [fº 63] raisons et considérations mesmes que ledit lieu de Mérindol est toute la retraicte, reffuge et spéloncque* de ces vauldoys et luthériens et quant ils sont chasséz et poursuyviz de quelque part que ce soyt ilz se retirent là et y sont receuz et là se dogmatisent les erreurs vauldoyses et luthériennes, se y tiennent imprimeurs de livres desdites erreurs et quant sont poursuyviz par justice la première retraicte est au château pour ce qu'est de malvaise venue combien qu'il soit dirupt* et n'ayt que partie des murailles. Et de là ilz vont à leurs cavernes et fortz.

Joinct aussi qu'il y a lettres patentes du roy par lesquelles est mandé à la Court de procéder contre lesdits vauldoys jusques à faire démolyr et abatre les lieux fortz si besoing est.

Et quant aux autres villaiges qui sont infectz de ladite secte, ilz ne sont pas de la qualité qui se puyssent ainsi fortifier et résister à la justice, par quoy l'on pourra procéder contre eulx par autres moyens.

Et quant audit seigneur évesque de Marseille, dict qu'elle a bien sceu et entendu les raisons déduytes à présent par ledit advocat. Et quant il eust conclu contre ledit évesque à la confiscation de la place on luy eust faict droict sur sa requeste, veu que ledit évesque a souffert et enduré par si longue [*sic*] espace de temps lesdits vauldoys et que ses officiers [f° 63v°] sont les principaulx chargéz.

Au moyen de quoy et qu'il y a troys de messieurs les conselers qui furent présens à la conclusion et délibération dudit arrest qui sont absens de présent et aussi que, sans la dite démolition, il est chose impossible, au moins fort difficille, de extirper la secte desdits vauldoys, elle a déclaré et déclare qu'elle ne touchera à faire sursoyer* ladite démolition ains s'en rapporte à ce que ledit sieur gouverneur en vouldra faire, veu que par les lettres patentes du roy luy est mandé de faire la mainforte aux exécutions des arrestz d'icelle Court.

Quant à l'extraict des erreurs les commissaires le feront. Ledit Garsonnet a derechief requiz estre sursoyé à ladite démolition pour l'intérest du roy et a requiz luy estre faict acte de sa requeste pour sa descharge.

Dudit jour.

Me Guillaume Garsonnet, advocat général du roy, a mys rière moy soubzsigné greffier la lettre missive de mon dit seigneur le conte adressante à la Court, laquelle lettre a dit avoir esté veue par ladite Court et dont la teneur s'ensuyt :

[F° 64] Lettre de monsieur le conte de Tende, gouverneur de Prouvence, envoyée à la Court.

À Messieurs tenans la Court de Parlement de Prouvence à Aix.

Messieurs, j'ay reçu la lettre que m'avez escripte et entendu la créance de monsieur l'advocat général du roy, par lequel suys esté adverty de l'arrest publyé en jugement contre les vauldoys et luthériens de Mérindol. Je envoyeray demain monsieur de Mollans pour adviser sur ce qui sera nécessaire audit affaire, vous priant que de votre cousté y regardez et que cella se face à la moindre despence que sera possible pour le pouvre pays.

Qui sera la fin, après avoyr pryé le Créateur vous donner, Messieurs, en santé ce que plus désirez. De Marignane, le XIXme de novembre. Votre entièrement bon amy,

Claude de Tande.

[F° 64v°] Du XXIIme de novembre mil V^C^XL.

Monsieur de Mollans est venu en la Chambre et a remonstré à la Court que monseigneur le gouverneur avoyt bon voulloir d'exéquuter l'arrest de la Court contre les vauldoys et luthériens et qu'il a charge de luy de y faire diligence. Mais, à cause qu'il a entendu que lesdits vauldoys sont en grand nombre et en fortz et cavernes bien garniz, sera besoing d'avoir bone compaignye de gens pour aller à l'exécution dudit arrest et que soyt le bon plaisir de la Court de pourveoir sur l'argent qui sera requiz et, à son advis, il y fauldroyt deux mil homes pour le moins et n'y vouldroyt aller autrement affin de ne tomber en inconvénient et honte et que sera requiz et nécessaire de faire de sorte que la force en demeure au roy.

Requérant de luy faire response afin d'en advertir ledit seigneur gouverneur pour après par luy y mectre tel ordre et envoyer, assembler et donner les charges à ceulx qu'il appartiendra.

[F° 65] Dudit jour XXIIme novembre.

Fut présenté requeste à la Court par le procureur général du roy, et fut respondue par ladite Court comme s'ensuyt :

À Nos seigneurs de Parlement.

Supplie le procureur général du roy comme le suppliant auroit obtenu arrest diffinitif contre André Maynard, baille de Mérindol, et autres ses complices, nomméz et contenuz audit arrest prononcé le jeudy dix-huict^me^ jour de ce présent moys de novembre, par lequel auroyt esté dict comme attainctz et convaincuz d'estre héréticques, séminateurs* de faulses doctrines contre la saincte foy catholicque et de sainte mère Église, dogmatisateurs, recélateurs et comme telz condemnéz estre brulléz et ars* vifz si peuvent estre prins ou apréhendéz, sinon par figure, banniz de ce royaulme, terres et seigneuries du roy, les fortz, cavernes, maisons et forteresses démolyz et abatuz comme plus à plain en icelle est contenu.

Et, suyvant la délibération de ladite Court, auroyt présenté ledit arrest [f° 65v°] à monsieur le gouverneur de ce pays ensemble l'exéquuteur dudit arrest pour luy bailler mainforte et militaire pour procéder à l'exécution réèle d'icelluy, ce qu'il a offert faire et a envoyé devers vous le sieur de Mollans, son lieutenant, et autres gens de guerre avec luy de sa compaignye qui sont icy, prestz à mectre ledit arrest à exéquution, et leurs gens en tel nombre qui sera requis. Ce que ne se peult faire commodément sans payer les souldatz gens de guerre pour faire ladite mainforte, que ne fust grand charge et oppression sur le peuple, considéré que le suppliant auroit faict saysir piéça* grand quantité de bledz, grains, bestail et autres biens immeubles qu'estoyent à feuz Collin Pellenq et Jacques Pellenq d'Apt, lesquelz ont esté condemnéz et brulléz et leurs biens confisquéz audit seigneur, lesquels biens meubles ont esté venduz et distraictz* et les deniers mys entre les mains du trésorier et receveur général de ce pays.

Ce considéré, vous plaira ordonner commandement estre faict audit trésorier et receveur général de bailler et expédier, [f° 66] pour l'exéquution dudit arrest et où fault qu'il soyt exéquuté, pour les fraiz de ladite exéquution, paye de soulde des gens de guerre pour faire ladite mainforte telle somme que vous verrez à ordonner et ainsi que de raison. Signé : de Piolenc.

Response de la Court au pié de ladite requeste.

Pour le regard des fraiz que conviendra faire par les commissaires et exéquuteurs commis par la Court à exéquuter l'arrest dont est question, elle y pourveoira comme il apartiendra.

Et quant aux fraiz et denyers nécessaires pour faire la mainforte et la force requise à ladite exéquution, le gouverneur de ce pays, à qui ladite mainforte et force a esté commise par lettres patentes du roy et à qui apartient de pourveoir en ce cas, y pourra pourveoir et donner ordre comme il verra estre à faire. Faict à Aix en Parlement, le XXIIme de novembre mil V^{C}XL.

[F° 66v°] Du XXIIII jour dudit moys de novembre.

Monsieur le conte de Tende, gouverneur et lieutenant général pour le roy en Prouvence, fut à Aix pour l'affaire desdits vauldoys. Et fut faicte une assemblée et délibération comme est contenu en l'acte dont la teneur s'ensuyt :

L'an de la nativité Notre Seigneur mil V^{C} quarante et le vingt-quatriesme jour du moys de novembre, estant monseigneur le conte de Tende, grand sénéchal, gouverneur et lieutenant général pour le roy notre sire en ses pays et conté de Prouvence, en la ville et cité d'Aix pour l'affaire des vauldoys et luthériens et, assembléz en la maison et lougis de mon dit seigneur le conte, messieurs Mes Barthélemy de Chasseneuz, président, Claude Jarente, Charles de Glandèves, Foulquet Fabri, Honoré de Tributiis, Nicolas Émenjaud, Jehan Donneaul, Françoys Rascaz et Françoys de Genas, conseilers du roy en la Court de parlement dudit Prouvence, Mes Guillaume Garsonnet, advocat et [f° 67] Thomas de Piolenc procureur généraulx en ladite Court, Mes Honoré Arbaud et Pierre Vitalis, maistres rationnaulx en la Chambre des Comptes.

Après que, par mon dit seigneur le gouverneur fut proposé qu'il estoyt venu expressément en ceste ville d'Aix pour le faict desdits vauldoys et luthériens et pour mectre ordre à la mainforte requise et nécessaire pour l'exéquution de l'arrest donné par ladite Court de parlement contre ceulx de Mérindol sellon le mandement et commission du roy et la réquisition à luy faicte de par ladite Court et pour sçavoir si l'on procéderoyt à la démolition du château et maisons dudit Mérindol sellon la forme dudit arrest ou bien si l'on en debvoyt au préallable advertir le roy suyvant quelque propos que avoit esté tenu par ledit advocat général et pareillement sur quy l'on devoyt prendre les fraiz requiz et nécessaires pour ladite mainforte et en avoir sur ce demandé l'advis de mes dits seigneurs les président et conseilers, advocat et procureur généraulx et desdits maistres rationnaulx et que chacun en eut dit particulièrement ce que luy sembloyt.

Fut advisé par l'oppinion de mes dits seigneurs les président et conseilers qu'il sera bon d'en escripre au roy et luy faire entendre ledit arrest mais que cependant et sans en actendre sur ce la response dudit seigneur l'on devoyt procéder à l'exéquution dudit arrest et à la démolition ordonnée par icelluy, d'autant que [f° 67v°] audit lieu de Mérindol n'y a aucun château ains ce que l'on dit estre le château n'est que une vieille muraille descouverte et ruynée où lesdits vauldoys et luthériens, quant sont poursuyvis par justice, se retirent du premier cop* pour ce que le lieu est de maulvaise venue et se y font fortz et de là se retirent ès boys et en leurs cavernes et spelloncques et aussi que le demeurant des maisons, qui ne peuvent estre en nombre plus de quarante, sont séparées par manière de bastides et que notoirement sont réceptacles de tous les vauldoys et luthériens qui sont chasséz et poursuyvis de toutes partz et qu'il est chose impossible, au moyns fort difficille, de extirper ladite secte et deschasser iceulx vauldoys et luthériens du présent pays de Prouvence sans au préallable faire démolition desdites bastides et spelloncques, cavernes et fortz en laquelle démolition le roy ne sçaroit avoir grand intérest ains au contraire si n'estoyt faicte ce seroyt ung gros domaige et intérest audit seigneur et de la chose publicque.

Toutesfoys si mon dit seigneur le gouverneur ou son lieutenant commis à assister à ladite exéquution et à faire la mainforte estant sur le lieu avec ung de [f° 68] mes dits seigneurs les conseilers qui sera sur ce commis et député par ladite Court et ung des gens du roy, trouvoit qu'il y eust quelques lieux qui ne fust besoing de démolyr et abatre, sans le bon plaisir du roy, pourra estre différée la démolition d'iceulx lieux en actendant la response dudit seigneur pourveu que cependant l'on se saisisse d'iceulx lieux en telle sorte que ne se y puyssent faire aucuns fortz par lesdits luthériens et vauldoys.

Et, au regard des fraiz qu'il convient faire pour ladite mainforte, veu qu'il est requiz de faire promptement assembler de gens pour aller sur le lieu deschasser lesdits vauldoys et luthériens et rompre leurs entreprinses et assemblées jà* faictes et obvyer à ce que ne s'en facent de plus grandes, comme il est à doubter pour le commun bruyt que font lesdits vauldoys de eulx mectre en défence et aussi que depuys que l'on a commencé de les poursuyvre la pluspart d'eulx et en grand nombre se sont retiréz au Piémont et y ont mené leurs femmes et enfans et en après sont revenuz et s'en retournent tous les jours, par troupes sans femmes et sans enfans, que fait à doubter qu'ilz ne facent quelque grosse assemblée, que seroyt plus difficile à rompre que maintenant.

[F° 68v°] Ont esté d'avis que mon dit seigneur le gouverneur, en vertu de sa commission, s'il veoit qu'il soyt de besoing pouvoir faire assembler le ban et rièreban et les gens du pays et conséquemment pouvoyt imposer argent sur tous ceulx qui sont tenuz audit ban et rièreban sur le pays. Mais pour ce que à faire ladite assemblée ou exiger argent d'iceulx il y failloyt beaucop de temps et que la retardation [retard] de ladite exéquution revenoyt toujours au domaige et intérest du roy, tant parce que journellement estiont [*sic*] transportéz les biens meubles jà adjugéz ou qui pourroient estre adjugéz cy-après au roy, comme il a apparu par informations à la Court, que aussi journellement lesdits vauldoys et luthériens se renforcent, mectent en deffence et font grandes assemblées.

Pour ces causes et pour obvier promptement à tels inconvéniens, mon dit seigneur le gouverneur pourroyt, par manière d'emprunt et provision, prendre la somme de mille ou douze cens escus, qu'on dit estre nécessaire pour ladite exéquution, des denyers qui se trouveront prestz des confiscations desdits luthériens et vauldoys, actendu qu'il n'y a à présent autres deniers clers et prestz, à charge toutesfois et condition que, [dans le cas] où ne plairoit au roy, que telz fraiz soyent faictz sur luy et à ses [f° 69] despens que lesdits deniers seront levéz et exigéz sur lesdites gens du ban et rièreban et autres gens du pays, subgetz dudit seigneur suyvant lesdites lettres adressées à mon dit seigneur le gouverneur.

Lequel advis mes dits seigneurs les président et conseilers ont offert signer chacun de leurs mains et depuys signifié au sieur de Sainte Croix et Guillaume de Belcodenis, consulz, et à Me Jehan Millonis, assesseur d'Aix, comme procureurs du pays sur ce appelléz ; ont respondu qu'ilz ferroyent ce que plairoyt au roy leur commander et ce que en seroit délibéré et ordonné aux estatz.

Faict à Aix en la maison du secrétaire Millan Ricii, lougis de mon dit seigneur le gouverneur, présens Me Christophle Dorye Forest, seigneur et baron de Tretz, Me Antoine Geauffroy, lieutenant au siège de Forcalquier et frère Robert Albe, commandeur de Trinquetaille.

Extraict à l'original, signé de mes dits seigneurs les président et conseilers et baillé à mon dit seigneur le gouverneur.

[F° 69v°] Du VIIme jour de décembre mil VCXL.

La Court assemblée aux Carmes. Présens messieurs Mes B. de Chassaneuz président, F. Fabri, H. de Tributiis, N. Émenjaud, J. Donneaul, F. Rascaz, B. de Badet et F. de Genas.

Monsieur Le Maistre Moreton présenta lettres de créance adressantes à la Court de par monseigneur le légat, et pour sa créance a dict que sabmedy dernier estant monseigneur le légat, adverty que à Mérindol estoyent venuz quelques gens estrangiers et souldatz, envoya le prévost des mareschaulx pour expier* quelz gens c'estoyent. Lequel prévost y envoya ung de ses gens, qui avoyt quelque cognoissance là affin de expier, et feit après rapport qu'il y avoit trouvé environ huit cens homes arméz despartiz en trois parts, sçavoir auprès du port de Durence trois cens homes, du cousté de Laurys deux cens et du cousté deçà environ deux cens. Et que mon dit seigneur le légat auroyt envoyé quérir le seigneur du Thor, qu'est seigneur de Cabrières [-d'Avignon] pour y mectre ordre, à quoy se seroit offert. Et auroyt esté advisé par le conseil dudit seigneur légat de advertir la Court et à ces fins il a esté envoyé et pour offrir de s'ayder à les chasser et, si est de [f° 70] besoing, assembler gens au Conté et faire tout ainsi qu'il plaira à la Court commander.

Fut rescript à mon dit seigneur légat et à monsieur le conte et délibéré sellon la lettre dont la teneur s'ensuyt :

Lettre de la Court à monseigneur le légat d'Avignon.

À Monseigneur Révérendissime Monseigneur le cardinal légat d'Avignon.

Monseigneur, nous avons receu voz lettres contenant créance à monsieur Le Maistre Moreton et par luy entendu ce qu'il nous a dit de par vous et vous mercyons du bon advis. Mais, pour autant que nous avons prononcé notre arrest et faict ce qu'estoyt en nous et que le reste qui gist en mainforte est commis par lettres patantes du roy à monsieur le conte de Tende, gouverneur de ce pays, qui se doibt trouver en Avignon demain ou après-demain, avons remys le tout à mon dit seigneur le gouverneur, auquel en escripvons pour y adviser et conférer l'affaire avecques vous, [ce] qui nous gardera vous faire plus longue lettre fors que, en nous recommandant humblement à votre bone grâce, prions le Créateur vous donner en santé, Monseigneur, [f° 70v°] bone et longue vie. D'Aix, ce sept^{me} jour de décembre MV^{C}XL.

Les gens tenans la Court de Parlement en Prouvence, prestz à vous faire service.

Boissoni.

Autre lettre à monsieur le gouverneur.

À Monseigneur, Monsieur le conte de Tande, grand sénéchal, gouverneur et lieutenant général pour le roy en Prouvence.

Monseigneur, nous avons ce jourd'huy receu une lettre de monseigneur le légat d'Avignon et entendu la créance qu'il nous a envoyé par monsieur Le Maistre, présent porteur, lequel nous vous avons remys pour y adviser et mectre l'ordre que bon vous semblera. Il vous dira le tout, [*ce*] qui nous gardera vous faire plus longue lettre, fors que, en nous recommandant humblement à votre bone grâce, prions le Créateur vous donner, Monseigneur, en santé bone vye et longue. D'Aix, ce VIIme jour de décembre MV^{C}XL.

Les gens tenant la Court de Parlement en Prouvence, prestz à vous faire service.

Boissoni.

[En marge :] Lettre de créance, etc.
Est hic affixa [est ici attachée]

[F° 71] Du mardi IXme décembre mil V^{C}XL.

La Court avoir [*sic*] receu une lettre missive du seigneur de Lacoste touchant l'affaire des vauldoys, feit venir dans la Chambre le sieur d'Ollioules et le baron de Gorde.

Ledit baron de Gorde dit qu'il ne sçait autre chose que ce que luy en a escript le seigneur de Lacoste, son oncle, et pence qu'il en a adverty la Court.

Dict que son père, le seigneur de Gordes, luy escript qu'il y a deux à Gordes qui font ordinairement de pouldre et trois ou quatre serruriers qui sont tous les jours après d'habiller* des arquebuses et l'on se doubte que ce sont de ces gens-là.

Dict qu'il supplie la Court de le tenir secret des advertissemens qu'il escript à la Court pour ce qu'il n'est pas bien sûr cela [*sic*] et que c'est une maison aux champs qui n'est pas fort seure et luy pourroyt l'en faire desplaisir.

[F° 71v°] Fut délibéré d'envoyer le double de la lettre à monsieur le gouverneur et d'escripre une lettre au juge d'Apt pour se saisir desdits personnaiges faiseurs de pouldres et fut envoyée lettre comme s'ensuyt.

Lettre du seigneur de Lacoste envoyée à la Court.

À Monseigneur et à Messeigneurs tenans la Court de Parlement pour le roy en ce pays de Prouvence.

Monseigneur et Messeigneurs, en ensuyvant ce que vous pleust de me commander à Apt, je vous advertiz que ceste nuict passée il est venu à ung pouvre couvent de carmes, qui est aux limites de ce terroir, de quatre à cinq cens homes, presque tous arquebosiers, qui ont pillé et desrobé tout ce que y estoyt audit pouvre couvent et les paouvres carmes qui y estoient ont eu assez affaire à se saulver en chemise ou en pourpoinct par les fenestres, aydant la nuict, et se sont retiréz à Ménerbe et lesdits arquebusiers [f° 72] se sont après tyréz vers la montaigne qui est le chemin de Mérindol.

Monseigneur et Messeigneurs, il a couru par cy-devant prou* de bruyt de commun mais, à cause que je n'ay jamais peu sçavoir s'il estoyt vray ce que l'on disoyt, ne vous en ay ousé rien mander pour n'estre trouvé ung controuveur* de nouvelles. Mais de cecy je le vous asseure sur moy qu'il est vray et à ce que disent ceulx qui les ont veuz qu'il [*sic*] tenoyent le pays en eulx en allant et qu'ilz alloyent sarréz [serrés]. J'estime qu'ilz sont plustôt plus de cinq cens que moins et au tout ne y avoit que sept ou huict chevaulx et nul ne disoyt mot, ainsi que m'ont dit ceulx qui les ont veuz.

Monseigneur et Messeigneurs, votre bon plaisir sera me tenir pour excusé si je ne suys allé en personne le vous dire car à présent je n'ouseroys bouger d'icy car suys adverty qu'ilz menassent que, s'ilz pouvoyent entrer céans, qu'ilz me feroyent mal mes besoignes et y feront pour ung temps leur retraicte pour piller [f° 72v°] tout alentour. Votre bon plaisir sera de y donner le remyde [*sic*] souldain que trop mieulx entendez que je ne sçaroys dire à vos Seigneuries, ausquelles, Monseigneur et Messeigneurs, me recommande très humblement à voz bones grâces et prye le Créateur vous donner en santé bonne et longue vye. De Lacoste, ce VIIIme de décembre. Votre très humble serviteur.

Lacoste

Lettre de la Court escripte au juge d'Apt.

À Monsieur le juge d'Apt.

Monsieur le juge, le seigneur de Gordes vous nommera cinq ou six personnaiges qui font, comme il dit, ordinairement de pouldre et rabillent des arcquebouses audit Gordes et sont suspectz d'estre fauteurs* des vauldoys. Vous ne fauldrez incontinent les constituer prisonnyers et vous saisir des pouldres et harnoys* que leur trouverez et, après les avoir interroguéz, nous en advertirez à diligence.

En vous disant à Dieu, qui [f° 73] vous doint ce que désirez. D'Aix, ce IXme décembre. Les gens tenans la Court de Parlement en Prouvence.

Boissoni

Du XIIIme jour dudit moys de décembre.

Monsieur le président présenta à la Court une lettre que dit luy avoir esté baillée et laquelle a esté trouvée plantée aux portes de Cavaillon, dont la teneur s'ensuyt :

Messieurs, à vous nous recommandons très humblement. Nous avons entendu que aucuns de voz gens vont et sont après à prendre la personne et biens de noz amys et de nous-mesmes. Nous ne vouldrions faire desplaisir à personne du monde ains tout plaisir et service. Nous ne sommes poinct telz que les iniques donnent à entendre à plusieurs. Nous sommes chrestiens et voullons vivre et morir pour maintenir la loy de Dieu et évangille de [f° 73v°] Jésus-Christ et ne taichons [tâchons] en autre fin quoy que l'on dye.

Pourtant nous vous prions et supplions pour l'honneur de Dieu nous laisser en paix et si vous avez aucuns de noz gens et amys ou aucune chose de sien vous plaira le rendre et relaxer, nous offrans corps et biens à vous faire tous les services que à nous sera possible de faire, autrement vous annoncions l'ire* de Dieu estre prochaine sur votre teste. Advisez : en tout l'on nous pille et ravist en noz biens et amoindrissent noz personnes à grand tort et sans cause, dont nous avons tant et plus soffert et si longtemps que ne pouvons plus endurer. L'on nous a mys en hasard*, non seulement noz personnes, femmes et enfans mais aussi tout ce pays. La fin en fera le compte.

Tout au fort nous le remettons à la bonne voullenté de Dieu, lequel tient tout le cueur des homes en sa main. Et quant ce seroyt le vouUoir d'icelluy que une partie de nous ou tous prinssions fin, ce sera le tout encores à recommencer à ceulx qui nous perséquutent car Dieu veult que son évangille soyt presché et anoncé en et [f° 74] par tous les boutz de la terre. Au surplus croyez d'ung cas [pour une raison] : le sang des justes crye continuèlement devant Dieu et pençons véritablement que son ire ne retardera plus longuement que ne soyt appert et maniffeste et sur iceulx qui perséquutent Jésus-Christ en ses membres.

Que sera la fin, après avoir pryé Nostre Seigneur vous doint cognoistre sa saincte voullenté et cheminer sellon icelle. D'icy, de Mérindol, ce XXVe de novembre MV[C]XL, par les tous bien votres humbles serviteurs et entiers amys de Mérindol et autres paouvres chrestiens, non poinct vauldoys ne luthériens.

Et ne y a aucune superscription.

Dudit jour mon dit seigneur le président présenta une lettre missive à luy envoyée par Pierre Baroncel, baille de Lambesc. Et fut délibéré comme en une ordonnance et rescript* par moy greffier audit baille par ordonnance de ladite Court.

[F° 74v°] Lettre de Baroncelli, baille de Lambesc.

À Monseigneur, Monsieur le président pour le roy en la Court de parlement de Prouvence humblement [*sic*] à Aix.

Monseigneur, les officiers d'Orgon m'ont mandé comment sont estéz aucuns personnaiges qui ont achepté des luthériens ung gros nombre de bestail lanné [lainé], lesquelz achepteurs et bestail sont prins et détenuz audit lieu d'Orgon, et m'ont mandé que s'en doibt faire. Au surplus monsieur de Marin passa par icy, n'a que cinq ou six jours, et me laissa le double d'une commission pour lever de gens contre ceulx de Mérindol. Et tout incontinent que a esté dit et sceu que l'on voulloyt metre gens sus pour ledit affaire, me sont venuz trouver de compaignons de guerre, lesquelz m'ont dit que seront quatre ou cinq cens gentilz compaignons et gens de faict [guerre] qui ne demandent autre chose sinon que liberté de la Court de aller à Mérindol et donner dedans [foncer] car veulent [f° 75] morir pour la saincte foy.

Monseigneur, vous plaira me commander que je feray dudit bestail et aussi des gens qui sont détenuz prisonnyers car font granz fraiz et despens et aussi que responce feray à ces gens de guerre.

Monseigneur, vous plaira me commander de voz bons plaisirs, que acompliray avecques l'ayde de Notre Seigneur, auquel m'en vays pryer vous donner en santé bone et longue vye. Du château de Lambesc, ce XIIme de décembre. Par le tout votre obéyssant serviteur Pierre Baroncel, baille par monseigneur le duc de Guyse en la baronnye de Lambesc.

Responce faite audit Baroncelli par moy greffier par mandemant de la Court.

À monsieur le baille de Lambesc, Me Pierre Baroncel.

Monsieur le baille, la Court a veu la lettre que avez envoyé à monsieur le président [f° 75v°] et m'a ordonné vous escripre que, quant au bestail dont mention est faicte en votre lettre, on en peult faire délivrance à ceulx qui l'ont achepté, faicte au préalable évaluation et estime d'icelluy et baillant par lesdits achepteurs bone caution jusques à la vallue dudit bestail. Et pareillement qu'on peult relaxer ceulx qui sont détenuz en baillant aussi caution de eux représenter à la Court dans huict jours. Et quant aux gens qui se sont offertz d'aller contre Mérindol, la Court en laisse faire au capitaine Marin, qui a la charge de cella, lequel porrez advertir de ce. Que sera la fin, en me recommandant à vous de bon cueur et prie Notre Seigneur que vous doint ce que désirez. D'Aix, ce XIIIme jour de décembre MV^CXL. Votre bon frère et amy, Boissoni.

[F° 76] Du vendredy XVIIme décembre MV^CXL.

Monsieur le président communiqua à la Court la lettre à luy envoyée par monseigneur le chancelier responsive* à celle que mon dit sieur le président avoyt envoyée par Borrilli touchant l'affaire des vauldoys. Pareillement les lettres closes du roy adressantes au gouverneur d'Avignon et officiers de notre Sainct Père. Et aussi les lettres patentes pour faire fournir argent requiz pour l'exéquution des mandemens de la Court et fut ordonné le tout estre enregistré.

Monsieur le président dict qu'il auroyt par plusieurs foys interpellé le trésorier de fournir argent pour exéquuter l'arrest de la Court touchant ceulx de Mérindol et chasser l'assemblée des vauldoys qui y sont, ce que ledit trésorier auroyt reffusé. Et sur ce a demandé l'advis de messieurs les conseilers, veoir s'il devoyt prendre argent sur les consfiscations suyvant lesdites lettres patentes.

Et avoir faict appeller au préallable le cappitaine Marin, commis de monsieur le gouverneur, pour entendre de luy s'il y avoit de danger d'attendre plus à mectre gens sus [f° 76v°]. Ledit cappitaine Marin dict qu'il a esté à Pertuys et a parlé à ung Guillaume Jacquème de Cadenet, rentier de Mérindol, pour ce qu'on luy avoit donné à entendre qu'il conversoyt* à Mérindol et luy dit qu'ils pouvoyent estre en nombre six ou sept cens homes qui se tenoyent en trois partz : l'une du cousté de Sainct-Chamas, l'autre devers ung roc et l'autre sur le moullin ; et y envoya deux espies [espions], dont l'un des espies luy dict que pouvoyent estre six ou sept cens homes et que se treuvent sur le mollin et du cousté de Ménerbe et ung Jehan Tour de Lurmarin, nepveu du baille de Mérindol, gardoyt le mollin avec deux cens arcquebusiers. Et le tourna [*sic*] envoyer et fut prins. Envoya aussi ung autre espye de Bonnyeulx qui n'est jamais retourné et le premier fut prisonnyer et veit tout et dist que pouvoyent estre environ six ou sept cens homes.

Et, pour savoir si ces gens gardoyent le mollin, furent dix chevaulx, chacun ung arcquebusier en croppe, et sortirent dix chevaulx, et l'autre gallopa le plain et il descouvrit environ quatre-vingtz arquebusiers, tellement qu'il congneut [connut, sut] que gardoyent le mollin, [f° 77] puys trouva ung Rastelli qui luy promeit de trouver moyen de parler au baille. Et il se meit en vallet, portant la malle, et s'en allèrent à une bastide. Et vint le filz du baille et Rastelli luy remonstra qu'ilz avoyent délibéré de faire et s'ilz estoyent enragéz ou quoy. Et il luy dict qu'estoyent délibéréz de morir l'espée à la main plustost que d'estre brûléz. Et Rastelli luy dict s'il trouvoyt moyen de leur faire avoir saufconduyt et il dit que en parleroyt à la commune, toutesfoys que, si on leur donnoyt saufconduyt, ils s'en iroyent et qu'ilz seroient bien deux ou trois mil à eulx en aller.

Dict que où plus l'on tarde, c'est pour le pire car ilz se fortifient et prennent cueur. Dict que le plus tost seroyt le meilleur de les deffaire.

Dict que, quant au mollin, fault que ce soyt la première défaicte et que auroyt mil homes du cousté du Conté et mil homes de Prouvence pour les assiéger et leur oster le mollin et l'eaue. Ilz seroient défaictz, car ne sçaroyent tenir dix ou douze jours sans eaue. Et le danger d'actendre responce [f° 77v°] de monsieur le conte est qu'ilz se fortifient tous les jours.

Dict que, si l'on avoyt mil homes du cousté deçà et monseigneur le légat autres mil homes, les assiégeront aisément. Et n'y a ordre de les assaillir au fort mais fault aller droict au mollin et les constraindre à combatre là. Fut mys en délibération d'y pourveoir :

– Monsieur Françoys Somati est d'advis qu'on procède à diligence à juger les procès de ces vauldoys et que l'on face signifier aux gens du roy de prendre leurs conclusions et cependant on envoye les lettres du roy à monseigneur le légat et que la Court luy escripve de fournir mil homes de son cousté et que, en actendant responce de monsieur le conte, l'on face lever gens pour demeurer ès lieux des environs et garder que ceulx de Mérindol ne facent plus grande assemblée et leur empescher les vivres et rompre leur mollin et, pour ce faire, l'on preigne argent sur les confiscations tant qu'elles pourront fournir.

– [F° 78] Me B. de Badet est de mesme advis.
– Me George Durant est d'advis que la Court envoye les lettres du roy à monseigneur le légat et luy escripre de faire assembler gens pour leur empescher les vivres. Et que, par manière de conseil, l'on dye au capitaine Marin qu'il serche de leur rompre aussi les vivres et qu'il face sonner le tambourin et, combien que la Court ayt faict diligence à l'expédition des procès, que, s'il y reste à faire quelque chose, que l'on enjoigne aux gens du roy de prendre leurs conclusions promptement.
– Me H. de Tributiis est d'advis que le sieur de Marin face sçavoir au seigneur légat de fournir gens de son cousté et d'escripre à monseigneur le légat et le sommer de rendre les gens et biens qui se sont retiréz à Cabrières et autres lieux du Conté, personnes et biens.
– Monsieur N. Émenjaud est d'advis que, si est possible, sans donner bataille, se donner garde de ceulx qui viennent de Piémont et les retenir et regarder de rompre les vivres et, avant que faire rompre mollins ny donner [f° 78v°] bataille, d'envoyer en poste au roy le sieur de Marin et prendre cent escuz ou ce que sera de besoing pour le voiage et advertir de tout le roy affin qu'il n'en viegne inconvénient.
– Monsieur J. Donneaul est d'advis d'envoyer au roy en poste et à diligence et cependant mectre quelque peu de gens aux lieux des environs pour eulx prendre garde et les tenir en craincte autrement viendront courir sur les voysins.
– Me F. de Genas est d'advis d'envoyer ung huyssier en diligence et en poste en Court pour advertir le roy de toutes les choses comme elles passent et cependant *nil nominus* [pourtant], veu que ne sçaroit arrester dix jours d'en avoir la responce.
– Monsieur F. Fabri est d'advis d'advertir le roy et cependant enjoindre au trésorier de vendre le blé qui y est et fournisse tant d'argent qu'il pourra et donner ordre que les villaiges d'alentour serrent* les vivres de sorte qu'ilz n'ayent secours, cependant escripre au gouverneur d'Avignon qu'il se prépare.

– [F° 79] Monsieur F. Rascaz dict qu'il appartient au gouverneur d'y pourveoir. Et est d'advis que l'on advertisse le lieutenant du gouverneur, actendu son absence, comment la Court a esté advertye qu'il y a VII ou huict cens homes qui se ventent de eulx défendre qui les vouldra assaillir et que la Court l'en a voullu advertir pour y advertir [*sic*] pour ce que c'est de son gouvernement. Et aussi est d'advis que, veu que cecy procède pour la retardation de l'exécution de l'arrest de la Court, que la Court en advertisse le roy et monseigneur le chancellier et que l'on enjoigne au cappitaine Marin d'y mectre ordre le plus promptement que faire se pourra de prendre argent. Dict que faict difficulté que monsieur le président ne peult prendre argent pour la mainforte mais seulement pour taxer* les vacations des juges et autres qui y vacqueront, joinct qu'il y a commission du roy à monsieur le conte pour faire la mainforte.

– Monsieur C. de Glandèves est d'advis d'en advertir promptement le roy et actendre sa responce pour éviter inconvénient.

– [F° 79v°] Monsieur G. Salla est d'advis que l'on procède à l'expédition de ces procès des vauldoys, toutes choses laissées, et que en diligence l'on mande les lettres du roy et de monsieur le chancellier à monseigneur le légat ou gouverneur d'Avignon et que monsieur le président peult ouvrir la lettre de mon dit sieur le chancellier adressante aux officiers d'Avignon pour en avoir mémoyre et leur sçavoir respondre. Et d'envoyer un home en poste à monsieur le conte et l'advertir de tout et le pryer d'en advertir le roy et qu'il en face responce en poste à la Court. Et cependant, pour ne tumber en inconvénient, qu'on ne leur voyse [aille] poinct sus jusques avoir eu responce du roy.

– Monsieur le président est d'advis d'envoyer la lettre du roy et de monsieur le chancellier au gouverneur et officiers d'Avignon et que l'on retienne registre de la lettre du roy adressante ausdits officiers d'Avignon. Et cependant que l'on procède en ce que reste à faire et juger en ces matières à toute diligence. Et, suyvant la commune oppinion, il escripra à monsieur le chancellier.

[F° 80] Lettre missive de monseigneur le chancellier adressante à monsieur le président de Prouvence.

À Monsieur le premier président de la Court de parlement de Prouvence à Aix.

Monsieur le Président, j'ay veu la lettre que m'avez escripte touchant la pugnition des vauldoys et faict entendre au roy le contenu en icelle et mesmement le reffuz qui a esté faict par messieurs les officiers d'Avignon de vous rendre les subgectz du roy fugitifz ou [au] Conté de Venise, qui a trouvé bien extrange la responce qui vous a esté faicte. Et m'a commandé leur faire une bonne lettre, ce que a esté faict, et encores de ma part une autre lettre que je leur ay escripte.

Il est besoing que faciez de votre cousté tout ce que vous pourrez de recouvrez les personnes et les biens et, [dans le cas] où ilz seroyent reffusans de les bailler, le roy s'en vouldra faire croyre, [f° 80v°] comme la raison le veult, et les faire prendre quelque part qu'ilz soyent soyent [*sic*] ès châteaux de Bonnyeulx et Cabryères ou autres lieux dont il est besoing que soyez bien asseuréz et le plus secrètement que faire se pourra affin de n'escarmoucher* le gybier et que l'on puisse estre certain où on les pourra prendre, mectant toute diligence qu'ils n'en soyent aucunement advertis affin de ne passer telles choses par dissimulation ne tollérance. Ne desplaise à messieurs les officiers de la terre de l'Église, c'est ung maulvais office faict à eulx, toutes choses bien considérées, et n'en peult rien venir que mal.

Au surplus, Monsieur le Président, vous ferez toutes diligences possibles de parachever les pugnitions des autres et y employez tout le temps et les personnes qui seront à propos, car il en est ung très grand besoing et ne le sariez mieulx employer en autres affaires que en cestuy.

Je vous envoye [f° 81] ung pouvoir pour faire prendre argent tant pour les fraiz que pour le poyement des juges sur les biens des confiscations. Et adviserez de taxer et modérer lesdits fraiz et advisez vous-mesmes le salaire des juges ainsi que cognoistrez que se debvra faire.

Touchant le différend de votre parlement et celluy de Grenoble, il n'est besoing d'envoyer pour ceste heure aucun d'entre vous. Envoyez les mémoyres et instructions de l'affaire et il vous y sera satisfaict autant comme si les commissaires y estoient venuz en personne et n'y aura poinct de faulte.

Et à Dieu, Monsieur le Président, que je prye vous donner en santé ce que désirez. À Fontainebleau, le XVe de novembre mil V^{C}XL. Votre bon frère et amy,

Guillaume Poyet.

[En marge :] Du XXme décembre fut rendu l'original de ladite lettre missive à monsieur le président, présens messieurs de Tributiis et le greffier Fabri.

[F^{o} 81v^{o}] Lettre missive envoyée par la Court au gouverneur d'Avignon.

À Messeigneurs Messieurs les gouverneur et officiers de Notre Sainct Père le pape en Avignon.

Messeigneurs, nous avons présentement receu ung pacquet envoyé de par monseigneur le chancellier et entre autres y avons trouvé deux lettres closes qui s'adressent à vous, lesquelles vous envoyons par ce porteur tout exprèz. Il vous plaira nous rescripre comment vous les avez receues pour du tout advertir mon dit seigneur le chancellier. Que sera la fin.

En nous recommandant de bon cueur à voz bones grâces et prions le Créateur vous donner bonne vye et longue. D'Aix ce XVIIme jour de décembre MVCLX. Les gens tenans la Court de parlement de Prouvence, prestz à vous faire plaisir.

Boissoni.

Envoyé par Courtin, XVIIIe décembre.

Les patantes sont enregistrées au registre des lettres patantes.

[F^{o} 82] Double de la lettre missive envoyée de par le roy au gouverneur et officiers de Notre Sainct Père en Avignon.

À noz très chers et bien améz les gouverneur et autres officiers de Notre Sainct Père en Avignon.

Très chers et bien améz, ayans esté advertiz que en notre pays de Prouvence et ès environs pulluloyt autant et plus que jamais ceste malheureuse et réprouvée secte des vauldoys et aussi des luthériens et désirant de tout notre cueur qu'elle fust et soyt du tout extirpée et abolye ès pays de notre obéissance, nous avons puys naguyères décerné commission aux gens de notre Court de parlement de Prouvence pour procéder avecques toute diligence contre ceulx de nos subgetz qui se trouveroyent chargéz, ce qu'ilz auroient faict sur ceulx qui ont peu estre prins et apréhendéz.

Et ayans entendu quel grand nombre d'iceulx nos dits subgetz de Prouvence qui adhèrent ausdites sectes s'estoyent retiréz, craignans rigueur de justice, tant en Avignon que autres lieux et endroictz du Conté de Venice, auroient par diverses foys envoyé devers vous affin de pourveoir et donner ordre de faire prendre lesdits sectateurs et criminelz prouvençaulx et les leur rendre et faire délivrer pour en faire la pugnition et correction, ce que vous auriez tousjours différé de faire et finablement faict responce que, en vous envoyant les charges et informations faictes contre eulx, que vous en feriez faire la justice, laquelle responce [f° 82v°] nous avons trouvé et trouvons bien extrange, actendu mesmement que à nous seul et non à autres appartient la correction et pugnition de noz subgetz.

Et, pour ce que c'est chose que ne vouldrions aucunement souffrir ne permectre ainsi que avons ordonné à notre amé et féal chancellier vous faire bien à plain entendre, à ceste cause nous vous pryons que vous ne vueillez plus différer de faire rendre et livrer tous et chacuns nos dits subgetz prouvençaulx chargéz desdites erreurs et sectes pour en estre faict par noz officiers à ce députéz la justice et pugnition ainsi que le contiennent plus au long les lettres de notre dit chancellier, sur lesquelles nous remectons le demeurant. Donné à Fontainebleau, le XVIIme jour de novembre MV^{C}XL.

Françoys.

Signé : Breton.

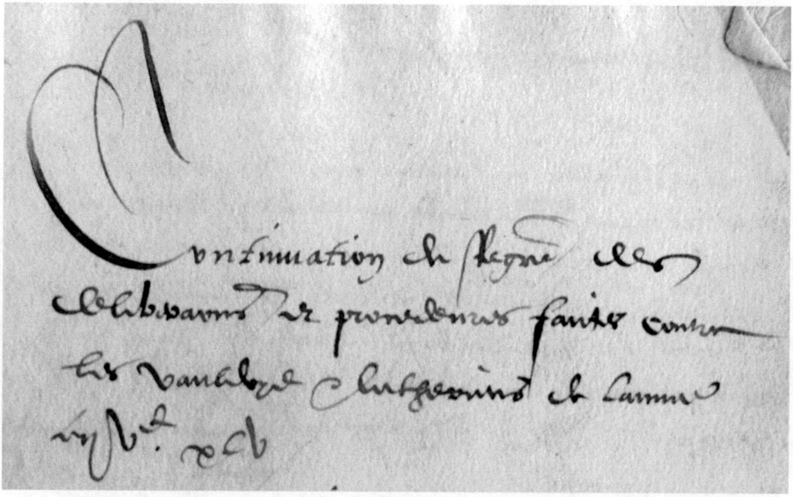

FIG. 3 – Continuation du registre des délibérations et procédeures faictes contre les vauldoys et luthériens de l'année MV^{C}XLV. Archives départementales des Bouches-du-Rhône, 1 J 1028.

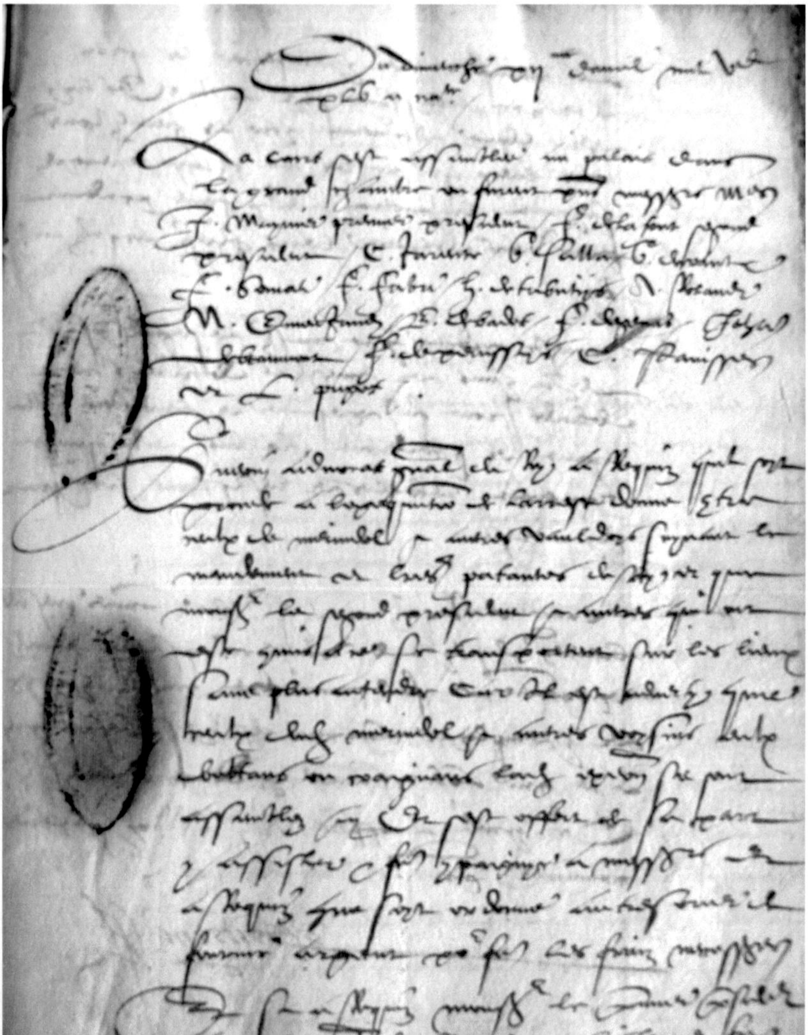

FIG. 4 – Début du second registre (1545).
Archives départementales des Bouches-du-Rhône, 1 J 1028.

SECOND REGISTRE (1545)
Continuation du registre des délibérations et procédeures faictes contre les vauldoys et luthériens de l'année MV^C^XLV

[F° 2] Du dimanche XIIme d'avril mil V^C^XLV à Nativité.

La Court s'est assemblée au palais dans la Grand-Chambre où furent présens messieurs Mes J. Maynier, premier président, F. de la Font, segond président, C. Jarente, G. Salla, G. Durant, F. Somati, F. Fabri, H. de Tributiis, A. Rolandi, N. Émenjaud, F. de Genas, Jehan de Beaumont, F. de Perussiis, C. Panisses et L. Puget.

Guérin, advocat général du roy, a requiz qu'il soyt procédé à l'exéquution de l'arrest donné contre ceulx de Mérindol et autres vauldoys suyvant le mandement et lettres patentes du roy et que monsieur le segond président et autres qui ont esté commis à ce se transportent sur les lieux sans plus actarder car il est adverty que ceulx dudit Mérindol et autres voysins, eulx doubtans ou craignans ladite exécution, se sont assembléz, et s'est offert de sa part y assister et faire compaignye à messieurs et a requiz que soyt ordonné au trésorier de fournir argent pour faire les fraiz nécessaires.

Et si a requis monsieur le premier président, comme lieutenant du roy, d'y assister et faire [f° 2v°] la mainforte et y employer les forces à ce que l'obéyssance soyt au roy, et luy estre donné adjournement contre les gentilzhomes des lieux qui ne les ont chasséz et envoyéz suyvant l'injonction à eulx faicte par ci-devant pour venir déclairer leurs fiefz acquiz au roy.

A esté ordonné que monsieur le segond président déjà commis et messieurs de Tributiis et de Badet iront faire exéquuter et leur sera baillé argent et procéderont contre tous ceulx qui se trouveront rebelles et résistans etc. *prout in arresto* [selon l'arrest].

La Court a requiz mon dit sieur le premier président, lieutenant du roy, de voulloir assister à ladite exéquution et faire mainforte ausdits commissaires et y employer l'armée du roy si besoing est, à ce que l'obéyssance en demeure audit seigneur. Ce qu'il a offert. Moy greffier criminel présent.

Boissoni.

[F° 3] Du deuxième jour de may mil V^C^LXV.

Présens messieurs Mes J. Maynier, premier président, F. de la Font, segond président, C. Jarente, G. Salla, F. Somati, H. de Tributiis, A. Roland, N. Émenjaud, F. Rascaz et L. Puget.

Sur une requeste du procureur général du roy, fut arresté et conclud de procéder contre les luthériens et envoyer ès sièges et lieux menassés deux de messieurs de la Court pour faire et parfaire les procès sur les lieux jusques à sentence diffinitive inclusivement et à l'exécution d'icelle suyvant les lettres du roy autrefoys expédiées, en appellant les lieux tenant des sièges juges ordinaires et autres jusques au nombre requiz pour faire arrestz suyvant lesdites lettres. Et de faire bailler par le trésorier cent livres tournois à chacun des commissaires pour faire les fraiz nécessaires sauf d'en faire taxation en temps et lieu. Et que aujourd'huy messieurs les présidens adviseront ceulx qui y devront aller et despartiront* les commissions. Et, pour procéder en ceste ville contre ceulx qui y sont prisonnyers [f° 3v°] et autres de la ville qui se treuveront chargéz, furent commis messieurs Françoys Somati, Honoré de Tributiis, Françoys Rascaz et Jehan de Beaumont, conseilers, pour procéder chacun d'eulx à interroguer lesdits prisonnyers, informer de nouvel contre ceulx qui seront diffaméz et les deux d'eulx à leur faire et parfaire les procès jusques à arrest exclusivement.

[F° 4] Du mardi cinquième de may mil V^C^XLV,
en la Grand-Chambre, les Chambres assemblées.

Sur une requeste de monsieur le procureur général ce jourd'huy présentée etc.

Monsieur le premier président remonstra que dernièrement il fut ordonné par la Court qu'il soyt procédé à l'exéquution de l'arrest de Mérindol et procédé à la totelle extirpation des vauldoys et luthériens suyvant le mandement du roy. Et, suyvant ce et la requeste que luy en fut faicte par le procureur général, il y employa la force du roy et les compaignyes des gens de guerre suyvant ce que le roy luy en avoit aussi escript particulièrement et feit dresser les estapes ès lieux des environs. Et, estant à Cadenet, luy fut faict entendre par messieurs les commissaires que ceulx de Lurmarin, de Villelaure, de La Rocque, de Genson et de Cabrières s'estoyent mys en deffence et assemblée et avoyent vuydé leur bien. Et, quelques remonstrances [f° 4v°] qu'ilz leur eussent faict faire par moyen de la dame de Sault et le seigneur de Genson, il n'y eut ordre de les réduyre*, tellement qu'il fut advisé par le Conseil d'y mectre le feu partout, ce que fut exéquuté.

Et de là fut exéquuté à Mérindol où n'y fut trouvé personne que ung qui fut trouvé avec les armes et exéquuté à mort. De là l'on alla à Cabrières [d'Avignon] où fut faicte rébellion tellement qu'il y faullut faire brèche et ceulx de dedans tuèrent et blessèrent beaucop de gens de guerre du roy. À la parfin la ville fut prinse et rendue à l'obéyssance de notre Sainct Père et remise au commissaire du légat d'Avignon. Et le jour mesmes, après que les compaignyes se furent départyes, sortirent dudit Cabrières, des caves, quelques gens en habitz de femmes et tuèrent les gardes des prisonnyers et se saisirent de leurs armes et feirent de rechef autre rébellion tellement [f° 5] qu'il faullut faire réassembler quelques compaignyes pour les deffaire.

Et de là il s'en alla à Cavaillon et fut adverty par l'enseigne de Lubières que ceulx de Lacoste s'estoyent mys en deffence contre les gens de guerre et en avoyent tué quelques-ungs, tellement que lui faullut envoyer l'artillerye. Et, quant ceulx de Lacoste veirent qu'on les voulloyt assiéger, se meirent en fuyte et rendyrent la ville.

Depuys s'en alla à Marseille jusques que l'armée a esté partie. Après, estant adverty que, soubs umbre de ces exéquutions, plusieurs avoyent faict courses et pilleryes sans commission et mandement, il en a faict informer de ceulx qui ont prins les armes et faict lesdites pilleryes sans mandement de justice et décerné commission à ces fins et faict faire inhibitions* et deffences. Et est délibéré d'en faire la punition [f° 5v°] telle que s'apartiendra et requiz qu'on luy veuille ayder à ce faire.

Reste que de ceulx de Mérindol n'en ont poinct esté prins aucuns ne de ceulx de Lurmarin et de Lacoste qui sont aux montaignes en armes et courent cà et là et font mille maulx. Parquoy fault achever à les extirper du tout et, pour ce faire, dernièrement l'on advisa de députer des commissaires en chacun lieu pour aller faire les procès et de laisser en ceste ville bon nombre de messieurs qui procèdent contre aucuns de ceste ville qui sont diffaméz car l'on dit qu'il y a de rues qu'on les appelle « la petite Genève ». À ceste cause fault qu'il y ait quatre de messieurs qui ne facent autre chose et, quant à luy, fault qu'il aille à Arles et monsieur le Segond [président], avec quelcuns de messieurs, ira à Marseille.

[F° 6] Dict qu'il y a une chose de grand difficulté. Premièrement ar [hier] soyr il eut lettres que sont sept ou VIII^{C} à la montaigne et d'aucuns y en a qui se vouldroyent réduyre à l'obéyssance de justice, d'autres qui vouldroyent qu'on leur permist de vendre son bien et après eulx en aller hors ce pays.

Il en escripvit dernièrement et avant ladite exéquution et envoya une minute* au seigneur de Grignan à la Court pour leur faire donner encores ung délay à se réduyre ou vuyder le pays. Et le seigneur de Grignan luy rescript qu'il en a parlé au roy et qu'il n'y avoyt ordre de leur donner plus grâce et que le roy n'avoyt plus que faire de leur conversion et entendoyt qu'ilz fussent de tout extirpéz comme a faict par cy-devant apparoir à ladite Court par les lettres dudit seigneur de Grignan registrées.

Dict que à Cadenet messieurs [f° 6v°] les commissaires leur feirent dire, s'ilz se voulloyent réduyre, qu'il y auroyt encores quelque espoir d'avoir grâce et toutesfoys n'y voullurent poinct entendre. Par quoy, de leur donner astheure [maintenant] grâce ou passaige pour eulx en aller, il ne l'ouseroyt faire car c'est au roy et à ceste heure ilz veullent capituller* et marchander si l'on leur veult faire grâce et saulver leur bien, qu'ilz se réduyront, autrement qu'ilz sont délibéréz de mourir l'espée au poing. Il a esté ordonné cent hommes à cheval et troys cens à pié pour les garder de courir et faire mal.

Dict aussi qu'il y a grand quantité de femmes et petitz enfans qui sont à Cabrières, à La Tour-d'Aygues, à Lurmarin et à Lacoste qui vont mendyant et a faict faire inhibitions de les oultrager ny faire aucun mal. Il est tout certain [f° 7] que les femmes sont *imbute illo veneno* [*imprégnées de ce venin*] et de les chasser il ne sçait ou de les retenir encores pis. Par quoy fault adviser sur cecy.

Dict qu'il a lettres du vice-légat qu'il a exibé par lesquelles escript qu'il seroyt en propos d'envoyer à Lacoste cent cinquante souldatz et les faire entrer par la posterle[6] et en demande sur ce advis audit sieur président et que l'entreprinse est fort nécessaire car ceulx dudit Lacoste ont faict murer toutes les portes excepté une et y tiennent tous les jours

6 Posterle : porte dérobée d'une fortification.

à force luthériens et que Jean Lescrivant, qui est le chef desdits luthériens, estoyt à Mus et faisoit grand chère avec le seigneur dudit lieu et que ceulx de Lurmarin s'en sont retournéz.

Fut mis en délibération qu'est-ce qu'on en doibt faire.

- [F° 7v°] Monsieur le segond président a remonstré que le seigneur de Gorde luy a tenu propos pour les manans et habitans de là auprès, pour leur faire avoir grâce ou passaige pour eulx en aller comme a esté proposé par monsieur le premier président, et il luy a remonstré qu'il n'y failloit poinct venir par ceste voye-là de capituler avec le roy mais qu'il y failloyt venir par obéyssance et se humilier audit seigneur et luy en laisser faire faire son bon plaisir et quant aux biens, qu'ilz suyvront les personnes. Et quant aux femmes l'on avoyt advisé ung expédient* si l'on les mectoyt ès bonnes maisons pour essayer de les réduyre.
- Maistre de Genas dict que cest expédient des femmes seroyt bon. Et, au demeurant, en advertir le roy.
- [F° 8] Monsieur Salla est d'advis de essayer à les réduyre et que les enfans se pourront facilement réduyre et en advertir le roy.
- Monsieur Somati est d'advis de leur donner asseurance quant aux homes et quant seront icy les envoyer aux gallaires. Quant aux femmes, s'il y en a d'obstinées les faire exéquuter et les autres qui se vouldront réduyre les bailler par les lieux et villages soubz la garde des seigneurs.
- Monsieur de Vins est de cest advis de escarter les femmes et les envoyer en divers lieux pour essayer de les réduyre, à la charge que ceulx qui les auront en garde advertiront la Court si elles voulloyent continuer en leur erreur et faire le semblable des enfans. Quant aux hommes ceux qui veullent faire force les aller extirper comme ceulx de Cabrières [f° 8v°] et employer* monsieur le vice-légat et que tout à une nuict l'on allast deffaire ceulx de Lacoste et autres qui seront rebelles.
- Monsieur d'Esguille : quant à bailler grâce, qu'on en doibt advertir le roy. Quant aux femmes, qu'on les doibt mectre aux hospitaulx ès bones villes et qu'on les face nourrir aux despens des évesques.
- Monsieur de Foresta est d'advis de continuer l'exéquution re[...] pa[...] et cependant advertir le roy. Quant aux femmes et enfans

que les enfans doibvent estre séparéz *a matribus* [des mères] et les mères estre myses aux hospitaulx par les bones villes.

– Monsieur Gaufridi : quant à ceulx qui se veullent rendre qu'on les reçoyve doulcement non poinct qu'on leur pardonne ne face capitulation* mais qu'on leur dye qu'on advertira le roy et après [f° 9] qu'ilz seront renduz, et pendant qu'on fera leur procès, d'en advertir le roy et que pour amoindrir leurs forces l'on les doibt recevoir. Quant aux femmes et enfans est d'advis qu'on les mecte par troppes ès bones villes aux despens des évesques.

– Monsieur de Saint-Marc est d'advis qu'on suyve l'ordre de justice. Et, quant ceulx qui sont au boys se vouldront rendre à justice, qu'on les reçoyve sans capituller et, après qu'on les aura, qu'on y procède sellon justice. Et si cependant plaist au roy de leur pardonner il en fera son bon plaisir. Quant aux femmes et enfans, qu'ils doibvent estre réduictz *vim* [de force] ou séparéz ès bones villes et que soyent nourriz aux despens des évesques et pendant que seront là, enquérir de leurs vyes et procéder par justice.

– Monsieur Ambroys est d'advis que le [f° 9v°] mandement du roy soyt observé en tout et partout ; dict qu'il s'est trouvé en ceste ville en de bones compaignyes là où est venu présenter à vendre des enfans de ces vauldoys. Est d'advis d'actendre le voulloir du roy touchant de ceulx qui demandent grâce. Quant aux femmes vieilles qui seront obstinées qu'on les face brusler. Les autres soyent séparées.

– Monsieur Bomparis : quant à ceulx qui se vouldront réduyre à justice, qu'on les reçoyve et ne capituler poinct. Quant aux femmes, le séparer et faire nourrir par les seigneurs des lieux qui les ont enduréz et des évesques qui n'y ont pourveu. Quant aux enfans, les faire nourrir ès bones maisons.

– Monsieur de Arcussia : quant à Lacoste, qu'on y mecte ordre en la meilleure diligence que faire se pourra. Et que les commissaires reçoyvent ceulx qu'ilz trouveront estre de la qualité et quant aux femmes et enfans est d'advis de les faire venir deçà la ryvière [f° 10] à ce que n'ayent occasion de y verser* secrètement avec les hommes et après les retirer avec les enfans et les mectre ès bones maisons.

– Monsieur de Panisses est de mesme advis en tout et partout.

– Monsieur de Leone est d'advis, actendu l'offre que ces gens font, d'en advertir au préalable le roy avant que y faire autre chose.

Quant aux femmes et enfans, que les commissaires députéz par les lieux respectivement eussent ceste charge de faire retirer ceulx qui se vouldront retirer ès bones maisons et le demeurant* faire venir par deçà et les départir par divers lieux.

– Monsieur Sainte-Marguerite est d'advis que monsieur le président en escripve au roy et cependant quant aux hommes qui se vouldront réduyre que soyent envoyéz aux gallères *per modum custodie* [par manière de garde]. Quant aux femmes et enfans qu'on doibt regarder* de les faire nourrir et que les évesques facent leur debvoir.

– Monsieur de Badet : quant à ceulx qui [f° 10v°] se vouldront rendre et réduyre, *armis positis* [armes déposées] soyent receuz. Quant aux rebelles, soyent deffaictz et les lieux fortz abatuz. Quant aux femmes et enfans est d'advis qu'on les face mener par deçà la Durance et soyent nourriz *de publico* [de l'argent public] et aux despens des évesques et des gentilzhomes ainsi qu'il sera advisé le tout par provision jusques à ce que par le roy y aura esté pourveu et ordonné.

– Monsieur de Beaumont : que la voullonté du roy et les arrestz soyent exéquutéz et qu'on les extirpe de tout. Quant aux femmes et enfans, il n'y veoit moyen de les retenir ny revevoir. Et quant à Lacoste qu'il y soyt mys ordre le plus promptement que faire se pourra.

– Monsieur Puget : que le voulloir du roy soyt entièrement exéquuté. Et que les commissaires députéz procèdent en diligence et que monsieur le gouverneur face faire les forces et ceulx qui se vouldront rendre [f° 11] la corde au col soyent receuz cependant qu'on en escripve au roy.

– Monsieur le segond président est d'advis de recevoir ceulx qui se viendront rendre et de procéder par voye de justice contre eulx. Et qu'on pourveoye sur les évesques, prieurs et vicaires et leur faire faire le debvoir d'avoir régentz et bons prescheurs sçavans et catholicques par saysie de leur temporel.

– Monsieur le premier président est d'advis que les commissaires se partent promptement et que leur soyt faict mandement à chacun de cinquante livres tournois. Quant à ceulx qui demandent miséricorde, il n'apartient à la Court de recevoir ceulx qui viendront à obéyssance, qu'ilz soyent receuz et mys en garde sur les gallaires où ils seront mieulx que aux crottons*. Et s'il y en a de caporaulx et obstinéz l'on procédera contre eulx ainsi qu'il apartiendra. Quant aux femmes [f° 11v°] est d'advis que celles de Lurmarin soyt commandé à la dame de Sault de les retirer et garder en une maison, que personne ne leur face oultraige et soyent nourries de leur bien et, si ne peult souffire, aux despens des évesques. Quant aux enfans de sept ans en bas, qu'ilz soyent distribuéz par les villes aux consulz par description pour les faire endoctriner*. Cependant l'on entendra le bon plaisir du roy. Quant à Lacoste, monsieur le premier président a rapporté qu'on avoyt délibéré d'y envoyer trois cens hommes pour abatre les murailles et que cependant le seigneur de Gorde est venu dire qu'ilz estoyent prestz de eulx rendre et qu'il les feroyt rendre dans trois jours. À ceste cause a esté sursoyé.

Et a esté conclud que les commissaires envoyeront sommer lesdits de Lacoste de eulx aller rendre prisonnyers par devers les commissaires députéz à Apt.

[F° 12] Quant aux fruitz des biens, a esté conclu de les faire saysir à la main du roy par auctorité des commissaires et faire prohibition de les dépopuller*.

Et que monsieur le premier président escripra au roy et fera responce au seigneur de Gorde que de faire miséricorde ce n'est poinct à la Court mais que, si ces gens se viennent humilier, celle humiliation leur servira envers le roy à leur faire avoir grâce.

Et que, si ceulx de Lacoste font résistance et ne se veullent rendre obéyssans, qu'on y voise [*aille*] et qu'on employe la force telle que sera advisé pour donner craincte aux autres et que la force en demeure au roy.

Et sur ce, après toutes choses veues et entendues, fut conclu l'arrest contenant provision sur tout.

[F° 12v°] Du XIme jour de may MV^{C}XLV, en la Grand-Chambre.

Sur une requeste présentée de la partie de frère Jacques Lure affin d'eslargissement.

Fut rapporté par monsieur de Beaumont, commissaire député pour interroguer ledit frère Jacques Lure, comment ledit Lure auroyt esté envoyé prisonnyer par Me Pierre Johannis sans charge ne informations ny sans avoir envoyé l'exploict* de la capture et emprisonnement, au moyen de quoy il ne l'auroyt peu interroguer.

De ladite requeste mise en délibération fust arresté de la monstrer au procureur général du roy et luy enjoindre de mectre les charges et informations, si poinct en a, par devers ledit commissaire et, [*dans le cas*] où il n'y en aura poinct, sera enjoinct audit Johannis de les envoyer dans trois jours.

Monsieur Rascaz requist que son oppinion [f° 13] fust escripte : c'est que le délat* soyt cependant aux despens dudit Johannis et non poinct aux despens du roy.

Du lundi XIme de may MV^C^XLV dans la Grand-Chambre.

Présens messieurs Mes C. Jarente, G. Salla, G. Durant, F. Somati, F. Fabri, H. de Tributiis, J. de Beaumont, A. de Foresta, A. de Léone, A. de Saint-Marc et L. Puget.

Monsieur l'advocat général du roy a remonstré qu'il a à faire quelque information sur le transport des bledz au lieu de Fréjus, Sainct-Tropès et autres lieux. Et, ce faict, qu'il luy est nécessaire de s'en aller par devers le roy l'advertir de certains affères d'importance qu'il ne veult envoyer par autre ny les mectre par escript car le veult dire luy-mesme au roy. À ceste cause a requiz et [f° 13v°] demandé luy estre donné congé aux fais que dessus.

Fut mys en délibération et, actendu les causes contenues en ladite remonstrance et les urgens affères pour lesquelz ledit advocat demande le congé qu'il dit estre de si grande importance, fut arresté et conclu que la Court n'empesche que ledit advocat ne s'en aille devers le roy.

Monsieur le procureur général a requiz que les commissaires députéz par la Court pour interroguer les prisonnyers prévenuz et déféréz d'estre vauldoys, en procédant à faire lesdits interrogatoyres, les interroguent aussi quels biens ilz ont et que sont devenuz leurs meubles pour après se pourveoir sur le recouvrement desdits meubles contre ceulx qui les ont prins et ravyz ainsi qu'il verra estre à faire. Et qu'il plaise à ladite Court faire vacquer ausdits interrogatoires en la meilleure diligence [f° 14] que faire se pourra, actendu le grand nombre desdits prisonnyers qu'il a bailléz par roole avec une requeste à mesmes fins.

Fut arresté que les commissaires jà députéz y procèderont suyvant la charge et commission. Et, actendu l'indisposition de Me Françoys Rascaz, l'ung desdits commissaires, fut subrogué en son lieu Me Acurse, de leur conseiller.

Du sabmedy XVIme de may MVCXLV, de relevée*.

La Court, ayant receu lettres missives de monseigneur le premier président et de messieurs les commissaires estans à Apt touchant l'affaire des vauldoys, fut assemblée dans la Grand-Chambre où furent présens messieurs maistres C. Jarente, G. Salla, G. Duranti, F. Somati, H. de Tributiis, N. Émenjaud, J. de Beaumont, A. de Léone et L. Puget.

[F° 14v°] Après avoir esté faicte lecture desdites lettres missives de monsieur le premier président escripte à Arles le XVme de ce moys et desdits commissaires escripte à Apt dudit jour XVme, fut arresté et conclu d'escripre à messieurs le premier président à Arles et à monsieur le segond à Marseille et leur envoyer à chacun ung double de la lettre desdits commissaires d'Apt et les pryer de venir icy entendre ausdits affères, actendu l'importance d'iceulx *et alia prout in missivis* [et autres selon les missives] dont la copie a esté retenue.

[F° 15] Du lundy XVIIIme de may MVCXLV en la Chambre.

A esté remonstré par messieurs les advocat et procureur général que la Court auroit député quatre conseillers pour interroguer les prisonnyers chargéz d'estre luthériens et qu'il est impossible que lesdits commissaires puyssent y souffire à les interroguer trèstous et leur faire leur procès, actendu qu'ilz sont en si grand nombre. Et, à ceste cause, ont requiz que ladite commission fust amplyée* à trèstous messieurs et que chacun en preigne et s'ayde à les interroguer. Ce que a esté ordonné par la Court.

Dudit jour.

Fut conclu et arresté de faire responce à messieurs les commissaires estans à Apt et leur escripre que la Court n'a pas trouvé bon qu'ilz ayent envoyé les prisonnyers ausquelz ilz devoyent faire leur procès suyvant leur charge et [f° 15v°] commission, actendu qu'ilz n'estoyent de la qualité contenue en l'arrest de la Court qui deussent estre menéz aux gallaires, veu aussi que la Court est assez chargée d'autres prisonnyers. Et quant aux femmes et à ceulx qui rendront les armes et eulx viendront remectre par devant eulx, qu'ils ensuyvent l'arrest de ladite Court par lequel il a esté pourveu sur tout.

Et fut despechée la lettre de la teneur qu'est au double reteneu. Et l'original fut baillé au seigneur de Cyvergues qui avoyt mené les prisonnyers.

[F° 16] Du lundy de relevée XVIIIe de may MV^{C}XLV, en la Grand-Chambre.

Présens messieurs Mes F. de Lafont, segond président, C. Jarente, G. Durant, F. Somati, H. de Tributiis, N. Émenjaud, F. Rascaz, J. de Beaumont, A. de Foresta, A. de Léone et L. Puget.

Monsieur le président a proposé le faict des lettres missives envoyées à la Court par messieurs les commissaires qui sont à Apt, pour lequel faict ladite Court luy a escript de venir en ceste ville et auroyt mys en délibération les moyens d'y pourveoir.

– Monsieur C. Jarente : Quant au faict de la nourriture et alimentation des femmes, est d'advis de prendre sur les fermiers des évesques et des seigneurs des lieux proportionnellement de quoy leur fournir de vivres, sauf de faire droict après sur le remboursement d'iceulx contre qu'il apartiendra, actendu que l'affère requiert prompte provision. Quant aux prisonnyers, que messieurs les commissaires ne les doibvent pas envoyer, vu que ne sont de la qualité contenue en l'arrest, ains eulx-mesmes y doibvent pourveoir, comme luy a esté rescript par la Court. Quant à l'argent, il s'en rapporte à monsieur le président.
– Monsieur G. Durant : quant aux pilleryes que font ou endurent les capitaines, est d'advis d'en escripre à monsieur le premier président. Quant aux despens et nourriture des femmes, est de l'advis de monsieur [f° 16v°] le préloquant [orateur précédent]. Quant à l'argent que demandent les commissaires, s'ilz advancent quelque chose, ilz seront remboursez.
– Monsieur F. Somati : quant à la nourriture des femmes, que les commissaires observent l'arrest de la Court sur ce faict, par lequel est dit de les faire nourrir par les évesques et seigneurs des lieux. Quant aux prisonnyers envoyéz, que chacun de messieurs en preigne deux ou troys et qu'ilz soyent interroguéz et ceulx qui ne seront

trouvéz chargéz soyent promptement eslargiz, les autres retenuz et que doresnavant lesdits commissaires facent ce qu'ilz doibvent. Et quant à leur fournir argent, il n'y vouldroyt point toucher.

– Monsieur N. Émenjaud dict qu'il a esté pourveu en tous les chefs [*points*] de la lettre des commissaires tant par les arrestz de la Court que par la responce que la Court leur a faicte.

– Monsieur de Léone est de cest advis et de départir entre les seigneurs et les évesques les despens, chacun proportionnellement.

– Monsieur de Beaumont : qu'il est assez pourveu par les arrestz. Et quant aux prisonnyers, qu'ilz soyent ouyz. Et au demeurant [f° 17] qu'ilz soyent prins des fruictz des évesques et sur leurs rentiers *ad salvum juris et* … [dans le respect du droit et …].

– Monsieur de Foresta est d'advis qu'on face bailler argent aux commissaires. Au demeurant que lesdits commissaires observent les arrestz de la Court sur quoy ils ont été commis.

– Monsieur de Tributiis dict que c'est la charge de monsieur le premier président. Quant aux prisonnyers envoyéz par les commissaires, est d'advis de les despécher* le plus briefvement qu'il sera possible et ceulx qui ne seront trouvéz chargéz ne enrooléz soyent eslargiz à caution l'ung pour l'autre.

– Monsieur Puget : Quant aux commissaires, qu'il a esté pourveu à tout par l'arrest par lequel est dit que les femmes et enfans seront nourriz aux despens de l'évesque et du seigneur par moytié. Quant aux prisonnyers qui se viendront rendre et laisseront les armes, qu'ilz soyent envoyéz aux galaires suyvant ledit arrest et qu'il en soyt faict registre à part.

– Monsieur Rascaz dict qu'il n'estoyt pas icy sabmedy toutesfoys il en a esté parlé [f° 17v°] ce matin et pourveu sur tout et la lettre envoyée aux commissaires. Par quoy semble qu'il a esté pourveu sur tout et qu'il n'est besoing d'en oppiner* plus.

– Monsieur le segond président dict qu'il y a esté bien pourveu par la Court sur tout. Et que les commissaires ne debvoyent poinct envoyer les prisonnyers. Et, après avoir faict quelque récit des procédeures par lui faictes à Marseille et l'estat des affères en quoy il les a laisséz, a remonstré qu'il est nécessaire qu'il s'en retourne audit Marseille. Et a proposé qu'il y a quelques sacramentaires, desquels fauldra faire exéquution sur le lieu et auroyt intention le jour que l'exéquution se fera de faire faire procession générale et assembler les officiers et y faire assistence en la plus grand gravité que faire se pourra pour donner terreur aux autres ce qu'il n'a voullu faire sans le communicquer à la Court et en avoir demandé l'advis à ladite Court. A esté trouvé bon et remys à l'arbitre* de mon dit seigneur le président.

[F° 18] Du mercredy XXme may MV^{C}XLV.

Présents messieurs Mes J. Maynier et F. de la Font, présidents, Jarente, Duranti, Somati, de Tributiis, Émenjaud, de Beaumont, de Foresta, de Léone et L. Puget.

Monsieur le premier président rapporta à la Court que en Arles il n'a rien peu procéder touchant le faict des vauldoys et y a laissé monsieur de Laurys qui est après à informer contre aucuns qui sont suspectz et diffaméz d'estre luthériens et qu'il y en a quelcuns prisonnyers, mesmes ung de *Nostra Domina* [Notre Dame], duquel y a information qu'il estoyt à Mérindol armé avecques les autres ung peu auparavant qu'on y allast exéquuter l'arrest. Aussi y a ung appellé Le Brau qui est chargé par le seigneur d'Allemagno qu'il estoyt au presche à Mérindol et de ce y a information. Et que ledit de Brau [*sic*], adverty qu'il y avoyt information contre luy, s'est venu présenter à luy et l'a suyvi et est de présent en ceste ville et qu'on advise qu'est-ce qu'on en fera. Et qu'il a l'information devers luy, et l'a oblyée à la maison. Aussi qu'on regarde d'envoyer à Arles quelcun de messieurs pour besoingner et procéder avec ledit seigneur de Laurys.

A remonstré aussi que, suyvant la délibération que fust faicte par la Court [f° 18v°] dernièrement, tous messieurs présents, furent députéz commissaires pour aller sur les lieux et que depuys il a entendu que aucuns n'y estoyent alléz et que l'on faisoyt doubte sur la distribution que avoit esté faicte desdites commissions, combien que ce apartient aux présidents sellon l'ordonnance. Et néantmoins qu'on auroyt faict quelque difficulté sur l'exéquution dudit arrest qu'il avoyt signé, le voyant estre sellon la conclusion de ladite Court après avoir esté veu et corrigé par monsieur le segond président, principal commissaire. Et sur ce a envoyé quérir au greffe lesdits arrestz, assavoir celluy qui fut conclu le dimenche de Quasimodo et l'autre du cinquième de ce présent moys de may pour les veoir davantage et y adviser et conclure ce qu'il en devoyt estre faict.

Davantage dit qu'il estoyt en propos de donner passaige à ceulx qui tiennent les champs pourveu qu'ilz déshabitassent le pays du roy et qu'ilz menassent leurs femmes sans retourner plus au pays. Et sur ce il receut une lettre de Courtin comment il en avoyt parlé à monsieur le cardinal de Tournon [f° 19] qui luy auroyt dit que le roy ne l'entendoyt poinct ainsi ains qu'il voulloyt que tous ces gens fussent exterminéz et deffaictz ; ce qu'il auroyt faict entendre aux commissaires et leur a envoyé la lettre dudit huyssier Courtin et leur a enjoinct de eulx prendre garde de ne contravenir au voulloir du roy.

Davantage, combien que messieurs qui sont à Apt ayent commission de faire et parfaire les procès contre ceulx qui sont du ressort, ce néantmoings ilz ont envoyé grand nombre de prisonnyers sans les interroguer ny faire aucune chose, tellement que la Conciergerye est grandement chargée de prisonnyers et y en a beaucop de mallades. Et encores lesdits commissaires d'Apt luy ont escript que si l'on ne leur envoye de l'argent qu'ilz s'en reviendront. Il leur a rescript qu'ils ne debvoyent poinct laisser par faulte d'argent. Et, affin qu'ilz n'eussent occasion de ce faire, il a escript au receveur de fournir, s'il y convenoit faire quelques fraiz. Aussi il a esté adverty par le procureur du roy à Apt qu'il y en a d'aucuns souspeçonnéz [suspectés] audit Apt qui s'estoyent renduz fuytfz et, depuys que [f° 19v°] les commissaires y sont arrivés, ilz se sont retiréz audit Apt et personne ne leur dit rien ains sont toujours avec lesdits commissaires, dont il en a adverty fraternellement lesdits commissaires qui ne l'ont pas prins à gré* ains luy ont rescript qu'on les touchoit de leur honneur et qu'ilz voulloyent tout laisser, dont il a voullu advertir la Court de tout ce que dessus.

Et que la Court voye lesdits arrestz et, s'il y a quelque chose à réparer ou adjouster, que l'on le face combien qu'il les veoit estre entièrement sellon la détermination de ladite Court.

Et, après que lesdits deux arrestz furent portéz et mys ès mains de monsieur le premier président, il a requiz que en fust faicte lecture et a offert son procès-verbal à qui le vouldra lyre.

Monsieur le segond président de la Font a aussi remonstré, touchant lesdits deux arrestz, qu'il les a signéz comme ayant esté délibéréz par la Court et qu'il ne fault en ce doubter car ladite Court les a bien veuz et trouvéz sellon son intencion et qu'il ne croyt que personne s'en soyt plaint comme ne peult en vérité.

[F° 20] Monsieur de Sénas plus ancien conseiler, respondant pour tous, a remonstré qu'il a toujours esté présent et a présidé en l'absence de messieurs les présidens, mais il n'a poinct ouÿ faire aucunes détractions* au dishonneur de mes dits seigneurs les présidens. Est vray qu'il fut parlé du brûlement de ces lieux et y en eut quelcuns qui dirent comment cella avoit esté faict et envoyèrent lors quérir l'arrest et le veirent icy. Mais il n'y eut personne qui y contredit.

Par lesdits présidens a esté dit que, en concluant ledit dernier arrest, avoyent rapporté l'ordonnance faicte par les commissaires sur les rébellions des vauldoys desdits lieux brûléz, à cause de quoy avoit esté faict ledit brûlement comme ont dict apparoir par leur procès qu'ilz ont derechef présenté et dont la Court s'est contentée.

A esté faict lecture, de mot en mot, par mon dit sieur le premier président de l'arrest délibéré le dimenche de Quasimodo douziesme d'avril dernier et semblablement de l'autre arrest du cinquième de ce présent [f° 20v°] moys de may. Et, lecture faicte et mys en délibération si lesdits arrestz estoyent bien ainsi, fut dit d'ung commun acord par tous mes dits seigneurs sans nulle discrépance que tous lesdits deux arrestz sont très bien ainsi et qu'ils furent ainsi concludz et arrestéz. Et pour ce que, par lesdits arrestz, il est pourveu à tout plain d'affères de ces vauldoys, a esté dit qu'il en sera envoyé ung extraict aux commissaires députés en chacun des sièges pour les exéquuter entièrement.

Mon dit seigneur le premier président a communiqué à la Court ung article de certaine lettre missive à luy envoyée par le roy escripte à Romorantin le XXVIIIme d'avril dernier, signée Françoys et au dessoubz Bayard, duquel article la teneur sensuyt :

Lettre du roy.

Monseigneur d'Opède, j'ay, tant par votre lettre du XXII du présent que par le gentilhomme [f° 21] présent porteur que m'avez envoyé, entendu comme le faict des vauldoys est passé et l'exéquution que a esté sur ce faicte, que j'ay trouvé et trouve merveilleusement bone et suys bien de votre advis et acordé que l'on entretienne pour quelque temps ès lieux où souloyent* habiter lesdits vauldoys jusques au nombre de deux cens hommes de guerre à pied et à cheval pour du tout les extirper et empescher qu'ilz ne se réassemblent, etc.

Pareillement communicqua une lettre de monsieur le cardinal de Tournon, de la teneur que s'esnsuyt :

Lettre de monseigneur le cardinal de Tournon.

À Monseigneur Monsieur le premier président de Prouvence.

Monsieur, j'ay receu la lettre que vous m'avez escripte par monsieur de Porrières, présent porteur, qui a très bien faict son devoir à faire rapport au roy de l'exéquution qui a esté faicte par-delà contre ces meschans rebelles à Dieu et à luy, dont ledit seigneur [f° 21v°] a eu tel contentement que je vous puys asseurer que, quant à vous, il s'en tient autant satisfaict que de serviteur qu'il ayt, comme j'ay dit amplement à ce dit porteur qui s'en reva despéché comme vous entendrez, qui me gardera vous faire plus longue lettre si [ce] n'est pour dire que, en toutes choses que vous toucheront, je vous seray amy de ce que je porray, me recommandant à vous et priant Notre Seigneur vous donner, Monsieur, ce que désirez. De Romorantin, ce XXIXme avril, votre entièrement meilleur amy,

F. cardinal de Tournon.

Lettre de monsieur Dannebault.

À Monsieur le Président d'Opède.

Monsieur le Président, le roy vous faict response à ce que vous luy avez mandé et luy avez faict merveilleusement grand plaisir et service. Il désire fort que le demeurant de ceulx de ceste malheureuse et pernicieuse secte soyent aussi bien [f° 22] chastiéz que les premiers. À quoy je vous prye bien fort voulloir mectre la meilleure peine qu'il vous sera possible et que vous veuillez parachever aussi bien [ce] que vous avez déjà commencé car je vous advise que vous ne sçariez faire audit seigneur service qui luy soyt plus aggréable. Vous me ferez aussi bien grand plaisir à m'advertir souvent de voz nouvelles et pouvez estre asseuré que, là où vous me vouldrez employer, que vous ne trouverez gentilhomme qui s'y espargne moins que je feray. Priant Dieu, Monsieur le Président, qu'il vous ayt en sa garde. De Romorantin, le pénultième avril, votre entièrement bon amy,

Dannebault.

Lesdites missives furent registrées cy-dessus par ordonnance de la Court et les originaulx renduz à mon dit seigneur le premier président.

[F° 22v°] Dudit jour XXme de may mil V^{C}XLV de matin.

Fut conclu et arresté par la Court que ceulx qui seront des lieux suspectz, sçavoir est Mérindol, Lurmarin, Villelaure, Cabrières-d'Aiguez, La Mothe-d'Aiguez, Pépin, Sainct-Martin-de-la-Brasque, La Roque, Sainct-Estienne [Saint-Estève-Janson], Lacoste, Mus, Gargaz, Cyvergues et Opedète, seront mys sur les gallères demeurant au port de Marseille par manière de garde et de prison pour, après leur procès, estre faict et procédé contre eulx ainsi qu'il apartiendra par raison. Et les autres, d'où qu'ils soyent, qui seront trouvéz et prins en armes seront aussi mys ès gallères en la manière susdite. Et ceulx qui ne seront des lieux suspectz comme dessusdits ou prins en armes et seront enroléz ès rooles estant rières la Court, comme diffaméz de la secte, seront aussi menéz èsdites gallères aux fins susdites.

Et ceulx qui ne seront des lieux suspectz [f° 23] ny enrooléz ne aultrement chargéz par informations seront mys en délivrance en faisant les submissions acoustumées avecques prohibition de ne porter armes sans mandement du roy ne converser ou favoriser les accuséz ou suspectz de ladite secte, sauf à retenir ès prisons du roy les caporaulx principalement chargéz de dogmatisation ou autre faction de ladite secte et rébellion avecques leur procès pour en estre faict promptement les jugemens requiz par ladite Court ainsi qu'il apartiendra par raison.

Et pour ce faire, quant à ceulx qui sont ès prisons, seront visitéz par deux conseillers de ladite Court pour exécuter ce que dessus en la manière susdite et procéder au demeurant suyvant les deux arrestz par cy-devant donnéz, desquelz seont envoyéz extraictz aux commissaires députéz par les sièges, ensemble aussi du présent arrest pour les exéquuter sellon leur forme et teneur. Enjoignant aux gens du roy de faire leurs diligences requises à faire exéquuter lesdits arrestz et ordonnances.

[F° 23v°] Sera cotté et désigné au présent arrest l'arrest du quatriesme mars dernier sur la forme de prescher et l'arrest du XII d'avril et cinq^{me} de may.

Sera procédé à la délivrance des fruicts des biens contenuz ausdits arrestz et les commissaires qui jà sont ou seront députéz appeléz l'ung des gens de la Chambre des comptes.

A esté résollu d'envoyer quérir* prisonnyers quatre ou cinq volleurs qu'ont esté prins à Mirabel [Mirabeau] qui destroussoyent sur le chemin tant qu'il en passoyt.

Résollu de ne faire bouger les gens de guerre jusques à ce qu'on sçaiche quel chemin auront prins lesdits vauldoys.

[F° 24] Monsieur le premier président a remonstré à la Court qu'il est adverty que Me Pierre Johannis faict plusieurs désordres au quartier de Torreves et de Brignolle et en a plusieurs plainctes, ne sçait *in qua postestate* [par quel pouvoir] le dit Johannis procède car, quant à luy, il ne luy a poinct baillé de commission et que ledit Johannis et d'autres juges de ce pays font plusieurs compositions*, pilleryes et larrecins soubz umbre des commissions qu'ilz dyent avoir contre les luthériens, ce qu'il notifie à la Court.

A esté délibéré et conclu par la Court de le faire sçavoir au procureur général pour en bailler requeste afin d'y estre pourveu.

Dudit jour, par ordonnance de ladite Court fut signifié à monsieur le procureur général du roy par moy greffier criminel, lequel procureur général feit responce qu'il n'en estoyt autrement adverty et qu'il ne trouvoyt pas bon de bailler requeste ne diffamer ledit Johannis sans querèle* de personne. Toutesfoys qu'il en feroit requeste. Ce qu'il feit, sur laquelle fut après appoincté par la Court qu'il seroyt informé par le premier huyssier sur ce requiz, laquelle requeste fut [f° 24v°] expédiée à monsieur le procureur général par mon dit seigneur le premier président en sa maison pour poursuyvre de faire faire ladite information. Ce que ledit procureur général offrit faire, moy greffier présent,

Boissoni.

Dudit jour XXme may.

Fut mys en délibération par mon dit seigneur le premier président si l'on doibt bailler à monsieur le vice-légat trois prisonnyers qui sont de Bonnyeulx, que tient prisonnyers le seigneur d'Agoult les ayant prins en sa terre d'Agoult en Provence, fuyans ledit Bonnyeulx et au lieux [*sic*] d'iceulx il baillera le baille de Mérindol qu'il a prisonnyer et trois autres ainsi qu'il luy a escript.

Et fut conclu d'ung commun acord que l'on luy baille lesdits deux [*sic*] prisonnyers et il baillera ledit baille et les autres [f° 25] et donne charge audit seigneur président d'en escripre audit seigneur d'Agoult.

A esté aussi proposé par mon dit seigneur le président que monsieur le vice-légat luy escript que ung Jehan Lescripvan et ung bastard de Ménerbe qui sont des principaulx et caporaulx des luthériens, acompaigniéz de cinquante arquebusiers ou environ, sont retiréz à Mus [Murs] et font plusieurs courses et que le seigneur de Cabrières [-d'Avignon] luy a dit que, s'il a permission de les prendre en Prouvence, qu'il se faict fort de les prendre et, si la Court les veult, après ledit seigneur légat les renvoyera à la Court.

Et, mys en délibération, fut conclu et arresté de permectre audit seigneur de Cabrières de chasser et poursuyvre ledit Escrivan et autres ès terres du roy *ad fines inde remittendi* [afin de les remettre de là] à la Court et donne charge audit seigneur président d'en escripre.

[f° 25v°] Dudit jour XXe may.

Fut délibéré et arresté par la Court que monsieur Somati ira à Arles pour procéder avec monsieur de Lauris et faire les procès de ceulx qui seront trouvéz chargéz d'estre luthériens ou vauldoys audit Arles, suyvant la commission adressante audit seigneur de Laurys. Et que, à ces fins, sera faict mandement de cinquante livres tournois audit monsieur Somati.

Monsieur le segond président a rapporté que, voyant la multitude des prisonnyers détenuz aux gallères et pour advancer besoigne, il a commis des juges ordinaires dudit Marseille tant de Saint-Lazare que du palais et autres pour vacquer à les interroguer sur certains interrogatoires qu'il leur a baillé à ces fins pour advancer besoigne pour après, veuz les interrogatoyres, estre procédé au demeurant à leur faire le procès. Ce que a esté trouvé bon et advoué par la Court.

[F° 26] Du jeudy XXI de may.

Présents messieurs Mes J. Maynier, premier président, G. Salla, G. Durant, F. Somati, H. de Tributiis, N. Émenjaud, F. Rascaz, J. de Beaumont, A. de Foresta, A. de Léone et L. Puget.

Fut délibéré et conclu de faire redresser toutes les croix qui sont autour des villes et lieux de ce présent pays de Provence qui ont esté rompues et ordonné qu'il sera mandé aux commissaires de le faire faire par tous les lieux de leurs ressortz par les Conseilz des villes aux despens de qu'il apartiendra.

Fut faict despartement des prisonnyers envoyéz aux gallères suyvant un roole auquel est dict ès quelles gallères ilz seront lougéz.

Monsieur le premier président recouvra la lettre escripte à la Court par monsieur de Laurys, par laquelle escripvoyt à ladite Court de ne eslargir Bastani pour ce qu'il le trouvoyt chargé d'avoir recouru* quelque luthérien.

[F° 26v°] Dudit jour de relevée.

Présents messieurs Mes J. Maynier, premier président, G. Salla, G. Durant, H. de Tributiis, N. Émenjaud, F. Rascaz, J. de Beaumont, A. de Foresta, A. de Léone et L. Puget.

La Court fit venir dans la chambre Françoys, potyer de Manuasque [Manosque], prisonnyer, auquel fut donné serment de dire vérité et sur ce interrogué.

Dict qu'il a nom Françoys Aymin, natif de Manuasque, aagé de trente-cinq ans, potier et est maryé et a sa femme à Manuasque.

Confesse que, ayant demeuré ceste caresme en ceste ville, entendant qu'on poursuyvoit ces luthériens, il les alla advertir et leur persuada de eulx retourner et rendre à justice. Et luy avoient promis une foys de eulx rendre. Et ung jour (ne sçait qui les pervertit*) luy dirent qu'il les voulloyt trahir et il se vint parler à la dame de Sault que y feit son debvoir. Et encores il y retourna et leur persuada de eulx rendre à justice, leur remonstrant que Lacoste estoit rendue et qu'il faulloyt tenir la loy que le roy tenoyt ; et ilz estoyent contens ; et en vint advertir le seigneur de Lacoste et s'en allèrent ung matin. Et après alla à Cavaillon et, estant adverty [f° 27] que l'on voulloyt brûller les bastides, il les alla trouver et leur persuada de ne faire aucunes violences ne forces.

Dict qu'ilz délibérèrent de regarder d'avoir grâce du roy et laisser les armes au Daulphiné et il leur dit qu'ils se rendissent à justice ès [*sic*] controuva que, avant qu'ilz fussent à la Croix-Haulte [Lus-la-Croix-Haute], ilz auroyent la poste et leur feit croyre que la poste avoit couru pour les prendre à mercy* et les feit retourner çà bas. Et, après qu'ilz furent près de Séderon, il trouve Passayre qui lui dit s'ilz voulloyent rendre les armes et il luy demanda s'il avoyt commission de cella et eut saufconduyt qu'il a exhibé* pour venir parler à messieurs.

Et le lendemain, venant le seigneur de Vachères, le feit appeller et il dict que personne ne bougeast ne feist désordre. Et dict qu'il voulloyt venir parler à messieurs et venant, quant fut auprès de Jocquaz [Joucas], le capitaine Valjuyne luy vint dessus et luy tira de cops d'espée nonobstant qu'il luy dist qu'il venoyt pour parler aux commissaires et regarder de faire rendre les gens et practiquer*. Et les commissaires lui donnèrent asseurance et il s'en alla et en mena environ cent cinquante.

[F° 27v°] Dict que trèstous sont paouvres gens qui n'ont faulté que de conduyte.

Dict qu'ilz estoyent environ huict cens homes en allant, mais qu'ilz en sont demeuréz beaucoup au Daulphiné et y a de gentilzhommes qui en ont retenu à leur service et, à son retour, se trouvèrent cinq cens soixante-douze.

Dict que les principaulx sont à Apt et tout le demeurant n'actendent sinon qu'il leur envoyent [*sic*] car tous sont de bon voulloir de se rendre.

Dict que plus de cinq cens foys il leur persuada de eulx rendre et laisser les armes mais il y avoyt des voysins mesmes qui pour les desrober leur persuadoyent de eulx en aller. Et la dame de Sault et le seigneur de Lacoste sçavent bien la peine qu'il a prins pour les divertir.

Dict que ces paouvres gens n'ont poinct de barbes avec eulx et tous leurs barbes les ont laisséz comme bestes et Péreri, qui estoyt leur prescheur, s'en alla la segonde feste de Pasques.

[F° 28] Dict qu'il y a plus de vingt ans qu'il converse avec ces gens-là, marchandant et leur portant de marchandise et a ouÿ quelques fois leurs presches mais qu'il n'a jamais tenu aucunes erreurs et à Dieu ne plaise qu'il soyt de leur secte.

Dict qu'ilz eurent quelque résistance en allant et donnèrent au gentilhome qui leur feit la patante* qu'il a exhibé cinquante cinq escus et quatre mulles pour les compaignons qu'il disoit estre venuz là.

Dict que ce qu'il a faict il l'a faict pour bien et pour leur saulver la vye car, sans luy, ne se fussent jamais renduz et plustost se fussent laisséz morir au boys.

Dict, sur ce interrogé, qu'ilz estoyent environ trois cens arcquebosiers et de bastons ferréz et n'estoyent pas tant de gens qu'on en faisoyt le bruyt et estoyent environ vingt hallebardiers et quatre albarestriers et ont laissé une partie des armes au Daulphiné.

Dict qu'il les compta au partir de Vauldrome [Valdrôme] et trouva qu'ilz [f° 28v°] estoyent environ huict cens et y avoyt de petitz enfans qui l'un pleuroyt çà l'autre là, qu'estoyt une grand pityé et passèrent au boys de Sault.

Dict qu'il se meit avec eulx au deslouger* de Lacoste tant seulement et que le seigneur de Lacoste en tesmoignera.

Dict que trèstous luy ont promis de laisser les armes et qu'ils estoyent délibéréz trèstous d'aller au roy luy demander miséricorde.

Dict que à Cabrières du Conté y en avoyt quinze ou vingt qui ont esté cause de la ruyne de toutes ces gens et de Mérindol et autres ainsi que tous ces paouvres gens luy ont dit.

Après avoir faict retirer ledit Françoys Aymin dit Potier, pource qu'il a dit qu'il avoyt traicté et moyenné de faire réduyre tous lesdits desvoyéz et les faire venir rendre à justice et laisser les armes et en ceste sorte en auroit mené aux huissiers estans à Apt environ cent et que tout le demeurant n'actendoyent que luy et que tous estoyent prestz [f° 29] pour venir comme les autres se faisant fort de les admener trèstous.

Fut mys en délibération, arresté et conclud de mectre en liberté ledit potier aux fins que dessus d'aller faire venir le demeurant desdits desvoyéz et, à sa requeste, lui fut donné le seigneur de Saignon pour les conduyre tous en la qualité et ecquipaige qu'ilz sont avec leurs armes jusques à ceste ville. Et qu'il sera mandé audit Saignon de faire de sorte que ne leur soyt faict oultraige ne rien osté sous peine de s'en prendre à luy.

Et fut donné asseurance audit potier que l'on ne procéderoyt autrement contre eulx sinon qu'on les envoyeroyt aux gallères par manière de prison, actendant le bon plaisir du roy, veoir si leur vouldroyt faire miséricorde.

Fut délibéré de sursoyer l'exécution des arrestz des condemnéz à mort pour n'espouvanter ceulx-cy.

[F° 29v°] Dudit jour XXI may.

À la requête du procureur général du roy sur ce présentée, fut décerné adjournement contre les seigneurs et vassaulx de ce pays qui n'ont chassé les luthériens desvoyéz hors leurs terres et jurisdictions, suyvant les arrestz de la Court pour veoir estre procédé à l'appréhention et confiscation de leurs fiefz, terres et seigneuries au proffict du roy.

Dudit jour.

Monsieur Me Françoys Rascaz, conseiler du roy, a communicqué à la Court une lettre missive à luy envoyée par Me Jehan Montanyer, procureur du roi à Castellane, en laquelle il y a ung article parlans d'aucuns luthériens estans audit lieu, duquel article la teneur s'ensuyt.

Article d'une lettre escripte par Me Jehan Montanyer, procureur du roy à Castellane, à monsieur Me Françoys Rascaz, conseiller du roy, exhibée à la Court par ledit sieur conseiler le XXIe may MV^{C}XLV, escripte ladite lettre à Castellane le XIXe de ce présent moys de may :

[F° 30] Monseigneur, quant aux luthériens de notre quartier, que à la vérité en y a, ilz ont senti la fumée et bien quatre ou cinq religieux des plus sçavans de notre couvent des frères de sainct Augustin ont faict chemin et d'autres vont après. Si votre seigneurie ne nous y vient faire ce bien d'y venir en personne ou quelcuns autres de messieurs, je vous prometz, ce pays est perdu. J'estoys en propos en advertir monsieur le président, ce que eusse faict si n'estoyt la confiance que vostre seigneurie luy en parlera et sans avoir ung seigneur en Parlement n'est autrement possible en avoir la vérité et *periculum est in mora* [le danger est dans les mœurs]. Parquoy vous supplie en cest endroict satisffaire à ma pryère. Toute la charge que me baillastes est ung rien car je cognoys les dissimulations de notre quartier.

Dudit jour XXI may.

Mon dit sieur le conseiler Me Françoys Rascaz a dict que ses officiers de Baggaris ont prins ung nommé Pascal Perraynion du château de Comps, lequel ont trouvé saisy de certaine quantité d'aspres* faulx [f° 30v°] et lequel ilz ont interrogué et ont mandé devers luy pour sçavoir qu'est-ce qu'il plaist à la Court qu'on en face.

A esté résollu que ledit prisonnyer sera mené à Draguignan pour luy estre faict son procès par le lieutenant dans ung moys à la charge d'en advertir la Court.

~~Du dimanche de la Penthecouste XX~~
Du vendredy XXII de may MV^C^XLV.

Présents messieurs Mes J. Maynier, premier président, G. Salla, H. de Tributiis, N. Émenjaud, F. Rascaz, J. de Beaumont, A. de Foresta, A. de Léone et L. Puget.

La Court commect monsieur Me Françoys Rascaz pour aller à Fréjus, au goulf de Grimault et à Castellane faire et parfaire les procès contre ceulx desdits lieux chargéz et diffaméz d'estre luthériens jusques à [f° 31] sentence et de procéder au jugement d'iceulx avec l'ung des autres conseillers estans à Draguignan, appelléz gens notables et officiers du roy au jugement desdits procès, suyvant les lettres du roy et la commission donnée aux autres commissaires et d'appeler à la confection et instruction des procès les juges ordinaires des lieux ou autres officiers plus prochains en cas de souspeçon*.

Fut enjoinct à Me Honoré de Tributiis de s'en aller à Digne exploicter* sa commission.

Fut conclu que ceulx que sont malades ès prisons de maladye dangereuse seront envoyéz à l'hospital pour y estre gardéz jusques à ce qu'ilz soyent venuz à convalescence.

La Court, en voyant le procès de Carolis le fustier, ordonna que le médecin de Rabateau sera interrogué par le commissaire. Et aussi que une Barthélemyène, fille de la femme de Philippes le libraire, sera ouÿe sur certains faictz.

[F^o^ 31v^o^] Et Barthélemy Raphel, chaussetier demeurant à la maison de monsieur d'Esguilles, sera aussi ouÿ.

Sera interrogué Angellin le libraire et *capiatur* [sera pris] ledit Angellin.

Du dimenche de la Penthecouste XXIIII de may MV^C^XLV,
en la maison de monsieur le premier président.

Présents ledit monsieur le premier président, messieurs Mes F. de la Font, segond président, H. de Tributiis, A. Roland, N. Émenjaud, F. Rascaz, B. de Badet, G. de Arcussia, J. de Beaumont, A. de Léone et P. Bomparis.

Fut proposé de veoir ung procès faict par messieurs de Arcussia et de Panisses au lieu du Luc contre ung luthérien sacramentaire que l'on auroyt voullu juger au Luc ainsi que a rapporté monsieur de Arcussia qui a dict avoir faict assembler les lieutenant général et particulier de Draguignan, le juge ordinaire dudit Draguignan et de Brignolle, lesquelz auroient voullu admectre à abjuration [f° 32] ledit délat et n'auroyt voullu autrement oppiner. Et lesdits de Arcussia, de Panisses et le juge du Luc auroyent esté d'advis de mort. Au moyen de quoy et qu'il est matière de conséquence, il est venu en diligence rapporter le tout à la Court.

Messieurs de Tributiis et Rascaz ont dit qu'il n'estoyt pas jour de juger à mort ung crimineulx, mesmes ledit seigneur de Bagarris s'est excusé qu'il a receu *corpus domini* [le corps du Seigneur] ce jourd'huy. Et par ce moyen a esté sursoyé.

Du XXVIIIe de may MV[C]XLV.

Presentibus dominis [Présents messieurs] Maynier et de la Font, présidents, Salla, Émenjaud, de Badet, de Beaumont, de Foresta, de Léone, Bomparis et Puget.

[En marge :] St Michel. André Bergier, monnyer [meunier] du lieu de Saint-Michel. Ouÿ le rapport de monsieur Puget, commissaire, qui a dit l'avoir interrogué et ne l'avoir trouvé rien chargé ny n'estre de lieu suspect, a esté conclu et arresté qu'il sera eslargy*.

[F° 32v°. En marge :] Tavernes. Jehan Merlan, de Tavernes. Ouÿ aussi ledit Me Loys Puget, commissaire, qui a dict l'avoir interrogué et ne l'avoir trouvé en rien chargé ny avoir aucunes informations. Fut dict qu'il sera eslargy et adjournement contre le viguier de Barjoulx qui l'a prins.

[En marge :] Tavernes. Jehan Nicolas dudit Tavernes. Eslargy comme le précédant.

Fut conclu de faire faire cryées et commandement à tous commissaires, députéz tant par la Court que par les commissaires députéz par icelle à poursuyvre les luthériens, d'apporter dans huict jours tous les exploictz par eulx faicts au faict de leurs dites commissions, autrement qu'ilz seront prins et tenuz pour parties privées.

Déodati. A esté dict que les tesmoingz seront récoléz* et confrontéz. De Léone rapporteur.

[En marge :] De Brignolle. Amyel Arnaud de Brignolle. Ouÿ le rapport du commissaire, fut conclu qu'il sera eslargy. De Beaumont rapporteur.

[F° 33. En marge :] De Luserne. Antoine de Loly de Saint-Jehan de Luserne [Luserna San Giovanni]. Eslargy en faisant submissions et à la charge de s'en aller en Piémond faire sa charge de trompète. De Beaumont rapporteur.

[En marge :] Brignole. Jehan Tyron de Brignolle. Ouÿ le rapport du commissaire, a esté conclu qu'il sera eslargy comme les précédans. De Beaumont rapporteur.

[En marge :] D'Arles. Quant au Brau d'Arles, a esté dict que les informations estans devers monsieur le premier président et devers monsieur Badet seront joinctes avec les autres et ledit Brau plus amplement interrogué, si besoing est, par le commissaire jà député et le tout communicqué au procureur général pour pendre ses conclusions et cependant tiendra l'arrest de la ville là où il est de présent. De Beaumont rapporteur.

[En marge :] Brignole. Antoine Laugier de Brignolle. Ouÿ le rapport du commissaire, fut dict qu'il sera eslargy. De Léone rapporteur.

[F° 33v°. En marge :] Vellaux. Quant à ceulx de Vellaux, avant que les eslargir, sera signifié au procureur général de fournir des informations, si poinct y en a, et de faire faire commandement à l'arcevesque d'Arles d'envoyer par devers la Court les informations, si poinct y en a, et fournira des exploictz. De Léone rapporteur.

[En marge :] De Lyoron. Estienne Giraudin de Lyoron [Livron] en Daulphiné. Eslargy à la charge de se retirer en son pays. De Léone rapporteur.

[En marge :] Tavernes. Antoine Falore de Tavernes. Eslargy comme les autres. De Léone rapporteur.

[En marge :] De Barbaillone. Jehan Tournatoris, magister, de Barbailhonne delà Briansson. Ouÿ le rapport du commissaire, fut eslargy à la charge de se retirer à son lieu. De Léone rapporteur.

[En marge :] Vollone. Loys et Christol Viffredz de Vollonne. Ouÿ le rapport du commissaire, eslargiz comme les autres. De Léone rapporteur.

[F° 34. En marge :] Tavernes. Antoine Rossenq et Honorat Gardin de Tavernes, Ferréol Daulphin de Régusse et Collin dau Sinde de Baulmètes habitans dudit lieu de Tavernes. Eslargiz. De Foresta rapporteur.

[En marge :] Mérindol. Fut conclud que Michel Maynard, qui est des condemnéz par l'arrest de Mérindol et a esté naguyères mené prisonnyer, sera interrogué par monsieur de Badet, conseiler du roy.

Dudit jour XXVIIIe de may.

Fut conclu et arresté, actendu que Apt est la principale ville qui mérite de faire quelque punition exemplaire, que monsieur le segond président ira à Apt et, reprins les procès et procédeures jà faictes par les commissaires jà députéz, il procédera au jugement des procès et les deux d'eulx à l'instruction d'iceulx procès *in forma*, suyvant les lettres du roy. Et aussi pourveoyra sur la vente des fruictz des biens délaisséz et habandonnéz par lesdits desvoyéz suyvant les arrestz sur ce donnéz par la Court.

[F° 34v°] Roole de ceulx qui seront envoyéz aux gallaires par manière de garde.

I Peyron Francesquini de Cabrières-d'Aiguez
II Jehan Bret de Cabrières-d'Aiguez
III Jehan Bret, son frère
IIII Guillaume Bret, leur père
V Jaume Bret dudit Cabrières
VI Françoys Arbaud habitant dudit Cabrières
Monsieur Puget, commissaire.

VII George Jory de Roquefure
VIII Claude Anesin de La Roque
Monsieur de Beaumont, commissaire

IX Pierre Roman de Saint-Martin-d'Aiguez
X Philip Pellenq de Viens d'Opedète
De Léone, commissaire

XI Antoine Porte de La Roque-d'Antéron
Émenjaud, commissaire

Délibéré par la Court le XXVIIIe de may mil V^C XLV. Présents messieurs Mes J. Maynier et F. de la Font, présidens, G. Salla, N. Émenjaud, B. de Badet, J. de Beaumont, A. de Foresta, A. de Léone, P. Bomparis et L. Puget.

[F° 35] Du vendredy XXIXme de may MV^{C}XLV.

Presentibus dominis [Présents messieurs] Jo. Maynier, premier président, G. Salla, N. Émenjaud, F. Rascaz, B. de Badet, A. Geauffroy, A. de Foresta, A. de Léone, P. Bomparis et L. Puget.

Fut proposé par monsieur le président que François le potier, suyvant le congé que la Court luy donna dernièrement, a mené certain grand nombre de vauldoys qui s'estoyent mys aux champs qui se sont venuz rendre obéyssans à justice et qu'il a demandé derechef congé pour s'y en retourner affin d'admener le demeurant qui est encores au boys et demande aussi certains nomméz au roole de ceulx qu'il a mené en sa compaignye pour donner couraige aux autres de venir.

Et le tout mys en délibération, fut conclu qu'il sera permys audit potier de se retourner en compaignye de ceulx qu'il a demandé pour aller quérir les autres. Et sera escript au cappitaine Saignon de les acompaigner, si faict besoing, que personne ne leur face oultraige.

[F° 35v°] Du premier jour de juing MVCXLV.

Présents messieurs Mes J. Maynier, premier président, G. Salla, G. Durant, N. Émenjaud, B. de Badet, A. Geauffroy, J. de Beaumont, A. Foresta, A. de Léone, A. de Saint-Marc et L. Puget.

Fut conclu et arresté d'escripre à monsieur le segond président à Apt qu'il face rendre à Françoys Aymin dict le potier ung cheval et les harnoys qui luy ont esté ostéz par les souldatz.

Fut aussi arresté de faire mandement de quatre escus pour les faire bailler audit potier pour faire les frais nécessaires.

[F° 36] Du mercredi troysième de juing MV^{C}XLV.

Présents : messieurs Mes J. Maynier, premier président, G. Salla, G. Durant, N. Émenjaud, F. Rascaz, B. de Badet, J. de Beaumont, A. de Léone, A. de Saint-Marc et L. Puget.

Fut présentée requeste par le seigneur de Redourtier [Redortiers] affin d'estre receu à enchérir la ferme des fruictz de Mérindol de deux cens escus.

Fut mys en délibération, arresté et conclu que, actendu qu'il vient dans XXIIII heures et la somme notable de deux cens escus dont il a enchéry la ferme, qu'il sera receu nonobstant l'ordonnance. Et semblablement que tous ceulx qui vouldront faire le prouffit du roy et enchérir les autres fruictz venduz en venant par tout le jour y seront aussi receuz.

Et fut répondu sur ladite requeste qu'elle est renvoyée au commissaire député à faire la vente et distraction desdicts fruictz pour, appellé le procureur général du roy et les parties, y pourveoir au prouffit dudit seigneur ainsi que de raison.

Fut donné commission à monsieur Rascaz de faire vendre les fruictz des biens saisiz aux [f° 36v°] vauldoys et luthériens ès lieux èsquelz luy a esté baillée commission, appellé à ce le substitut du procureur du roy et les receveurs des lieux.

Fut aussi commis monsieur de Beaumont pour aller à Torreves [Tourves] faire et parfaire les procès de ceulx qui y sont chargéz et diffaméz d'estre luthériens et mectre lesdits procès en estat de juger et les rapporter à la Court, appellé à l'instruction desdits procès l'ung des juges ou autres officiers du roy et pourveoir de commissaires au régime et gouvernement des biens et fruictz d'iceulx ainsi qu'il verra estre à faire par raison.

[F° 37] Du vendredy cinq^me^ de juing MV^C^XLV,
dans la Grand-Chambre.

Présents messieurs Mes J. Maynier, premier président, F. de la Font, segond président, G. Salla, C. de Glandèves, A. Roland, N. Émenjaud, B. de Badet, F. de Genas, A. Geauffroy, A. Foresta, A. de Léone, A. de Sainct-Marc et L. Puget.

Monsieur de la Font, segond président, feit son rapport de ce que à Apt ilz auroyent faict les procès de certains luthériens qui sont prestz à juger et qu'ilz n'ont peu procéder au jugement faulte de ce que audit Apt n'y a poinct de graduéz et que de les faire venir icy ce seroyt grande despence, joinct qu'il est requiz de faire exemple sur le lieu. Et a esté mys en délibération si l'on jugera icy lesdits procès sans veoir les délatz ny les envoyer quérir. Et fut arresté et conclu que l'on jugera lesdits procès en ladite Court.

Fut aussi conclu et arresté que le prothonotaire Aubertaz, suyvant l'ordonnance de la Court, passera le guichet. Et, après qu'il aura esté ouÿ, que luy sera commuée la prison en la maison du premier huyssier jusques à ce que autrement en soyt ordonné.

[F° 37v°] Dudit jour.

À la requeste du procureur général du roy, furent commis par la Court messieurs Mes Jehan de Beaumont et Pierre Bomparis pour récoler et confronter les tesmoingz contre le procureur du roy à Fréjus et autres dudit Fréjus chargéz d'estre luthériens.

Quant à l'affaire de Lubières, fut mys en délibération et conclu d'envoyer le double du procès au roy et l'advertir que semblables désobéyssances sont faictes aux officiers par les gentilzhommes et que son plaisir soyt d'y pourveoir, cependant eslargir ledit Lubières à caution de se représenter *totiens quotiens* [autant de fois que] etc. et de ester à droict [comparaître] etc.

Fut aussi conclu et arresté que monsieur le segond président s'en ira avec ung de messieurs les conseilers devers le roy pour l'affère de la Chambre des comptes et pour les autres affères de la Court.

[F° 38] Du vendredy XII de juing MVCXLV,
dans la Grand-Chambre.

Présents messieurs Mes F. de la Font, segond président, G. Salla, Durant, de Glandèves, Somati, Geauffroy, de Beaumont, de Léone, de Perussis, Bomparis, de St-Marc et L. Puget.

Monsieur de Laurys a présenté à la Court certaines mémoyres envoyées par monsieur le premier président estant malade en sa maison, par lesquelles il advertit ladite Court de ce qu'il fault faire en la matière des luthériens.

Et, lues lesdites mémoyres et advertissemens en plaine Court, fut dict de les communicquer au procureur général du roy pour ce que la plus grand partie concerne ledit procureur général.

Semblablement ledit seigneur de Laurys a porté et mys devers ladite Court certaines informations faictes contre ceulx de Baumètes, lesquelles furent aussi communicquées au procureur général du roy par ordonnance de ladite Court.

Ledit seigneur de Laurys aussi a communicqué à la Court une lettre missive de monsieur l'admirail escripte à monsieur le premier président, laquelle a esté enregistrée comme s'ensuyt.

[F° 38v°] Lettre misssive.

À Monsieur le Président de Prouvence.

Monsieur le Président, je vous advertiz que le roy est merveilleusement content du bon office que vous faictes contre ceste malheureuse secte de luthériens, à quoy je vous prye continuer de faire telle diligence que la mémoyre en puysse estre perdue. Sur quoy vous ne ferez seulement service à Dieu mais au roy et à tout le monde.

Et, en cest endroict*, me recommandant bien à vous, prye à Notre Seigneur vous donner ce que désirez. De Melle, ce premier jour de juing, votre entièrement bon amy.

Dannebault.

L'original fut rendu audit monsieur de Laurys le jour mesme, XIIe de juing 1545.

[F° 39] Du lundy XVme jour de juing MVCXLV.

Présents messieurs Mes J. Maynier, premier président, F. de la Font, segond président, G. Salla, Durant, de Glandèves, Somati, Geauffroy, de Beaumont, de Léone, de Perussiis, Bomparis et Puget.

Sur les remonstrances faictes par monsieur le premier président sur les mémoyres et advertissemens par luy dernièrement envoyéz à ladite Court, disant estre requiz d'y estre pourveu pour l'expédition* des matières et affères de la justice et pour satisffaire au mandement du roy de ce que ledit seigneur luy escript, extirper entièrement la secte vauldoyse. Et à ce aussi que les prisonnyers détenuz qui ne se treuveront chargéz soyent délivréz et qu'il leur soyt pourveu de réparation convenable.

A esté arresté de faire venir les prisonnyers de Torreves [Tourves] qui sont aux gallères pour leur estre faict et parfaict leurs procès en ceste ville d'Aix par monsieur de Beaumont avant qu'il aille audit Torreves.

Furent aussi commis messieurs Mes J. de Beaumont, A. Geauffroy, A. de Léone et L. Puget pour visiter tous les procès, [fº 39vº] charges et informations des luthériens pour faire le recueil et roole de ceulx qui se treuvent chargéz, lieu par lieu, avec deue désignation des cottes et fueilletz où seront contenues leurs charges pour après en faire l'expédition. Et que, à ces fins, les commissaires qui ont esté à Apt et autres mectront tous leurs procès et procédeures devers le greffe pour les bailler ausdits commissaires.

Fut envoyé au procureur général du roy par l'huyssier Sansson de despécher le procès de ceulx de Tavernes et de prendre conclusions sur ce que, par la déclaration des délatz, le viguier se trouve chargé d'avoir plus prins de meubles qu'il n'a mys par son procès-verbal.

Fut aussi dict que ledit procureur général despéchera le procès des prisonyers de Forcalquier.

[Fº 40] Dudit jour XV juing.

La Court, voyant les exploictz et procédeures faictes par Leporis, lieutenant de Martègue [Martigues], ne trouva pas bones les conclusions prinses par le procureur général du roy sur lesdits exploictz, pour ce qu'il n'a conclu à la restitution du bestail saisy per ledit Leporis, et luy ont esté renvoyées les pièces par ung huyssier pour prendre autres conclusions.

A esté aussi arresté que les créanciers qui auront presté blé pour faire les semences des vauldoys seront payéz sur les fruictz, et à ce les commissaires y pourveoyeront. Et quant aux autres créanciers, qui prétendront droict sur les biens saisiz, il y sera pourveu en procédant à la confiscation et discussion* des biens des condemnéz comme de raison.

Les commissaires députéz à faire les procès sur les lieux contre les vauldoys et luthériens procéderont à la vendition des meubles et bestail saisiz et annotéz à la main du roy par leur auctorité ou jugéz par eulx [fº 40vº] ainsi qu'ilz verront estre à faire par raison ~~et où lesdits commissaires n'y pourront vacquer le feront faire~~ sellon la qualité des charges mesmement contre les fuytifz*, appelléz les procureurs du roy et receveurs. Et, [dans le cas] où lesdits commissaires n'y pourront vacquer, le feront faire par les lieutenants, appelléz lesdits procureurs du roy et receveurs des lieux ès mains desquelz sera mys l'argent et envoyeront les rooles à la Court pour les mectre à la Chambre des comptes et du trésorier pour l'en faire comptable.

Aussi sera faict *exigatis*[7] [exécutoire*] des condemnations et amendes adjugées à Marseille par les commissaires pour les vendre et retirer au prouffit du roy et, à ces fins, les commissaires mectront les exploictz et sentences au greffe criminel.

A esté aussi arresté que les conseilers et commissaires qui ont vacqué et vacqueront au faict des luthériens seront taxés [f° 41] à trois livres pour jour pour tout quant aux conseillers et six livres tournois les présidents, sauf de leur faire plus ample taxation actendu la cherté des vivres si tel est le bon plaisir du roy. Pareillement il sera baillé au greffier criminel pour les vacations et fraiz qu'il a faict et fera ausdites matières cent Livres tournois par manière d'advance.

A esté aussi ordonné que Me Françoys de Pérussiis ira à la Court avec le segond président suyvant la précédente résolution et, actendu que leur principale charge est des affères des luthériens pour les droictz du roy et deschargement de la chose publicque, a esté ordonné qu'il sera baillé sur les confiscations desdits luthériens deux cens escus audit président et cent escus audit sieur de Laurys.

Pareillement sur les lettres et remonstrances de Courtin, demandant argent pour s'entretenir et payer les despens qu'il [f° 41v°] a faict par delà, actendu qu'il y a esté principalement pour lesdits luthériens, a esté ordonné qu'il luy seront bailhéz cinquante escuz par provision sur les biens desdits luthériens, sauf de luy faire plus ample taxation à sa venue.

Quant aux clercz qui ont escript et escripront dessoubz les commissaires comme substitutz et députéz par le greffier criminel seront payéz à raison de XXV soulz pour jour, tant pour leurs despens que escriptures.

---

7 *Exigatis* : latin, du verbe *exigere*, littéralement « que vous exigiez ». Terme non répertorié. Forme verbale substatntivée que l'on pourrait traduire par « exécutoire » : acte contraignant un débiteur à payer sa dette.

[F° 42] Du jeudy XVIIIme de juing MVCXLV.

Présents messieurs Mes J. Maynier et F. de la Font, présidents, G. Salla, G. Durant, C. de Glandèves, F. Somati, A. de Léone, F. de Perussiis, P. Bomparis et L. Puget.

Fut exposé par monsieur le premier président que Françoys le potier, qui estoyt allé veoir de faire réduyre les luthériens à l'obéyssane de justice, est revenu et que luy a dict que lesdits luthériens ne sont voulluz venir que [si] ceulx de Mus et d'Agoult ne viennent aussi. Et quant à ceulx dudit Agoult ilz ne veullent poinct venir à l'obéyssance de la Court qu'ilz ne soyent asseuréz que l'on ne leur demandera rien du faict de la mort de leur seigneur. Et semblablement ceulx de Mus ne veullent venir que ne soyent aussi asseurés que l'on ne leur demandera rien de l'excès qui fut faict contre le lieutenant de cappitaine Sainct-Rémy, de ce qu'ils dévalisèrent toute sa bande audit Mus et que, en les asseurant, ilz sont prestz trèstous de eulx venir rendre obéyssans. Et pareillement que ledit potier luy a dit qu'il seroyt de besoing de luy bailler Pierre Bret [f° 42v°] qu'est prisonnyer et que ledit Bret s'aydera bien à faire venir les autres avec luy, disant aussi que monsieur d'Agoult luy escript le semblable quant à ceulx dudit Agoult.

Et, mis en délibération, a esté résollu que ce n'est pas à la Court de bailler asseurance de grâce, actendu le cas dont est question mais, pour essayer de remectre lesdites affères en bon estat, a esté arresté de expédier la provision que s'ensuyt :

La Court, entendue certaine remonstrance faicte par Françoys Aymin dit le Potier de Manuasque poursuyvant de faire réduyre à l'obéyssance du roy et de justice les desvoyéz de bon chemin de la foy et religion chrestienne que se sont mys en fuyte et auroyent prins les armes, a déclairé et déclaire qu'elle a entendu et entend que ceulx qui vouldront laisser les armes et eulx venir rendre obéyssans à justice avec ledit potier porront [f° 43] seurement venir et ne seront requiz d'autres cas que pour recevoir leur obéyssance et conversion, sur laquelle sera procédé à leur délivrance et réduction à la foy de la saincte Église, ainsi qu'il apartiendra par raison.

Et, ce faict, ladite Court a faict venir en ladite chambre de Conseil ledit Françoys, potier, lequel, en présence d'icelle Court interrogué sur l'exposition faicte par ledit sieur président, a confirmé le contenu en icelle, disant que la craincte quant à ceulx de Mus et d'Agoult des excès par eulx commis les garde de venir et que, en les asseurant, il espère de les faire trèstous venir se rendre à l'obéyssance du roy et de justice, ce qu'ilz ne veullent faire autrement.

Et luy a esté faict entendre par mon dit sieur le président en présence de ladite Court la délibération sur ce faicte par icelle Court dont fut commandé luy en estre baillé l'extraict. Laquelle ordonnance entendue, ledit potier a dit qu'il feroyt tout son pouvoir de conduyre icy tous lesdits vauldoys à l'obéyssance de ladite Court, [f° 43v°] de quoy ladite Court l'a chargé d'en faire ses diligences.

Et, après avoir veu les requestes et pièces dudit Pierre Bret présentées de la part dudit Bret et entendu le rapport des commissaires sur ce, les charges et informations par eulx visitées, a esté résollu, actendu le dire dudit potier et pour faire la résolution dessusdite des autres, que ledit Bret luy sera délivré à caution telle qu'il pourra.

Mon dit sieur le premier président a aussi remonstré qu'il avoyt souventes foys solicité de faire exéquuter l'arrest de la Court donné sur la nourriture des femmes et enfans desdits vauldoys et luthériens et qu'il l'avoyt dit au seigneur et dame de Gensson, à la dame de Sault et aux gens de la dame de Cental et auroyt sollicité le procureur général pour y faire pourveoir. Et que ledit potier luy a dit qu'on y faisoyt [f° 44] quelque difficulté. À ceste cause il auroyt mandé audit procureur général de faire requeste pour y pourveoir. Et qu'il soyt bon de ce faire de mander prendre description du nom et surnom des femmes et enfans et les interroguer de leur foy, créance et manyère de vivre et leur faire donner quelques gens pour les endoctriner et réduyre suyvant l'arrest.

A esté commis à Me George Durant, conseiller du roy, et au juge de Pertuys pour se transporter sur les lieux et illec contraindre les gens d'Église qu'il apartiendra à contribuer la tierce partie des fruictz et revenu de leurs bénéfices qu'ilz treuvent ès lieux d'où sont lesdites femmes pour fournir, avecques les seigneurs desdits lieux, à la nourriture desdites femmes et enfans pour maintenant jusques à ce que autrement en soyt ordonné et que lesdits commissaires pourveoiront à ladite nourriture. Et néanmoins prendront par description le nom et surnom desdites femmes et enfans et les interrogueront de leur foy, créance [f° 44v°] et manière de vivre. Et pourveoiront à leur faire ministrer les presches et advertissemens nécessaires pour les réduyre à la saincte foy. Et informeront mêmement sur les faictz et articles qui leur seront bailléz par le procureur du roy pour, après le tout rapporté, y estre ordonné comme de raison sellon la vollonté du roy.

[En marge :] Furent expédiées les lettres de commission le XIX juing 1545.

A esté aussi résollu d'escripre au seigneur d'Agoult qu'il baille à monsieur le vice-légat les trois Meilles de Bonnyeulx qu'il tient prisonnyers affin que ledit vice-légat rende le baille de Mérindol et trois ou quatre autres subgectz du roy qu'il tient prisonnyers pour estre menéz icy et en faire ce qu'il apartiendra.

Aussi résollu, sur la remonstrance dudit seigneur président, d'escripre au sieur de Villiers affin que les vauldoys que doibt réduyre le potier ne facent difficulté de venir, qu'il donne ordre [f° 45] de faire traicter humainement ceulx qui sont sur les gallères sans les faire travailler* ne maltraiter ains les tenir comme prisonnyers actendant après que les autres seront tous réduictz de faire ce qu'il apartiendra sellon la qualité qu'on les treuvera estre suyvant le volloir et intencion du roy.

Par ledit sieur président a esté dit à la Court que déjà il en avoyt escript audit sieur de Villiers de ainsi le faire et aussi qu'il avoyt escript aux viguier et juge de Marseille qu'ilz eussent à faire diligence d'examiner tous les prisonnyers détenuz ausdites gallères et envoyer les examens à ladite Court aux fins susdites et qu'il avoyt baillé la lettre au viguier d'Aix avec le roole de ceulx de Torreves que la Court a ordonné estre menéz icy. Et qu'il a aussi escript audit sieur de Villiers de ne faire faulte à les faire bailler audit viguier d'Aix.

[F° 45v°] Du vendredy XIXe de juing MV[C]XLV.

Présents messieurs Mes de la Font, segond président, Salla, Durant, de Glandèves, Somati, Roland, Geoffroy, de Beaumont, de Foresta, de Perussiis, Bomparis et Puget.

Le procureur général du roy a remonstré à la Court qu'il s'en alla hier visiter les prisons et y trouva les médecins qui visitoyent quelques malades et luy raportèrent lesdits médecins qu'il y en a deux prisonnyers qui ont les fiebvres pestilenciales et aussi y en a quinze ou seize qui ont d'autres fiebvres qui courent à présent lesquels, quant ilz se meurent, en demeurent couvertz de taiches et luy deffendirent lesdits médecins de approcher pour ce que lesdites fiebvres sont contagieuses. Et, sur ce, il visita les crottons et trouva que les prisonnyers n'ont poinct de la paille. A requis la Court d'y pourveoir.

Dudit jour de relevée.

Fut conclu et arresté que ceulx qui seront mallades de maladie contagieuse, détenuz pour crime d'hérésie, suyvant le roole que sera faict sur le rapport des médecins, seront mys à l'hospital à caution [f° 46] telle qu'ilz pourront bailler. Et que, pour la nourriture d'iceulx et des autres qui déjà y ont esté mys, sera baillé à l'hospital cent livres tournois sur les deniers provenans des confiscations.

Presentibus dominis [présents messieurs] : J. Maynier et de la Font, présidents, Salla, Durant, de Glandèves, Somati, Roland, Émenjaud, de Badet, de Foresta, Bomparis et Puget.

Fut commandé au geôlier en plaine Court de pourveoir de paille aux prisonnyers de sorte qu'ilz n'en ayent faulte à peine de s'en prendre à luy et d'y pourveoir à ses despens.

Dudit jour de relevée.

L'évesque d'Apt a faict dire par ung huissier qu'il vouldroyt parler à la Court. Et, après l'avoir faict entrer, ledit évesque a dit qu'il estoyt là venu pour faire la révérence à la Court et mercyer le roy et sa justice de ce que luy a pleu voulloir chasser et extirper les vauldoys et luthériens estans en ce pays de Prouvence mesmes en son diocèse d'Apt, chose qui estoyt très requise et nécessaire pour la conservation de la saincte foy et pour le [f° 46v°] bien et repos de la chose publicque. Mais que, nonobstant toutes le poursuytes et bone diligence qu'on y avoyt faict jusques à présent, il s'est appareu que plusieurs desdits desvoyéz qui s'estoyent renduz fuytifz, voyantz qu'on ne faisoyt plus les poursuytes si reudement commencent de se retirer en leurs maisons et bastides en plusieurs et divers lieux, mesmes ès lieux de Jocquas, Gignac, Opedète, Gargaz et autres lieux de son diocèse et se ventent de recouvrer leurs biens par grâce ou par abjuration et simulation, de sorte que si la Court n'y pourveoit et faict continuer lesdites poursuytes et exéquutions, il se doubte que tout ce qui a esté faict jusques à présent *ne dum erit extirpatio immo inventum* [afin que ce ne soit pas seulement découverte mais extirpation] de ces erreurs, dont il a voullu advertir la Court et la supplyer d'y voulloir tenir la main car, combien son diocèse d'Apt soyt petite, elle en est plus farcye que les autres et, de sa part, il veillera et s'aydera à pourveoir sur le service des églises et autres cas sellon qu'il verra estre requiz et nécessaire.

Dict que pensant toujours à la religion [f° 47] chrestienne, auroyt advisé, *extirpis erroribus* [les erreurs extirpées], de pourveoir au service des religions et donna requeste pour avoir réformation du monastère d'Apt qui est de sa jurisdiction, ouquel y a confusion très grande, et luy fut pourveu de commissaire monsieur Roland qui exploicta *rigide* [fermement] sa commission et feit clore le monastère et l'abaesse la première, *nolens ferre jugum et clausuram* [ne voulant porter le joug et la clôture] sortit la première.

Dict qu'il leur a demandé comptes et elles luy ont dict que ne sçavent escripre. Et s'est essayé d'y faire aller des religieuses de sainte Claire qui luy reffusèrent et l'abaesse de Saincte-Croix luy avoyt permis de luy en bailler et celles d'Apt les ont menassées si y venoyent de les batre et chasser et de ce y a actes.

Dict qu'il a advisé de prendre quatre filles réformées de bone maison qui ont esté nourries dix ans en clausure.

A supplié la Court de luy voulloir ayder en ce car y a ung an que ne se y dict messe ne hault ni bas car il craingt qu'elles ne preignent encores les fruictz de ceste année et, *una via vel alia* [d'une façon ou d'une autre], la réformation soyt achevée.

Davantaige avoyt advisé de faire quelques estatutz sur son clergé pour pourveoir au [f° 47v°] au service divin et, combien son diocèse soyt petit, y en a une grand partie qui sont mesnagiers*, achetans de blé argent comptant et après le vendent à crédit et tiennent de bestail à mégeries*, davantage en l'Église ilz ne treuvent salaire et se pourvienent [*sic*] et aussi vont par la ville en robbe courte. Il en a dressé quelques estatutz qu'il fera présenter par son procureur à la Court de céans pour les veoir et corriger.

Du sabmedy XXme dudit moys de juing.

Fut conclu et arresté d'envoyer aux gallères par manière de garde les prisonnyers qui sont à Arles, à Apt et Yères pour crime d'hérésie.

[F° 48] Du XXII dudit moys de juing MV^CXLV.

Fut présentée requeste par le procureur général du roy et respondu de la teneur que s'ensuyt :

À nosseigneurs de Parlement,

Supplie le procureur général du roy disant que, à sa requeste, instance et poursuyte, plusieurs héréticques ont esté condemnéz au feu, leurs biens confisquéz, les autres condemnéz en plusieurs amendes, tant par arrest de la Court que de messieurs les commissaires déPutéz par le ressort par ordonnance dudit seigneur et de sa dite Court. Pour ce qu'il convient faire audit seigneur plusieurs fraiz, tant pour la fortification de ses places en frontière que pour s'ayder au faict de ses guerres, plaira députer commissaires ou mander aux gens de la Chambre des comptes pour procéder à la vendition et séquestration des biens confisquéz, tant en ceste ville d'Aix que ailleurs et par le ressort, et charger le trésorier et receveur général de faire exaction* des denyers qui en proviendront et d'iceulx le contrerooler et que ung chacun face sa charge ainsi qu'il apartient, vous ferez bien. Signé

De Piolenc.

[F° 48v°] Soit mandé aux commissaires estans sur les lieux de bailler au trésorier du roy ou son commis l'*exigatis* et roole des amendes et confiscations par eulx adjugées pour en estre faicte l'exécution au prouffit du roy. Et, quant à la vente des biens confisquéz, est enjoinct aux maistres des comptes d'y pourveoir ainsi qu'il s'appartient. Faict à Aix en Parlement, le XXII jour de juing mil V^CXLV.

L'original fut baillé à monsieur le procureur général et envoyées lettres missives aux commissaires pour bailler au trésorier l'*exigatis* et roole des amendes et confiscations.

[F° 49] Du jeudy XXV de juing MV^C^XLV.

Fut requiz par monsieur le procureur général qu'il fust faict commandement à Stephani et autres greffiers de l'officialité de mectre par devers la Court les charges et informations faictes contre ceulx qui abjurèrent mil V^C^ trente cinq et autres nomméz au quayer desdites abjurations. Ce que fut ordonné par la Court et commis au premier huissier pour aller faire ledit commandement.

Fut conclu d'escripre au seigneur d'Agoult pour envoyer à ladite Court Anthoine Vyan.

Le procureur général a mys par devers la Court ung roole de certains habitans d'Agoult qui ne se sont confesséz de deux ans.

Fut ordonné que sera mys par devers l'ung des commissaires députéz à faire les rooles.

[F° 49v°] Du vendredy XXVIme de juing MV^C^XLV,
de relevée.

Monsieur le premier président communiqua à la Court une lettre missive du seigneur de Bagarris du XIXme de ce moys par laquelle il advertit ledit sieur président de la saisye des biens qu'il a faict à Fréjus et à Grimault d'aucuns suspectz d'hérésie et qu'il seroyt bon de luy envoyer commission pour les vendre.

Fut mys en délibération et conclu de luy rescripre que par cy-devant on luy a envoyé commission pour faire vendre les fruictz des biens saisiz et que depuys l'on a mandé aux gens des comptes de faire vendre les biens confisquéz et que le trésorier ou son commis se retirera à luy qu'il leur délivre le roole des amendes, confiscations et saisies et qu'il procède de sorte que le prouffit du roy soyt conservé. Et quant au massier de Fréjus, que l'on n'a poinct trouvé la charge souffisante pour le saisir au corps mais que, s'il treuve quelque charge de nouvel, qu'il y procède ainsi qu'il verra à faire par raison.

[F° 50] Dudit jour.

Fut remonstré par monsieur le premier président que, tous autres affères cessans, les commissaires députéz à visiter les procès des vauldoys et luthériens pour faire les rooles et extraictz des chargés, se doibvent assembler et communiquer ensemble leurs extraictz pour en faire le roole généralement pour ce qu'il y en pourroit avoir de prisonnyers qui sont innocens.

Et l'affaire mys en délibération, fut conclu et arresté que les commissaires s'assembleront demain matin et l'après disner et séquutivement*, tous autres affaires laisséz, ilz vacqueront audit affaire.

Fut aussi ordonné et commis à moy greffier de signifier au procureur général du roy de mectre par devers la Court les exploictz qu'il a faict faire contre ceulx qui ont mené les prisonnyers soubz coleur d'estre vauldoys, de apporter les informations et les exploictz de leur emprisonnement suyvant la commission à luy expédiée par [f° 50v°] ordonnance de la Court pour pourveoir à leur eslargissement ou à leur faire les procès comme de raison.

Fut signifié ledit jour à monsieur le procureur général qui a dit que dès le premier jour de ce moys il bailla la commission à l'huissier Maignan et toutesfoys n'en a rien faict.

[F° 51] Du quatriesme jour de juillet MV^C^XLV,
en la chambre du Conseil du parlement de Prouvence.

Messieurs les premier président et conseillers tenans la Chambre ordonnée en temps de vacations, assembléz pour les affaires de la justice, monsieur d'Oppède, premier président, a présenté à ladite Chambre une lettre missive du roy adressante à la Court datée du IXme de juing MV^C^XLV, contenant créance audit sieur président. Et a ledit sieur président monstré à ladite Chambre deux lettres missives du roy à luy adressantes, l'une du moys de juing, la date en blanc, contenant la provision que ledit seigneur entend estre faicte aux femmes et enfans des vauldoys, et unes autres du IXme dudit juing parlant de l'abjuration desdits vauldoys, lesquelles ledit sieur président jà avoyr notiffiées à ladite Court. Sur lesquelles, pour le faict des femmes et enfans, avoient esté députéz commissaires pour aller sur les lieulx et y pourveoyr, et au demeurant, quant aux hommes, député commissaires pour faire l'extraict de toutes les charges et informations pour en faire ce qu'il apartient.

Sursoyans cependant, en actandant la résolution desdits commissaires et la responce du roy sur la lettre que luy avoyt escripte ledit sieur président du XII de juing, par laquelle luy avoyt explicqué entièrement tout le faict. [F° 51v°] Et a dict icelluy sieur président avoyr receu despuis yer ung pacquet du roy en date du XXII de juing, lequel il a monstré à ladite Chambre, contenant :

À monsieur d'Oppède, mon lieutenant général en Prouvence en l'absence de mon cousin le seigneur de Grignan. Monsieur d'Oppède, j'ay receu voz lettres du XII de ce moys. Et quant aux vauldoys, je veulx et entens que ceulx que vous recevrez à abjurer soient au cheois [choix] de demeurer en mes pays avecques restitution de leurs biens ou bien de s'en aller hors mes pays, délayssans leurs biens. N'entendons comprendre en la grâce que je feys les sacramentaires ny les dogmatisans, desquelz je veulx qu'il soyt faicte punition exemplaire. Et pareillement j'ay veu la valeur des fruictz à quoy se montent les biens d'iceulx vauldoys, qui porront estre employéz aux réparations que je vous ay par cy-devant escript, etc. Escript de Barbery, le XXII de juing MV^C^XLV. Ainsi signé : Françoys. Bayard.

Et, après avoir mys en délibération ce que dessus, a esté résolu de y faire et procéder sellon la vollanté dudit seigneur comme a esté faict par cy-devant. Et ordonné que les commissaires députéz sur les lieux çà et là pour procéder contre lesdits vauldoys et héréticques y besoigneront sellon le mandement et intention dudit seigneur.

[F° 52] Et après, la Chambre estant advertie que le potier, soy disant cappitaine des vauldoys, estoit revenu en ceste ville, a ordonné le faire venir en la Chambre pour sçavoir ce qu'il avoyt faict sur la promesse par luy faicte de faire réduyre à l'obéyssance du roy et de la Court le demeurant des vauldoys tenans ladite septe [secte] et que avoient prins les armes au temps que l'on feit l'exécution contre Mérindol. Et ledit potier estant arrivé en la Chambre a esté sur ce interrogé. Et luy a esté remonstré que, à cause de ce qu'il avoyt asseuré de les faire tous réduyre à l'obéyssance du roy et de la justice, luy avoyent esté deslivréz dix ou douze prisonniers de ladite septe, qu'il avoit promis de remener avec les autres. Et aussi luy avoit esté baillé asseurance que la Court entendroyt à leur redduction et deslivrance comme de rayson. Et que, en actandant cella, c'estoit cause de la plus longue détention des autres et luy avoit esté baillé argent pour faire lesdits voyaiges, luy ordonnant de dire la vérité de ce qu'il a faict et qu'il espère de faire.

A dict qu'il avoit espérance de les pouvoir réduyre [f° 52v°] et pour cella avoyt obtenu de la Court les provisions susdites et qu'il est allé à Agoult, Aupedète, Santauron[8], à Mus et autres lieux que sont lesdits vauldoys et leur a remonstré le tout ce que dessus et que s'ilz venoient à obéyssance que le roy et justice auroyt pitié d'eulx autrement seroient constrainctz de ce faire et seroient tous prins au corps et menéz prisonniers, les asseurant aussi que s'ilz venoient voullontairement à oubéyssance ilz ne seroient poinct emprisonnéz ny aux prisons ny aux gallères ains seroient ouÿz gracieusement. Toutesfois il n'a jamais sceu faire avec eulx qu'ilz soient voulluz venir ains luy ont respondu tous qu'ilz ne voulloient poinct venir, s'excusant qu'ilz ne sont poinct de la secte.

Toutesfoys il les congnoyt qu'ilz sont de la vraye secte des vauldoys, tenans ladite secte et sont de ceulx qui estiont fuictz à la montaigne avec leurs armes et s'estoient mis en troupe pour s'en aller avec luy, comme il a autresfoys dict, et qu'il n'y [f° 53] voyt autre remède sinon que de leur faire une emboscade et les aller prendre de nuyt ou vrayement qu'ilz luy ont dict estre contens de s'en aller hors de ce pays, pourveu qu'il plaise au roy leur donner congé de vendre leurs biens et en faire leur proffict d'iceulx et, moyénant ce, ilz seront contens de s'en aller ; autrement il y aura bien à faire d'en venir au bout car il en y a encores plusieurs aux montaignes et au boys et sont des principaux. Et il en y a beaucop de ceulx qui sont maulvaise gens, disant qu'il n'y sçauroit faire autre chose.

Sur quoy, après avoyr faict retirer ledit potier, a esté mis en délibération quel expédient se porroyt prendre sur ledit affaire. Et a esté résollu que, actandu ce que le roy par la lettre susdite mect en option ceulx qui seront de la qualité de adviser de s'en aller layssant leurs biens, le milheur et plus convenable, pour en mectre le pays [f° 53v°] hors de peyne et tribullation où il est, seroit qu'il pleust au roy leur donner permission, à tous lesdits fuytifs et autres que seroient de la qualité de abjurer, de vendre et faire leur proffict de leurs biens dedans quelque temps et puys faire aller hors du pays dudit seigneur avec leurs femmes et enfans sans y retourner à poine du feu. Car autrement, pour ne perdre leurs biens,

8 Localité non identifiée.

ilz aymeront mieulx demeurer et faindre de se abjurer et convertir pour craincte de cella et de punition et le pays ne sera jamais asseuré. Et ne se porra faire la redduction des fuytifz sans faire de nouveau commotion* d'armes, que ne se peult faire sans grand désordre et despence. Et en leur donnant le congé susdit cesseront tous lesdits jugemens.

À ceste cause, a esté résollu que monsieur le premier président, lieutenant du roy en advertira ledit seigneur pour en avoyr son bon plaisir et aussi pour sçavoyr le voulloyr dudit seigneur contre les vauldoys qui s'en sont fuictz et prins les armes au temps des exécutions. Ce que ledit sieur président a offert de faire.

[F° 54] Après ladite résolution ledit sieur premier président a remonstré en ladite Chambre que il avoyt esté enjoinct aux commissaires depputéz pour faire les extraictz des informations des vauldoys de faire dilligence de ce faire et cella n'a encores esté parachevé. Et, à faulte de ce, plusieurs sont détenuz prisonniers, tant aux gallères que en ceste ville, que ne peulvent estre despéchéz et d'autres qui sont grandement coulpables demeurant sur les champs et par les villes à grand escandale comme il a entendu.

À ceste cause, après y avoyr advisé, a esté ordonné que sera enjoinct aux commissaires d'y faire toute extrême diligence de parfaire lesdits extraictz desdites charges et informations pour parfaire les procès particuliers des détenuz et autres coulpables et en faire ce qu'il appartient suyvant l'intention du roy. Et que, pour ce faire, les commissaires entreront matin et après dyner et seront tauxéz de leurs vaccations extérieures. Ce que a esté notiffié ausdits commissaires.

[F° 54v°] Aussi sur certaine requeste présentée par le procureur des pouvres pour faire visiter et eslargir les prisonniers qui sont aux gallères mallades. A esté ordonné commission au premier des conseillers requiz et au juge de Marseille et à chacun d'eulx de faire visiter lesdits prisonniers détenuz aux gallères et les faire bien traicter, comme autresfoys a esté mandé et visiter et faire visiter les mallades. Et ceulx qui seront en nécessité et malladie les faire mectre hors desdites gallères par la ville ou à l'hospital à caution telle qu'ils porront. Et que, pour ce faire, aussi sera escript au sieur de Vilhiers, lieutenant pour le roy sur la marine, de faire obéyr ausdits commissaires.

Et sur autre requeste présentée par l'ung des vauldoys de Jocquas pour avoyr rellaxation de ses biens et les fruictz de ceste année, à quoy le procureur général du roy avoit consenti à caution, luy a esté remonstré de y adviser car, actandu que le procès n'estoit encores parfaict contre ledit suppliant, si l'on luy [f° 55] bailloyt les fruictz à caution il fauldroyt faire ainsi à tous les autres et seroit grand dommaige au roy pour ce que lesdits fruictz sont esté venduz à son proffict et que ledit seigneur entend les convertir èz réparations des fortes places de ce pays, dont ledit procureur a retiré ladite requeste et a dict qu'il y adviseroit.

Du sixième de juillet mil V^{C}XLV, en la chambre du Conseil.

A esté ordonné d'escripre à monsieur Rollandi de faire venir pour donner ordre aux affaires.

La Chambre a faict venir dans icelle le seigneur de Tourtor et Gauffridi et leur a esté remonstré qu'ilz ont faict aller une femme à l'hospital pestifférée, que n'estoit pas bien faict. Ont respondu qu'elle disoit comme n'estoit pas mallade et à son rapport l'on luy feit une billète et fut visitée et l'on ne luy trouva rien et qu'on l'a faicte mectre séparée et au polalhier [poulailler] dudit hospital. Leur a esté remonstré que s'ilz ne mectent bon ordre audit affaire que la Court sera [f° 55v°] constraincte s'en aller hors ceste ville d'Aix.

Monsieur le président a remonstré qu'il estoit nécessaire pour les affaires du roy qu'il s'en allast bientost à Marseille et que, actandu le dangier que court en ceste ville de la peste, seroit bon de y adviser pour y pourveoir s'il survenoyt quelque chose davantaige pendant qu'il sera à Marseille et qu'il y a force prisonniers, que seroit bon d'y donner ordre.

A esté mis en délibération que s'il venoyt le cas que falût délouger où seroit bon se retirer à cause du dangier de peste qui court en ceste ville. A esté arresté que, pour l'ordre de la santé de ladite ville monsieur de Sainct-Marc est commis avec monsieur Somati jà depputé pour ledit affaire et leur a esté enjoinct de faire et donner audit affaire le milleur ordre que sera possible et prendre d'aultres conseillers quant besoing sera avec pouvoyr d'exécuter les ordonnances sur ce faictes nonobstant opposition, actandu le cas dont s'agist, requérant prompte punition et exemple. Et arresté que, en cas de nécessité [f° 56] ou s'il s'en falloyt aller, que la Chambre se retire à Aubaigne, plus commode pour estre près ~~et que leur seront escriptes lettres ausdits lieux~~ de ladite ville de Marseille où il convient pour le service du roy que monsieur le président, lieutenant du roy, se treuve souventes foys. Et qu'il sera faict inhibitions et défences à ladite ville d'Aubaigne et de Lauriol [Auriol] de ne recepvoyr dans icelles aulcuns extrangiers pour demeurer et que leur seroient escriptes lettres ausdits lieux d'Aulbaigne et Auriol.

Et, quant aux prisonniers, que les roolles des chargéz sera diligemment parachavé par les commissaires sur lesquelz sera pourveu par lesdits sieurs commissaires sur l'eslargissement de ceulx qui ne seront souffisament chargéz d'estre sacramentaires ou dogmatisans ou d'aultre grief* cas comme de rayson avec inhibition de jamais parler d'aulcuns propoz héréticques ny suyvre lesdites septes et que les chargéz seront envoyéz à Marseille avec les autres détenuz si ne peulvent estre jugéz.

Ont esté commis Mes F. Somati, N. Émenjaud, A. Geofroy et A. de St-Marc et faire venir les consulz et depputéz à la sancté de ceste ville pour eulx ensemblement mectre tel estat et ordre en ladite ville, tant pour le présent que aussi en [f° 56v^{o}] cas qu'il falût fouyr d'icelle pour le danger de peste, comme ilz verront estre nécessaire et expédient pour le bien et seurté de ladite ville comme si dès à présent s'en falloit aller ; et cella tenir secret. Et aussi a esté arresté de ce faire.

Pareillement a esté arresté que, en cas que s'en fallût aller, que les greffiers feront porter tous les procès et informations tant des vauldoys que autres détenuz pour crime d'hérésie et rébellion faicte à justice afin de les expédiéz là où l'ambre [la Chambre] se trouvera.

A esté ordonné que sur la requeste du procureur du roy aux fins de pourveoyr sur les garachz* des terres des vauldoys que sont délayssées sera commis à Me George Durant, conseiller du roy, et au juge de Pertuis et ung chacun d'eulx ayant commission pour autres choses, de se transporter sur les lieux afin de faire pourveoir que lesdits garachz soient labouréz et seméz le plus commodément que fère se porra au proffict et coumodité de ceulx qu'il apartient et aussi de informer et proucéder contre tous les coulpables d'hérésie sacramentaires, dogmatisans et séducteurs comme il apartiendra sellon les précédantes ordonnances de la Court.

[F^{o} 57] Du mardy VIIme de juillet mil V^{C}XLV.

Présents messieurs Mes J. Maynier, premier président, C. de Glandèves, B. de Badet, G. de Arcussia, A. de St-Marc et P. Bomparis.

Fut conclu et arresté par la Chambre que messieurs les présidens et conseillers qui se trouveront sur les lieux çà et là pour autres affaires vacqueront aussi à s'enquérir contre les luthériens et à leur faire et parfaire leurs procès jusques à sentence et arrest et à l'exécution de leurs jugemens suyvant les lettres du roy appellant avec eulx gens notables suyvant lesdites lettres.

[F° 57v° : blanc ; f° 58] Du XIIIme de juillet
MV^{C}XLV en la chambre du Conseil.

Monsieur le premier président a remonstré comme il a esté à Marseille et a faict rabiller* les troucz qui estoient aux murailles et faict défendre en général toutes assemblées à cause du temps dangereux de peste qui court par ce pays. A mys ordre entre les viguier et consulz et d'entre les sieurs de Vallaurio [*sic*] et de Rossilhon et a faict commandement aux consulz de faire provision de bledz et autres choses nécessaires pour la seurté de la ville.

A faict exécuter l'ordonnance de la Court touchant les vauldoys qui estiont [*sic*] èz gallères et les cappitaines des gallères luy ont dict que en sont beaucop mortz que ne voulloient menger ny boyre et qu'il en y a plus de IIII^{XX} mallades et les volloyt mectre par la ville ou à l'hospital et les consulz feirent résistance sur ce, disans qu'il en y avoyt beaucoup d'autres malades par la ville sans y mectre les vauldoys et aux hospitaulx aussi et qu'ilz en feroient davantaige de mallades. Et sur ce a faict venir les cappitaines des gallères et leur a remonstré qu'il volloyt que chacun feit mectre les siens en une mayson en ville et là les faire garder et norrir le mieulx qu'il seroyt possible, ce qu'il a ordonné estre faict.

Et a layssé [f° 58v°] monsieur d'Esparron et le juge dudit Marseille pour y pourveoir et a commandé aux cappitaines de les bien norrir et entretenir, sans les faire voulguer [voguer] ny batre et a faict roole de tous lesdits prisonniers qu'il a présenté et baillé aux commissaires disant estre nécessaire de faire diligence de faire les extraictz pour en ordonner ce qu'il apartient comme autres foys il a remonstré souvent et a remonstré aux commissaires de sortir promptement tous les extraictz des informations pour veoir ceulx qui seront chargéz et ceulx-là garder et les autres envoyer. Et sur ce a esté enjoinct ausdits commissaires de y vacquer promptement à ce que les prisonniers ne soient tant détenuz suyvant les remonstrances que ledit sieur président en a faict.

A esté mys en délibération si le bailif de Manoasque doibt entrer, actandu qu'il vient de Manoasque suspeçonné [*sic*] de peste et lequel bailif est à la porte de ceste ville d'Aix, qui faict résistence de volloyr entrer. A esté résollu que, pour ce qu'il vient présentement dudit Manoasque, où se meurent de peste, qu'il n'entrera jà ny icy à Aix ne à Marseille et qu'il se peult retirer pour quelque temps en quelque mayson aux champs puysqu'il en a beaucop et là on luy fera fera [*sic*] tous les ~~possibles~~ plaisirs que sera possible.

[F^{o} 59] A esté mys en délibération que et ce qu'on fera des debtes que sont demandés sur les biens des vauldoys jà confisqués et acquiz au roy. A esté résollu et arresté que ceulx qui demanderont aulcun debte de blé presté pour semer ceste année contre les vauldoys seront payéz sur les fruictz venduz au proffict du roy. Et quant aux autres qui auront presté ou blé ou argent pour autres choses que pour semer ceste année dont aparoistra légitimement contre les biens que ne sont encores consfisquéz ny acquiz au roy, les demanderont ainsi et là où il apartient sellon l'ordre de droict.

Et quant aux autres biens acquiz et confisquéz au roy, ilz poursuyvront en ladite Court le debte contre le roy ainsi que de rayson.

Et, pour vériffier les qualitéz susdites sont commis Mes N. Émenjaud, J. de Beaumont, A. Geoffroy, A. de Léone et L. Puget et à deux d'eulx pour ouÿr les parties à la barre et recepvoyr les vériffications et en faire leur raport à la Chambre pour y pourveoyr comme de raison.

Aussi a esté ordonné que les procès et procédeures faictes et envoyées par le sieur de Peynier seront mys entre les mains des commissaires qui ont charge des roolles [f° 59v^{o}] avec les roolles des gallères pour y pourveoyr comme de rayson.

Et sera envoyé ung homme à Sapt [Apt] et à Pertuis pour quérir les procès et informations faictes contre les vauldoys. Et, pour ce faire, seront escriptes lettres missives au juge de Pertuis et au procureur du roy dudit Apt.

Aussi sera enjoinct au procureur général du roy de faire les poursuytes des lutériens ensemble contre les voulleurs et pilleurs de leurs biens et faire exécuter les commissions sur ce octroyées tant par le vice-roy en ce pays que la Court, afin d'en faire les justices requises et nécessaires ; aussi d'avoyr les exploictz des ordonnances faictes contre ceulx qui ont mis les vauldoys èz gallères d'apporter les exploictz.

Monsieur de Baggaris a remonstré en la Chambre ce qu'il a faict despuis son despartement touchant la charge et commission à luy baillée contre les vauldoys et luthériens et que les procès qu'il a faict contre lesdits lutériens constituéz prisonniers sont parfaictz et prestz à raporter, et les autres faicts contre les fuytifs en y a les ungz de faictz et parfaictz et les autres qui ne sont encores parfaictz. Sur quoy luy a esté enjoinct de pourter au premier jour les procès prestz à raporter pour les juger. Et quant aux autres, qu'il y pourra retourner avec ung autre de messieurs pour les despécher et parfaire.

[F° 60] Pareillement a esté résollu que les requestes des vauldoys qui demanderont eslargissement seront envoyées aux commissaires ayans charge des roolles pour vériffier lesdits roolles avec lesdites requestes et, le tout veu et entendu leur raport, y estre pourveu comme de rayson.

[F° 60v° : blanc ; f° 61]

Du XIIII de juillet MV^C^XLV,
en la chambre du Conseil.

Résolu, actandu que la cognoyssance des communes apartient à la Court, a esté retenue la cognoyssance de l'estatut de querelle de la commune de Thollon et à ceste cause a esté commis au premier conseiller trouvé sur le lieu sur ce requiz.

Du XV dudit juillet en ladite chambre.

Quant au faict de la peste a esté mis en délibération et résolu que, quant il sera question de faire entrer quelqu'un suspect de peste, eslargir les enferméz ou donner entrée à ceulx qui auront esté mys dehors la ville par suspection, cella ne se porra faire sans l'ung des conseillers de la Court à ce commis et député, deux des consulz et les quatre subrestans*.

Et quant sera question d'en gecter dehors la ville quelqu'un suspect ou enfermer quelque mayson ou ne laysser entrer les suspectz, lesdits consuls ou subrestans ou l'ung d'eulx le porra faire tout seul.

[F° 61v° : blanc ; f° 62]

Du XV de juillet MV^CXLV.

A esté résolu, pour faire la deslivrance de ceulx qui sont détenuz tant aux prisons que aux gallères, qu'il faut adviser aux qualités qui s'ensuyvent :

- Premièrement veoyr ceulx qui sont des lieux diffaméz, si sont chargéz généralement ou spécialement soit de crime d'hérésie ou de rébellion.
- Segondement s'ilz sont de ceux que le cappitaine Saignon mena la première foys que se rendirent aux commissaires le XVI de may mil V^CXLV comme estans de la bande du potier qui s'estoyent mys en armes pour s'en aller hors du pays ou à l'autre roolle que ledit potier mena avec le cappitaine Saignon le XX de may dudit an qui se sont tous renduz comme estans de la troupe de ceulx qui avoyent pris les armes [f° 62v°] ou si sont de ceulx qui furent amenéz par Fauchayre de la ville d'Apt, sur quoy fault examiner Fauchaire comme il les amena et d'où.
- Ou si sont de ceulx qui sont esté menéz par le baron de la Garde du commencement renduz.
- Ou d'autres nomméz au roole cotté par D. Aussi fault adviser si seront de ceulx qui feirent la rébellion contre Me Pierre Johannis nomméz aux informations que monsieur de Beaumont les a.

[En marge :] Coté par A.

Lesdits quatre rooles ont esté baillés ausdits commissaires.

[F° 63] Ont esté commis les commissaires députéz sur le faict des vauldoys et ung chacun d'eulx pour informer contre tous ceulx qui ont faict aulcunes extorcions, rançonnemens et exactions pour l'expéditions [*sic*] qui se font à la Court sur le faict des vauldoys contre l'ordonnance de la Court par laquelle a esté dict que tous les affaires seroient expédiéz gratis quant ausdits vauldoys et que les commissaires pour le plus secret escripront l'information de leur main.

Aussi est résolu estre espédiées aux commissaires qui besoignent au faict des extraictz des vauldoys XXX livres tournois par homme, XV cependant.

[F° 63v° : blanc ; f° 64]

Du XVI de juillet $MV^{C}XLV$,
en la chambre du Conseil.

A esté mys en délibération et résollu d'escripre une lettre au Luc, au chapitre des carmes qui s'en va tenir audit Luc, de pourveoyr de bons et bien forméz provinciaulx, prieurs et autres officiers autrement qu'on y pourvoyra comme de rayson.

A esté résolu que ung nommé Oron détenu sera transduict. A esté résolu que monsieurs [*sic*] de Badet et de Arcussia retireront tous les sacz des chargéz d'hérésie à Marseille pour en faire l'extraict.

Du XVII de juillet.

Arresté que tous messieurs les conseillers qui auront procès des luthériens, après avoyr ouÿ les délatz, s'ils nyent, luy faire venir les tesmoingz, les récoller et confronter et parfaire leur procès et puys les raporter en la Chambre ou à la Court.

[F° 64v°] A esté résollu et arresté que, quant aux prisonnyers vauldoys détenuz aux gallères, deux conseller [*sic*] de la Court, qui à ce seront commis, se transporteront audit Marseille et l'ung d'eulx les pourra ouÿr et examiner. Et, quant aux récollementz et confrontations, l'ung desdits consellers avec l'ung des officiers royaulx dudit Marseille. Et, quant au jugement desdits procès, lesdits deux conseillers avec l'assistance d'autres officiers requiz par l'ordonnance.

[F° 65] Du XVIIme juillet $MV^{C}XLV$,
en la chambre du Conseil.

Sur certaine requeste présentée à la Chambre ordonnée en temps de vacations par aulcuns prisonniers détenuz pour cas de crime d'hérésie et rébellion faicte à justice requérans estre eslargiz, ladite Chambre, pour la plus facile et commode expédition d'iceulx et obvier aux inconvéniens des grandes malladies et dangier aussi de peste que sont par ce pays en plusieurs endroictz et évicter la despence et travail que seroit mener lesdits prisonniers des gallères icy à Aix et les retourner et à ce que iceulx détenus èz gallères et les autres aussi détenuz en ceste ville d'Aix soient plus promptement expédiéz, considéré la provision faicte de mectre en terre èz maysons particulières les mallades détenuz èsdites gallères pour les faire bien norrir et guérir,

A esté résolu et arresté que, suyvant les précédantes conclusions sur ce faictes, quant à ceulx qui ne sont spécialement et nommément chargéz et accuséz sera procédé à l'ampliation* des prisons aux qualitéz de la précédante ordonnance. Et quant à ceux qui seront chargéz et accuséz nommément et spécialement et détenuz èsdites gallères seront envoyéz deux conseillers à Marseille pour faire et parfaire à chacun d'eux leur procès avec ung [f° 65v°] officier jusques à sentence et après le juger ensemblement avec le nombre d'officiers et gens sçavans contenu aux lettres de commission sur ce par le roy expédiées comme a esté faict aux autres lieux.

Et quant aux détenuz en ceste ville d'Aix sera faict et parfaict leur procès par ung ou deux des consellers respectivement comme il apartient, pour estre après raportéz en ladite Chambre et y estre ordonné ce que de rayson. Et, à ces fins et pour en abréger les expéditions, est enjoinct aux commissaires députéz à faire les extraictz généraulx des informations et rooles des chargéz généralement et spécialement, de y procéder en la plus grand diligence que faire se pourra suyvant les procédures ordinaires.

[F° 66] Du XVIII juillet MV^C^XLV.

Sur les charges et informations présentées de la partie du procureur général du roy contre Me Pierre Johannis, la Chambre ordonnée en temps de vacations n'empesche que ledit procureur général ne face plus amplement informer contre ledit Johannis tant que bon luy semblera et lors l'on luy pourvoyera comme de rayson et cependant n'entend poinct tenir ledit Johannis *in numero reatuum* [au nombre des accusés].

Me G. de Arcussia a esté commis pour vacquer au faict des extraictz des charges et informations contre les vauldoys et luy a esté enjoinct d'y vacquer d'icy en la diligence.

[F° 66v° : blanc ; f° 67]

Du lundy XXme juillet.

Furent décernées commissions à monsieur Duranti et au juge de Pertuys pour faire les procès sur les lieux à Apt contre certains chargéz d'estre luthériens et pour informer et suyvant l'ordonnance de la Chambre faicte sur pié des requestes du procureur général dont les originaulx furent envoyéz à monsieur le conséler Duranti par Fanchayre. Et fut escript à monsieur Durant de faire observer et exéquuter entièrement l'arrest donné sur la nourriture des femmes et enfans des luthériens et constraindre à ce les séquestres des fruictz saisiz pour cest effet.

Fut aussi délibéré et conclu par la Chambre de faire bailler cinquante livres tournois audit seigneur de Peynier monsieur Duranti et quarante livres tournois au juge de Pertuys estant avec luy sur les confiscations et furent envoyées lettres à ces fins au receveur dudit Apt. [f° 67v°] Fut aussi subrogué monsieur d'Esguille au lieu de monsieur de Vins pour aller à Digne avec monsieur de Saincte-Marguerite.

Du mardy XXIme dudit moys.

Monsieur le président a porté le roole des prisonnyers détenuz en la Conciergerye et, ayant trouvé qu'il y en a encores quelcuns qui n'ont esté ouÿz, a desparty et donné commission à chacun de messieurs pour les ouÿr et interroguer promptement affin de les despécher et leur a enjoinct d'y vacquer, tous autres affères laisséz, attendu la misère en laquelle ilz sont et le danger de malladie.

Pareillement a enjoinct à Bonaud, clerc du greffe, de regarder en ceulx qui sont ouÿz ce qu'il y reste à faire et que seront en estat de rapporter pour le tout faire distribuer [f° 68] et aussi bailler à chacun de messieurs, qui ont esté commis pour interroguer lesdits prisonnyers, les charges et informations si poinct en y a sur lesquelles les fault interroguer.

Fut commis à monsieur Somati de assister aux récolemens et confrontations des témoingz que monsieur de Sainct-Marc a à faire et audit de St Marc aussi de assister à toutes les confrontations que aura à faire ledit monsieur Somati.

Fut commandé par monsieur le premier président à Laudener de faire commandement à Joachim Maignan, huyssier, de mectre par devers la

Court ou messieurs les gens du roy les exploictz des commandemens faictz à ceulx qui ont constitué prisonnyers aucuns des luthériens estans tant ès prisons de ceste ville que aux gallères à peine de tenir prison.

[F° 68v°] Du XXIIIme juillet MV^C XLV.

Sur une remonstrance faicte par monsieur le premier président disant avoir solicité le procureur général du roy de faire promptement exéquuter plusieurs commissions et ordonnances que luy ont esté baillées de par la Court concernans les affères du roy, à quoy ledit procureur général s'est excusé que les huyssiers et sergens diffèrent lesdites exéquutions et encores après les avoir exéquutées ils retiennent et gardent leurs exploictz rières eulx troys sepmaines et quelques foys ung moys soubz coleur de eulx faire taxer de leurs vacations.

A esté conclu et arresté par la Chambre que sera faict commandement à tous les huyssiers et sergens que briefvement quant leur seront baillées aucunes commissions par ledit procureur général de les aller exéquuter promptement après avoir obtenu congé de la Court et [f° 69] remectre après incontinent leurs exploictz par devers ledit procureur général en prenant récépissé de luy avec désignation des journées qu'ilz y auront vacqué pour sur icelluy après obtenir taxation sans les retenir ou garder rières eulx sur peine de suspension de leurs offices pour la première foys et, pour la segonde, de privation de leurs dits offices et autre arbitraire[9].

Et fut ladite ordonnance signifiée par monsieur le premier président dans le Conseil à l'huyssier Boze, appellé à ces fins dans la chambre, et luy fut enjoinct de le faire entendre et signifier à ses compaignons.

Dudit jour.

La Chambre a envoyé appeller le geôlier Acurse Neguet, lequel, sur ce interrogué, a dict qu'il y a plusieurs prisonnyers malades des fiebvres, [f° 69v°] de flux de ventre[10] et de mal chault[11]. Luy a esté enjoinct de les mectre par roole et après bailler ledit rôle aux commissaires pour

9 Peine arbitraire : à la discrétion des juges, opposée à peine légale.

10 Flux de ventre : diarrhée.

11 Mal chaud : fièvre chaude, hyperthermie.

veoir s'ilz sont fort chargéz. Et fut résolu de les mectre à l'hospital de Sainct-Sperit ou en quelque maison de la ville après avoir ouÿ le rapport desdits commissaires en faisant les submissions etc.

[F° 70] Du XXVIIme dudit moys de juillet MV^{C}XLV.

Présents messieurs Mes C. de Glandèves, F. Somati, N. Émenjaud, F. Rascaz, G. de Arcussia, A. Geauffroy, P. Bomparis et A. de Sainct-Marc, conselers.

Sur les lettres patentes du roy présentées à la Chambre par Robert Belle, huyssier en la Court de parlement de Daulphiné pour avoir le procès-verbal faict à l'exécution de Mérindol, fut délibéré de faire la responce que s'ensuyt.

Veues par la Chambre ordonnée au temps des vacations du parlement de Prouvence, les lettres patentes du roy à elle présentées par Robert Belle, huyssier en la Court de parlement de Daulphiné, données à Falaize le XIXme jour de juing dernier passé, signées par le roy, conte de Prouvence, en son Conseil, de l'Aubespine, obtenues de la partie de damoyselle Mérite de Trivulcis, mère et tutrice de Jehan Loys Nicolas de Boulliers, seigneur de Cental et de la Tour-d'Aiguez, Sainct-Martin, La Mothe, Puypin et Cabryères et des sindicz des manans [f° 70v°] et habitans desdits lieux joinctz avec elle, par lesquelles est mandé aux président et conseillers, qui ont exéquuté l'arrest donné contre les vauldoys et héréticques du lieu de Mérindol, de bailler le procès-verbal par eulx faict à ladite exécution en tant que touche ce que a esté faict contre lesdits habitans des lieux dessusdits nomméz et, par ung mesme moyen, informer le roy des causes et raisons qui les ont menéz de les comprendre en la dessus dite exécution,

Ladite Chambre a faict responce que monsieur Me Françoys de la Font, segond président en ladite Court et Mes Honoré de Tributiis, à présent absens de ceste ville d'Aix, et Bernard de Badet, conseillers du roy en icelle, sont ceux-là qui ont été commis et ont vacqué à ladite exéquution d'arrest, ausquels ledit huyssier se pourra retirer si bon luy semble comme ceulx à qui lesdites lettres sont adressantes.

[f° 71] Du troysième jour d'aoust mil V^{C}XLV.

En voyant le roole des prisonnyers,

- Quant à Estienne Augier de Viens, fut ordonné qu'il sera enjoinct au procureur général de fournir les pièces et prendre ses conlusions.
- Poncet Cabrun de Mus *ad idem* [de même].
- Raymond Sambuc de Rossillon sera mys à l'hospital actendu sa maladie.
- Frère Jacques Lure ; les gens du roy prendont ses conclusions.
- Claudon Aubete de Gramboys ; les gens du roy conclurront etc. *ut supra* [comme ci-dessus].
- Comin Aguitton *ad idem ut supra.*
- Jehan Teillier de Vellaux *ut supra.*
- Antoine dau Cenet des Baulmètes sera mené à l'hospital actendu sa maladie.
- Quant à ceulx de Tavernes les sacz seront portéz à monsieur Puget.
- [F° 71v°] Pierre Rostaing, baille de Cabrières, sera signifié aux gens du roy de prendre ses conclusions.

Dudit jour fut signifié à mon dit seigneur le procureur général.

Dudit jour fut faicte l'escroue* [levée d'écrou] desdits Raymond Sambuc et Anthoine de Senet au concierge pour les faire mectre à l'hospital suyvant l'ordonnance de la Court, lesquels Sambuc et de Senet ont promis eulx représenter *totiens quotiens* [autant de fois que] etc. En présence de monsieur de Sellans et Antoine Mottet de Thollon, tesmoingz.

[F° 72] Du Mardy quatriesme dudit moys d'aoust MV^{C}XLV.

Présents messieurs le premier président Maynier, Salla, de Glandèves, Émenjaud, Rascaz, de Badet, de Arcussia, Geauffroy, de Beaumont, Bomparis, de St Marc et Puget.

Monsieur le procureur général remonstra que les maistres rationaulx de la Chambre des comptes prennent cognoissance des oppositions qui sont formées contre les confiscations et exéquutions des arrestz de la Court donnéz contre les vauldoys, ce que doibt apartenir à la Court.

De l'affaire mys en délibération fut conclu et arresté de le faire remonstrer par ledit procureur général du roy ausdits gens des Comptes à ce qu'ilz ne se meslent plus de cognoistre desdites oppositions dont la cognoissance apartient à la Court.

[F° 72v°] Du mercredy cinq^{me} jour dudit moys d'aoust MV^{C}XLV.

Présents messieurs le premier président Maynier, Salla, de Glandèves, Rascaz, de Badet, Bomparis, de St Marc et Puget.

Monsieur le premier président a remonstré que dernièrement monsieur Duranti a envoyé dix prisonnyers de Lurmarin et luy escript qu'ilz sont chargéz par les informations faictes par ledit sieur Durant et par le juge de Pertuys. Et il a faict extraire au geôlier la qualité de leur emprisonnement et en a leu le roole. Et, mys en délibération de ce qu'on en doibt faire, ouÿ le procureur général du roy là présent et à sa requeste,

Fut conclu et arresté d'envoyer le roole desdits prisonnyers par devers les commissaires députéz à faire l'extraict des informations et procès pour regarder ce dont ilz sont chargéz et après les faire interroguer. Et qu'il soyt mandé audit monsieur Durant de sursoyer doresnavant à plus prendre aucuns prisonnyers actendu que la Court en est [f° 73] beaucop chargée et jusques à ce que ceulx qui sont prisonnyers soyent despeschéz. Et que cependant, si ledit sieur Durant a aucunes charges et informations contre eulx, qu'il les envoye à la Court ou à la Chambre pour y ordonner ce que de raison.

Dudit jour incontinent fut porté ledit roole à la Chambre aux commissaires.

Mon dit sieur le président a communicqué une lettre de mon dit sieur le conseiller Duranti par laquelle l'advertit que les femmes qu'on nourrist secrètement distribuent les vivres à leurs mariz.

Tantost après messieurs les commissaires renvoyèrent le roole desdits prisonnyers en ladite Chambre.

[F° 73v°] Du sabmedy VIIIme jour
dudit moys d'aoust MV^{C}XLV.

Présents messieurs le premier président Maynier, G. Salla, de Glandèves, F. Rascaz, de Badet, de Beaumont, Bomparis, de St Marc et Puget.

Fut proposé par monsieur le premier président comment il est adverty que les luthériens sont après à eulx réassembler et que ung Jean Tour et Lescrivan et Roland de Ménerbes sont naguyères venuz delà les mons et ont mené vingt-cinq ou trente souldatz tant de ce pays que autres et actendent quelques gens en secours de Luserne et de la Valcigny[12] et de Genève et ont batu jusques à la mort ung presbtre de Mus qui estoyt allé déposer à Apt par devant le juge de Pertuys. Et hier soir l'un desdits souldatz, que l'on dit estre de Digne et qui autresfoys a esté condemné à estre brûlé en figure*, arriva en ceste ville et luy fut mené par le viguier d'Apt qui le cogneut et le saisit et il l'interrogea et le cogneut [f° 74] tout estonné et transporté que ne sçavoyt que respondre. Au moyen de quoy il le feit mener prisonnyer ès prisons de céans et luy a l'on trouvé ung bulletin* pour vingt-cinq compaignons de guerre. Fut arresté et conclu que ledit prisonnyer sera interrogué par monsieur de Arcussia, auquel fut baillé ledit bulletin.

Fut aussi arresté que le juge de Pertuys qui est à Apt fera et parfera les procès contre ceulx qui sont prisonnyers audit Apt jusques à sentence et arrest exclusivement, en prenant pour adjoinct le juge ordinaire dudit Apt et le procès faict et parfaict sera envoyé icy.

Et sera donné congé au viguier dudit Apt pour s'en aller prendre garde des affères. Fut conclu et arresté que le baille de Mérindol sera derechef interrogué par monsieur de Beaumont.

[F° 74v°] Fut conclu que Lure sera mené aux prisons de l'évesché actendu le renvoy. Et semblablement frère Blanqui sera aussi mené. Semblablement Me Françoys Pellissier presbtre sera mené pour luy estre là faict son procès par ung conseiller avec l'assistance de l'official. Et frère Achard aussi.

12 Signy-Avenex, Suisse, canton de Vaud.

[F° 75] Du vendredy XIIIIme jour
dudit moys d'aoust MVCXLV.

Présents messieurs Mes J. Maynier, premier président, G. Salla, F. Rascaz, B. de Badet, A. de Foresta, C. Panisses, P. Bomparis, A. de St Marc et L. Puget, consélers.

Furent commis par la Chambre messieurs Mes B. de Badet et G. de Arcussia, consélers, pour aller à Marseille faire et parfaire les procès contre les luthériens estans audit Marseille tant aux gallères que par la ville et juger lesdits procès, appellé conseil suyvant la forme et teneur des lettres patentes du roy et la délibération dernièrement faicte par ladicte Chambre et qu'il leur seront baillées cinquante livres tournois à chacun d'eulx.

Fut faict rapport par messieurs de Arcussia et de Beaumont de ce que auroyt confessé le baille de Mérindol et de ceulx qu'il a chargé et, le tout mys en délibération, fut conclu que ceulx qui ont esté chargéz par ledit baille de Mérindol seront prins au corps et au demeurant les pièces seront portées au procureur général du roy pour prendre ses conclusions. Et sera admené prisonnyer Raynaud Vyan et Jehan Sallenq détenuz à Apt et menéz en ceste ville actendu qu'ilz sont chargéz par ledit baille.

[f° 75v°] Du jeudy XXme
dudit moys d'aoust MVCXLV.

Monsieur le premier président remonstra à la Chambre qu'il avoyt esté adverty que au lieu de Callas avoyt esté faict naguyères quelque homicide contre ung officier du roy et que neantmoings ne s'en faisoyt aucune poursuyte.

Sur quoy ladite Chambre envoya appeller monsieur le procureur général du roy. Et, interrogué que c'est et quelle poursuyte en a l'on faict, a dict que à la vérité personne ne s'en est jamais plainct à luy ny n'en a rien sceu et que, à ceste cause, il n'en a faict aucune poursuyte. Est vray que dernièrement le lieutenant du sénéchal à Draguignan luy en tint quelque propos et luy dict que la matière dudit homicide estoyt pendante par devant luy et qu'il estoyt après à en faire le devoir de justice et pour ce il n'en a poinct faict de poursuyte par devant la Court.

Luy a esté ordonné par ladite Chambre [f° 76] d'en faire les poursuytes en temps et lieu ainsi qu'il s'appartient pour le devoir de son office.

Du XXIme dudit moys d'aoust.

La Chambre ordonnée au temps des vacations en despéchant les requestes, pour ce qu'elle trouva plusieurs responces impertinentes* du procureur général du roy tant sur des requestes des vauldoys et luthériens poursuyvans l'eslargissement de leurs personnes que d'autres parties, envoya appeler dans le Conseil ledit procureur général, auquel fut remonstré par monsieur le président, par délibération de ladite Chambre, que, voyant icelle Chambre plusieurs requestes inciviles et impertinentes que journellement sont présentées tant de la partie desdits vauldoys et luthériens poursuyvans l'eslargissement de leurs personnes et relaxation de leurs biens que aussi de plusieurs autres parties, elle [a] souventes foys ordonné que lesdites requestes seront monstrées audit procureur général aux fins de conclure à l'amende pour l'intérest du roy, reigler [f° 76v°] les parties et les mectre en chemin et leur remonstrer leurs faultes et prendre conclusions pertinentes sur les procès et pièces. Et toutesfoys il respond sur lesdites requestes et à tout propoz par « n'empeschons l'entérinement » et mesmement sur une requeste ce jourd'huy présentée de la partie des jacopins* de ceste ville d'Aix pour avoir permission et licence de faire ouvrir une porte qui est au-devant du monastère de Sainct-Barthélemy qui fut serrée par arrest de la Court en refformant ledit monastère, il y a respondu par « n'empeschons », qu'est directement contravenir à l'arrest de ladite refformation. À quoy la Chambre n'a voullu toucher aussi ne le peult en faire. Et, à ceste cause, qu'il y regarde doresenavant plus soigneusement et qu'il voye bien les pièces et preigne conclusions pertinentes suyvant ce que luy a esté par cy-devant enjoinct et ordonné par ladite Court. Ce qu'il a dit qu'il fera doresenavant.

Semblablement luy fut déclairé l'intencion de ladite Chambre quant à ceulx à qui l'on [f° 77] amplye l'arrest et leur baille l'administration de leurs biens que c'est doresenavant et pour l'advenir et que ladite Chambre n'entend en ce comprendre les fruictz venduz au prouffit du roy, à ce que par cy après quant la Chambre luy fera signifier et monstrer les requestes il conclue pertinemment et sellon ladite délibération.

Du XXVIme dudit moys d'aoust.

Monsieur le premier président remonstra que les prisons sont puantes et les retraitz* tous rempliz à cause de la multitude des prisonnyers dont y en a plusieurs mallades et ne tient que aux commissaires qu'ilz ne soyent despéchéz, a requis lesdits commissaires de eulx en aprester et diligenter à l'expulsion autrement il s'en descharge.

Furent commis messsieurs de Barras et de Beaumont pour aller visiter lesdits prisonnyers et pourveoir à ce qui leur sera nécessaire.

[F° 77v°] Du lundy septième jour de septembre MV^C^XLV.

Furent présentées à la Chambre les lettres patentes de grâce et pardon octroyées par le roy aux vauldoys.

Monsieur le premier président a communiqué aussi à ladite Chambre certain article d'une lettre missive du roy à luy adressante par laquelle luy escript qu'il permecte à ceulx qui seront obstinéz et ne vouldront abjurer de vendre la tierce partie de leurs biens pour conduyre leur mesnage et vuyder le pays.

Du IXme jour dudit moys de septembre.

Fut conclu et arresté, pour satisfaire au mandement du roy, que les commissaires estans à Marseille procéderont à interroguer les prisonnyers estans aux gallères de la qualité de joyr de la grâce et leur signifier le contenu desdites lettres de grâce pour veoir s'ilz en vouldront joyr et les interroguer suyvant aussi les mémoyres de monsieur le segond président et rapporteront après [f° 78] le tout à la Court. Et pareillement chacun de messieurs qui sont de présent en ceste ville furent commis pour interroguer ceulx qui sont en ceste ville diligemment comme dessus dit.

Du vendredy XVIIIme jour
dudit moys de septembre MVCXLV.

Présents messieurs Mes J. Maynier, président, G. Durant, N. Émenjaud, A. Geauffroy, J. de Beaumont, A. Foresta, A. de Léone, C. Panisses et P. Bomparis, consélers.

[En marge :] Grâce.

Fut résolu que quant aux vauldoys qui n'ont esté jugéz et condemnéz et qui n'auront autresfoys abjuré et ne seront relapz* ou qui ne seront chargéz d'avoir dogmatisé ne aussi d'autres crimes et délictz hors la religion et, après les avoir interroguéz sur les informations et de leurs complices et adhérans et aussi des assemblées, intelligences et entreprinses par eulx faictes et des causes qui les auroyent menéz de ce faire et faict entendre le contenu des lettres de grâce et que pour en joyr il fault qu'ilz confessent la vérité, si leurs [fo 78vo] confessions sont convenables à l'acusation et charge, seront receuz à abjuration sellon la forme desdites lettres et relaxéz simplement sans faire mention de leurs biens.

Et quant aux autres, qui ne sont vauldoys ou aussi lesdits vauldoys et autres qui auront dogmatisé ou qui ne confesseront la vérité ou qui auront autresfoys abjuré et seront relapz ou acuséz d'autres crimes, leur sera faict leur procès extraordinaire. Et les condemnéz demeureront en cest estat jusques à ce que, la Court assemblée avec monsieur le segond président ou avoir entendu plus amplement le voulloir du roy sur les difficultéz à luy envoyées par le procureur général, autrement en soyt ordonné.

Au surplus fut arresté et conclu que ceulx qui seront receuz à abjuration par la vertu desdites lettres de grâce seront condemnéz en quelques amendes qui seront arbitrères, sellon la qualité des personnes, faculté de leurs biens et qualité de leur charge, pour estre employées à la réparation et réédification des oratoyres et croix qui d'ancienneté estoyent sur les [fo 79] chemins de ce pays, et qui puys naguyères ont esté abatuz et démoliz comme l'on dict par lesdits vauldoys et héréticques, ou en autres œuvres pies.

Et, pour en faire le département* et distribution nécessaire et pourveoir à ladite réédification, sera mandé aux évesques et à leurs vicaires de faire faire la visitation, chacun en son diocèse, desdites croix et oratoyres démoliz et abatuz et en envoyer le roole particulièrement et par le menu dans huict jours à peine de l'amender* arbitrairement et que, en leur deffault, l'on les envoyera visiter à leurs despens.

Fut escripte une lettre missive à messieurs de Badet et de Arcussia, consélers estans à Marseille, contenant la résolution que dessus pour procéder contre ceulx qui sont prisonnyers audit Marseille suyvant icelle résolution.

[F° 79v°] Du XXIIII dudit moys de septembre.

Sur la remonstrance de monsieur le premier président, fut résolu que le greffier fera roole des commissaires qu'ont esté despéchés pour faire vendre les fruictz des biens des luthériens et sera faict commandement ausdits commissaires de mener les rooles et exploicts par devers le greffe pour faire rendre compte et reliqua et le tout mys à la Chambre des comptes. Et a esté enjoinct au procureur général présent de faire les poursuytes et diligences.

Du XXVIIIe dudit moys de septembre.

Fut commis monsieur Me Antoine Geauffroy pour faire vendre le bestail saysi par le visconte de Vallerne et mené en ceste ville à la requeste de Sauvecane, appellé à ce l'archivaire* Borrilli.

[F° 80] Du vendredy XVIme jour d'octobre MV^CXLV.

Présents messieurs Mes J. Maynier, premier président, F. Somati, H. de Tributiis, N. Émenjaud, F. Rascaz, A. Geauffroy et J. de Beaumont, en la Grand-Chambre.

Après qu'il fut rapporté par messieurs Mes N. Émenjaud et J. de Beaumont, commissaires députéz à visiter les prisonnyers, fut faict rapport comment il y a de prisonnyers malades qui ont faulte de bon traictement tant à faulte du geôlier que de médecins et appothicaires. Et se plaignent lesdits prisonnyers de ce que le geôlier les a serréz aux crottons et ne leur veult donner l'air une foys le jour, au moyen de quoy ilz tumbent en plusieurs maladies et ont de maulvais pain. Et quant ilz en ont davantaige et le veullent changer pour du vin on leur baille du vin pourry.

Fut mys en délibération d'y pourveoir et aussi qu'est-ce que l'on doibt faire desdits prisonnyers vauldoys et des lettres de rémission à eulx octroyées par le roy, actendu que monsieur le segond président demeure si longuement.

[F° 80v°] Monsieur le premier président a remonstré qu'il a esté déjà résollu de interroguer lesdits vauldoys suyvant les lettres envoyées par mon dit sieur le segond président et ceulx que se vouldroyent ayder de la grâce leur faire et parfaire leur procès en actendant ledit sieur président. Et, à ces fins, auroyent esté bailléz commissaires et les auroyt par plusieurs foys sollicitéz et exortéz de les despécher.

A esté conclu et arresté de enjoindre au geôlier de faire son devoir. Et quant aux prisonnyers vauldoys qui sont mallades, qu'il en advertira mesdits sieurs Émenjaud et de Beaumont, commissaires ausquels est commis de les faire visiter et, s'ilz les treuvent estre de la qualité, de les faire commuer à l'hospital ou ailleurs ainsi qu'ilz adviseront.

La Court a enjoinct au consierge de garder ce qui a esté ordonné touchant les prisonnyers et de les mectre de jour par la basse court et advertir messieurs les commissaires quant seront malades, et de les traicter bien et fournir [f° 81] de bon pain et de paille fresche et donner du vin, au lieu du pain qui demeure, et autres choses nécessaires sellon les ordonnances, à peine d'en respondre et s'en prendre à luy.

Après avoir esté faicte lecture en plain bureau des lettres patentes du roy, dernièrement octroyées ausdits vauldoys pour estre receuz à abjuration, données à Arques le XVIIIe d'aoust dernier passé,

Fut arresté et conclu d'envoyer publier lesdites lettres par tous les lieux et villages suspectz, qui seront extraictz des confessions de Jehan Serre et de Garbilhe et ce par ung des huyssiers qui envoyera signifier à cry public ung jour devant par tous les lieux le jour et heure qu'il fera ladite publication, à ce que chacun des habitans desdits lieux se y treuve, avec commination* que, en leur deffault, seront tenues pour deuement signifiées. Et là, au jour qu'il leur assignera, il fera ladite publication et en lairra* ung double affigé* [f° 81v°] à la porte de l'église ou en la place publicque avec la crye* et exploict qu'il en fera, leur donnant assignation pour venir en faire leur abjuration à deux moys après ladite publication.

Et qu'il sera mandé au lieutenant de Digne et au lieutenant de Forcalquier d'en faire faire semblable publication par les lieux suspectz de leur ressort. Et quant aux autres lieux et ressortz l'on actendra la venue de monsieur le segond président pour entendre de luy le voulloir du roy sur les difficultéz myses en advant par le procureur du roy ou qu'il en aura esté autrement envoyé par le roy ou son Conseil. Et à ceulx qui seront receuz à abjuration, leur sera baillé doresenavant l'administration de leurs biens en faisant les submissions devers le greffe.

Et cependant, quant à ceulx qui sont ès prisons et aux gallères, messieurs les commissaires députéz à les interroguer et faire leurs procès feront leurs diligences de mectre les procès en estat de juger. Et ceulx qui seront de la qualité d'en pouvoir joyr et en vouldront joyr, en faisant sellon le contenu des lettres et confessant leurs complices et autres qualitéz par cy-devant advisées, seront mys en liberté et [f° 82] receuz à abjuration. Et ceulx qui ne vouldront joyr leur sera parfaict leur procès et, s'ilz sont trouvéz innocens, seront eslargiz et procédé contre les autres qui seront trouvéz chargéz ainsi que de raison et suyvant le mandement du roy. Et que les procès desdits vauldoys seront jugéz, tous autres affères laisséz.

Et sera enjoinct au procureur général du roy de faire les poursuytes nécessaires pour l'instruction et confection desdits procès, ministrant* tesmoings et faisant les autres poursuytes, à peine de s'en descharger sur luy. Et que lundy prochain l'on fera publyer lesdites lettres de grâce en plain jugement à l'audience à ce que chacun en ayt notice et cognoissance. Et que chacun de messieurs les commissaires à qui ont esté bailléz prisonnyers par roole pour les interroguer feront les diligences à parfaire leurs procès, ce que monsieur le premier président les a exhortéz de faire.

Et avoir faict appeller dans la Chambre monsieur le procureur général, luy fut signifié ladite délibération par mon dit sieur le premier président.

[F° 82v°] Fut aussi advisé et conclu de le faire sçavoir à messieurs de la segonde Chambre. Et tout incontinent mon dit sieur le premier président s'en alla à ladite Chambre et avoir faict faire lecture desdites lettres de grâce, fut faict entendre par mon dit sieur le président à messieurs les consélers estans en ladite segonde Chambre la délibération sur ce faicte comme dessusdit, que fut trouvée bonne. Et monsieur le président a exhorté et requiz messieurs qui ont des procès desdits vauldoys de les despécher et mectre en estat de juger et les rapporter tous autres affères laisséz.

[F° 83] Du mardy troysième jour de novembre mil V^{C}XLV.

Après avoir esté mys en délibération de pourveoir sur les doubtes et difficultéz que avoyent esté faictes sur la grâce du roy généralement octroyée aux vauldoys, assavoir si les autres desvoyéz et prévénuz d'hérésie qui ne sont poinct vauldoys sont comprins en ladite grâce. Et semblablement ceulx desdits vauldoys qui jà ont esté jugéz et condemnéz et ceulx qui ont autresfoys abjuré et sont récidivéz et aussi ceulx qui sont prévenuz et déféréz non seulement dudit cas et crime d'hérésie ains d'autres excès, crimes et délictz ensemblement et sur la restitution de leurs biens et façon de procéder contre les prisonnyers détenuz pour lesdits cas.

Fut conclu et arresté par la Court, les Chambres assemblées, que la grâce sera générale pour le regard de la religion à tous, tant vauldoys que autres desvoyéz, [f° 83v°] qui en vouldront joyr en satisfaisant véritablement au contenu des lettres, exceptéz seulement les dogmatisans, les condemnéz et relapz. Et seront renduz les biens qui se trouveront en estre à ceulx qui feront abjuration en faisant par eulx les submissions devers le greffe d'en estre à ce que sera ordonné par le roy ou ladite Court, les fruictz d'iceulx biens déjà prins demeurans au prouffit du roy.

Et que Mes Bernard de Badet, Gaspard de Arcussia et Jehan de Beaumont, consélers du roy et commissaires députéz à Marseille ou les deux d'eulx procéderont à l'exéquution et entérinement desdites lettres de grâce suyvant la résolution cy-dessus envers ceulx qui sont détenuz aux gallères et qui en vouldront joyr. Et au surplus jugeront les procès des autres qui n'en vouldront joyr suyvant la première commission baillée ausdits de Badet et de Arcussia. Et quant à ceulx qui sont décédéz aux prisons et en gallère, le procureur général du roy poursuyvra de faire parfaire leurs procès et cependant leurs biens seront délivréz [f° 84] aux vefves et à leurs enfans qui les requerront, à la charge de les rendre s'il estoyt dit par cy-après, et faisant faire les submissions acoustumées devers le greffe.

Du mardy dixième jour
dudit moys de novembre $MV^{C}XLV$.

Fut conclu et arresté d'envoyer faire publier la grâce du roy par tous les sièges.

Et que ceulx qui ont esté jugéz et dont les arrestz ne sont encores publiéz, mesmes ceulx de Grimault, seront interrogéz sur la grâce pour ce après estre délibéré s'ilz seront de la qualité contenue en la grâce pour en pouvoir joyr.

SOMMAIRE

PREMIER REGISTRE
1er avril – 20 décembre 1540

– 1er avril. Sur ordre du roi et à la requête du procureur, ordre de procéder contre les luthériens de Provence dont les procès sont en cours par devant la Cour, avec prélèvement financier sur les évêchés concernés pour subvenir aux frais.

– 10 avril 1540. Grands Jours[1] de la Cour à Marseille. Philippe Courtin, huissier envoyé à la Cour du roi avec le double des procès contre Jean Serre dit Bérard et d'Ambroise Garbille ainsi que la liste de ceux qu'ils ont dénoncés comme étant de la secte vaudoise et luthérienne.

– 20 juillet. Ph. Courtin, huissier, rapporte à la Chambre en temps de vacations les lettres missives du roi pour procéder contre les luthériens et vaudois et les lettres patentes et closes adressées au comte de Tende, gouverneur, pour donner mainforte et assembler, si besoin, le ban et arrière-ban[2]. Copie de la lettre du roi, Fontainebleau, 3 juin 1540 : ordre de procéder contre les luthériens vaudois et autres hérétiques. Copie des lettres patentes de commission du roi à la Cour (Fontainebleau, 31 mai 1540) : pour procéder contre les luthériens vaudois, lui en donnant la connaissance en première et dernière instance, avec possibilité d'aller juger sur place ou de déléguer des substituts. Copie des lettres patentes du roi à Claude de Savoie, comte de Tende et gouverneur de Provence (Fontainebleau, 31 mai 1540) concernant les luthériens vaudois et autres

1 Grands Jours : délégations du Parlement siégeant en dehors du siège normal de la Cour.
2 Ban et arrière ban : convocation des vassaux pour le service militaire dû à leur suzerain.

hérétiques : comme les arrêts portés contre eux pourraient ne pas être exécutés sans l'aide, force et autorité du roi, ordre de tenir la main à toutes les exécutions et, si besoin est, d'assembler le ban et arrière-ban, les gens des ordonnances, prévôts et maréchaux du pays. A été conclu de convoquer tous les conseillers à Aix pour le 28 juillet. Copie de la lettre de la Chambre au comte de Tende l'informant de la convocation des conseillers pour le 28 juillet. Copie de la lettre de convocation à M. de Bagarris, conseiller. La même à M. Jarente, conseiller (21 juillet)

– 24 juillet. Copie de la lettre à Me A. Mangon, notaire d'Apt pour qu'il fasse parvenir à la Cour tous les procès des luthériens et vaudois nommés en un inventaire qu'il avait signé et fait parvenir autrefois à l'archevêque d'Aix[3] ainsi que tous les autres procès qu'il détient contre ceux qui furent accusés de secte vaudoise et luthérienne avec la liste de ceux qui ont abjuré à Apt. Joint à la lettre, l'inventaire des procès contre les prévenus d'hérésie, non condamnés, mis par devers la Cour par Jean de Roma, inquisiteur : liste de 207 personnes du diocèse d'Apt (avec nom, prénom, résidence), signature d'A. Mangon, 23 mai 1533.

– 27 juillet. Est remise à la Chambre la liste de ceux qui ont abjuré devant l'official d'Aix (avec nom, prénom, résidence) : 54 à Lourmarin, 28 à Villelaure. Réponse du comte de Tende : se tient à la disposition de la Cour pour prêter mainforte. Réponse de F. Rascaz, seigneur de Bagarris : impossible de se trouver à Aix le 28 mai ; fera son possible pour y venir au plus tôt.

– 28 juillet. Copie de la réponse de Me Antoine Mangon, notaire d'Apt : impossible de satisfaire la Cour car il a été contraint par un procureur de l'évêque d'Apt[4], Dominico Bonamico, de mettre aux archives de l'évêché environ 150 procès. A encore quelques procès et quelques abjurations qu'il ne lui a pas encore rendus. Ledit procureur est à Avignon ; à son retour il lui montrera la lettre de la Cour. Le procureur requiert contre le vicaire d'Apt, à qui Mangon dit avoir livré les procès, pour les obtenir. Octroyé par la Chambre.

3 Pierre Filhol, archevêque d'Aix-en-Provence de 1506 à 1541.
4 César Trivulce, évêque d'Apt de 1533 à 1540.

– 30 juillet. L'avocat général Garsonnet requiert qu'il soit procédé à l'exécution des lettres patentes du roi contre les luthériens et vaudois et ce par tous les moyens.

– 30 juillet. La Cour assemblée. Garsonnet (avocat général) pour le procureur général requit qu'il soit procédé à l'exécution des lettres patentes du roi contre les luthériens et vaudois et ce par tous les moyens ; la Cour aviserait à ce que le pays en soit purgé et nettoyé selon le vouloir du roi. A été arrêté que tous les nommés dans les confessions des prisonniers Jean Serre et Ambroise Garbille, avec les barbes qui y sont nommés, soient pris et saisis au corps et, s'ils ne le peuvent, qu'ils soient ajournés à trois brefs jours de quatre en quatre jours sous peine d'une amende de 500 livres tournois, de bannissement et de saisie de leurs biens. Fut également arrêté de commencer par ceux de Mérindol et d'envoyer F. Rascaz au comte pour l'en informer et en obtenir mainforte. Commission est délivrée à Courtin, huissier, pour l'exécution avec les gens du comte. Copie de la lettre et commission au comte de Tende pour assembler les gens d'armes. Liste des gens de Mérindol à saisir. Copie de lettre au lieutenant du juge de Barjols pour faire amener Pierre Gondre, prêtre et prisonnier pour crime d'hérésie. Réponse de M. d'Oppède et de M. A. Roland étant à Romans : il leur est interdit de quitter Romans, le roi leur ayant confié la tâche de régler l'affaire des péages du Rhône. Copie de la lettre du procureur du roi confirmant cette interdiction. Copie de la lettre d'un chanoine de Romans, partie civile, demandant aux deux conseillers de ne pas quitter Romans.

– 31 juillet. Copie de la réponse de M. de Glandèves, conseiller : ne peut se rendre à Aix pour le 28 juillet car se trouve à Saint-Martin : il est trop loin et le délai est trop bref.

– 2 août. Deux paysans, qui se disent envoyés par les communautés de Cabrières et de Villelaure, ont dit qu'il y est bruit que les gens du comte de Tende doivent y venir et ils craignent d'être pillés par eux, c'est pourquoi ils ont été envoyés pour offrir leur obéissance ; que la Cour veuille leur donner lettre missive. Réponse : que le procureur général leur dise de présenter la procuration de ceux qui les envoient avec leurs noms.

– 3 août. Fut amené prisonnier Pierre Gondre suivant la missive envoyée au lieutenant du juge de Barjols ; fut mise au greffe une pièce d'informations faites contre lui ainsi que les interrogatoires et ses réponses ; sont commis J. Donneaul et B. de Badet, conseillers, pour l'interroger.

– 4 août. Me Antoine Mangon présenta à la Chambre certaines requêtes contre Me Dominico Bonamico et autres officiers de l'évêque d'Apt pour avoir paiement ou compensation de ses écritures et vacations faites pour les procès des vaudois, à laquelle requête était attaché un avis des condamnations reçues par les officiers d'Apt sur les luthériens. Le procureur général conclut pour avoir ajournement dudit Bonamico et d'autres officiers pour venir défendre leurs requêtes. Ordre d'enregistrer cet avis. Avis sur la réception des deniers des condamnations faites contre les vaudois et luthériens du diocèse d'Apt, tant des condamnations faites au temps de feu Me de Roma que depuis. L'évêque d'Apt, César de Trivoulx fit trésorier pour exiger lesdites condamnations Claude Guérin, chanoine et archidiacre d'Apt, lequel, avec ses députés, aurait reçu de grosses sommes d'argent comme il appert par leur recette et ils ont encore l'argent par devers eux, soit plus de 400 à 500 florins. Et depuis trois ans est venu à Apt un Dominico Bonamico, procureur de l'évêque d'Apt, lequel a toujours sollicité le greffier dudit évêque de lui donner le double des condamnations, ce qu'il aurait fait. Et cette année ledit Dominico aurait demandé de nouveau lesdits procès audit greffier pour entièrement voir lesdites condamnations, lequel les lui aurait données avec récépissé. Et aussitôt il nomma un autre greffier et aurait exigé les condamnations suivantes : liste de 17 condamnés (avec nom, prénom résidence, montant de l'amende), le tout se montant à 275 florins et 33 écus d'or, signé Mangon.

– 5 août. A. Mangon, notaire d'Apt, suite au mandement de la Chambre, a versé au greffe criminel plusieurs procès faits contre des particuliers du diocèse d'Apt tenant la secte vaudoise et luthérienne, déclarés et contenus en un inventaire écrit de sa main (dont l'original a été remis le 10 septembre 1540) ; une partie de ces procès ont autrefois été jugés et certains particuliers ont abjuré : soit 171 procédures contre des habitants de 3 localités (nom, prénom, résidence, nature de la procédure) ; description des pièces contenues dans un sac : procès, abjurations, livres, lettres, image. Copie de la lettre de Claude Jarente, conseiller et seigneur de Sénas, à la Chambre : prie de l'excuser de ne pas s'être rendu à la convocation du 28 juillet : après la maladie de son fils c'est lui qui a été pris d'impotence qui le contraint à garder le lit.

– 6 août, fête de Saint-Sauveur. Chambre assemblée dans l'église Saint-Sauveur. Rapport de F. Rascaz : il est allé trouver le comte de Tende à Vidauban et lui a communiqué les lettres de la Chambre touchant la prise de corps de ceux de Mérindol avec la liste de ceux qu'il fallait saisir, le requérant de vouloir l'assister en cette exécution et faire la mainforte suivant les lettres du roi et faire assembler le nombre nécessaire. Il a répondu que, pour agir plus secrètement, il lèverait des gens de sa garnison le 19 ou 20 du présent mois, sous prétexte de changement de quartier, et ferait préparer 200 fantassins qu'il prélèverait sur les galères qui se tiendraient prêts, ce dont il avertirait la Cour et que la Cour prévoie les subsides pour les payer. Copie de la lettre du comte de Tende.

– 10 août. Rapport du greffier : par mandement du président, il est allé trouver T. de Piolenc, procureur général du roi, lui disant qu'il avisât par quel moyen l'on pourrait emprisonner ceux de Cabrières et Mérindol sans y envoyer les gens du comte. Qu'il vienne en avertir la Chambre le lendemain. Il répondit qu'il avait fait entendre à M. de Beccaris, avocat en la Cour, qu'on lui amenât les procurations spéciales de ces communautés. Il pensait que ledit Beccarris s'en était occupé ; il verrait s'il était revenu et en parlerait le lendemain à la Chambre.

– 12 août. Fut présentée à la Chambre la requête des habitants de Cabrières, de la Motte-d'Aigues et de Saint-Martin-de-la-Brasque, avec procuration attachée. Fut ordonné de les transmettre au procureur général et aussitôt portées aux avocats et au procureur général par le greffier criminel Boissoni. Requête des habitants de Cabrières, de la Motte-d'Aigues et de Saint-Martin-de-la-Brasque. Procuration du 8 août, jointe à la requête, établie au nom de cinquante chefs de famille nommés. La requête ouïe, fut arrêté qu'un des huissiers se transportera sur les lieux de Cabrières, La Motte-d'Aigues et Saint-Martin-de-Brasque avec M. de Bécarris pour requérir les syndics et habitants desdits lieux de lui livrer prisonniers les nommés dans la liste, de lui faire mainforte et lui donner des gens pour conduire ces prisonniers dans les prisons de la

Conciergerie du palais d'Aix. En conséquence, des lettres de commission furent adressées au premier huissier, Pierre Sanson, avec les listes extraites des procès faits contre Jean Bérard et Garbille : texte de la commission de prise de corps contre ceux de Cabrières, La Motte-d'Aigues et Saint-Martin-de-Brasque. Liste de ceux qu'il faut emprisonner. Ordre d'écrire à MM. de Sénas, de Glandèves, de Tributiis et Rascaz de tout laisser et venir à Aix pour le 22 de ce mois afin de procéder en l'affaire des luthériens. Copie de la lettre envoyée à M. C. Jarente, seigneur de Sénas.

– 13 août. Copie de la même lettre adressée à C. de Glandèves, à M. de Sainte-Marguerite et à F. Rascaz les convoquant à Aix pour le 22 août. Le lieutenant du sénéchal de Digne ayant averti la Chambre qu'il avait constitué prisonniers certains particuliers de cette ville chargés de la secte luthérienne, copie de la lettre en réponse : suivant les lettres du roi, donnant au Parlement la première instance des affaires concernant les luthériens et vaudois, ordre d'adresser à la Chambre les procédures faites contre ces prisonniers avec le double de leurs réponses et confessions et ce dont ils sont chargés pour y pourvoir.

– 22 août. Copie de la lettre d'excuse de F. Rascaz, du 18 août : atteint de fièvre quarte ne pourra se rendre à Aix pour le 22. Délibération. Présents le président Chassaneuz et huit conseillers. Pierre Sanson, huissier, fit son rapport par écrit touchant sa commission d'aller à Cabrières. Les gens dudit Cabrières lui avaient répondu que, pour ce qui est des gens de La Motte et de Saint-Martin, il ne leur était pas possible de les rendre prisonniers et quant à ceux de Cabrières, nommés en la liste, une partie d'entre eux étaient morts et les autres étaient absents mais qu'ils donneraient ordre dans quelques jours de les avoir et lui feraient main-forte. Et tantôt après le président remontre comment le comte de Tende lui envoya le sieur de Colombiers, son maître d'hôtel, pour entendre et savoir ce qu'il devait faire touchant l'affaire de Mérindol. Il avait répondu au sieur de Colombiers que quant à lui il s'en tenait à la délibération de la Chambre et que l'on attendait l'exécution dudit arrêt. Et depuis le gouverneur lui a envoyé une lettre qu'il a lue en ladite Chambre et ci-après enregistrée. Le capitaine Magrin lui a dit que la bande du comte doit se trouver demain à Cabrières pour y loger et que, si on lui donnait un huissier ou un commissaire pour y aller exécuter le mandement de la Chambre, il l'assisterait, sans toutefois se servir des armes pour la première fois mais que s'il y avait résistance ou rébellion du côté de ceux de Mérindol qu'il en avertirait le comte pour avoir des fantassins. Sur quoi, Garsonnet, pour le procureur général, en requérant toujours l'exécution des lettres patentes, a requis que les gens du gouverneur se transportent à Mérindol sans faire aucune violence aux sujets du roi. Et il fut arrêté que le premier huissier Loque et Ph. Cortin aussi huissier et H. de Sallis d'Apt ou Raquin, sergent, s'en iront après-demain et se trouveront de bon matin à Mérindol, accompagnés du capitaine Magrin et autres gens de guerre qu'il leur fournira pour exécuter le mandement de prise de corps contre ceux de Mérindol nommés sur la liste et, s'ils ne peuvent être pris, seront faits les ajournements à trois brefs jours sans aucune violence. Et en outre sera procédé par les huissiers et sergent à la saisie et inventaire des biens de ceux qui sont sur la liste. Copie de la lettre du comte de Tende au président annonçant la venue du capitaine Magrin pour mener sa compagnie aux lieux qui lui seront indiqués.

– 27 août. Copie de la lettre du lieutenant du sénéchal de Digne avec un sommaire des procédures faites contre certains particuliers de la ville et de son ressort chargés de tenir la secte luthérienne et vaudoise, joint un petit livre intitulé *Les grandz pardons et indulgences, Le très grand jubilé.* Fut conclu d'y envoyer deux conseillers pour y faire et achever les procès de ces luthériens.

– 28 août. Jean-Louis Loque, premier huissier, fit son rapport par écrit à la Chambre des procédures et exploits par lui faits à Mérindol avec Cortin et de Sallis : étant arrivé à Mérindol avec les dessus dits, le capitaine Magrin et certains témoins nommés dans l'exploit, il aurait trouvé que les gens de Mérindol avaient vidé le lieu et s'étaient tous retirés avec leur ménage et meubles au bois et dans les métairies. Et que sans grosse difficulté et sans grand danger l'on n'aurait pu saisir au corps les désignés sur la liste du fait qu'ils s'étaient fortifiés dans le bois, les métairies et les cavernes. C'est pourquoi il les avait ajournés à trois brefs jours de quatre en quatre jours et n'avait procédé à aucun inventaire de leurs biens, vu qu'ils avaient emporté et caché tout le mobilier et qu'il n'avait trouvé personne qui ait pu le renseigner sur leurs biens immeubles ni qui en ait voulu prendre la charge et administration. Vu le rapport, fut conclu d'envoyer au comte le double de l'exploit afin qu'il pourvoie à faire abattre les cavernes et lieux forts que l'on dit être dans le bois de Mérindol, qu'il envoie des gens pour fouiller le bois et saisir au corps les suspects et que cependant l'on procédera par défaut[5] contre eux.

Et la délibération faite, la Chambre fit entrer le sieur de Mollans, l'un des capitaines du comte, auquel fit entendre le rapport du premier huissier et l'avis et délibération de la Chambre, lequel remontra qu'il serait bon d'envoyer l'un des conseillers devers le comte pour lui faire entendre le tout. Et sur ce propos la Chambre fit appeler les gens du roi, auxquels elle avait fait entendre ledit rapport. Me Guillaume Garsonnet, pour le procureur général, dit que par le rapport et procès-verbal il trouve que l'huissier a fait ses diligences pour trouver ceux de Mérindol chargés d'être luthériens et vaudois et qu'il a trouvé, par information faite auprès du rentier et de certains autres, qu'ils se sont cachés dans le bois et en premier lieu il appert seulement qu'il s'agit d'une simple fuite et évasion par crainte de la justice dans les cavernes mais non qu'ils se soient mis en troupe ni en assemblée illicite. C'est pourquoi avant de procéder, il a requis qu'il soit plus amplement informé pour voir s'ils se trouvent avoir un lieu fort ou s'ils sont en assemblée illicite et vérifier si c'est une rébellion contre la justice. Sur quoi ne fut faite aucune délibération mais la Chambre se leva pour l'heure de dix heures sonnées et remit pour y pourvoir et délibérer au premier jour.

Commission à H. de Tributiis et N. Emengeault pour aller à Apt et y faire les procès sur les lieux contre ceux qui sont chargés de tenir la secte vaudoise et luthérienne au diocèse d'Apt jusqu'à la sentence et à son exécution. De même commission est donnée à J. Donneaul et B. de Badet pour se transporter à Digne et autres lieux du quartier pour faire les procès contre ceux qui sont détenus à Digne et aux autres qui se trouveront chargés de tenir cette secte tant à Digne qu'à Barcelonnette, Sisteron et leur ressort. Et ordonne que de l'argent saisi par le lieutenant de Digne à Henri Hermite sera consignée dans les mains du receveur Bordon la somme de 300 écus pour subvenir aux frais nécessaires. Copie de la lettre à M. de Langey[6], gouverneur et lieutenant général pour le roi en Piémont et à MM. de la Cour du parlement de Turin, avec la liste des vaudois et des barbes étant au Piémont nommés et accusés par ledit Serre avec le nom des lieux et jours où se font les assemblées. Copie de

5 Procédure par défaut : en l'absence de l'inculpé qui ne s'est pas présenté.

6 Guillaume du Bellay (1491-1543), seigneur de Langey, gouverneur du Piémont de 1537 à sa mort.

la lettre au lieutenant de Digne, accusant réception de sa lettre et de ses avertissements des procédures qu'il a effectuées contre les accusés de tenir la secte luthérienne à Digne et dans son ressort ; approbation de ses actions, annonce de l'envoi de deux conseillers, ordre de consigner 300 écus sur les biens saisis de Henri Hermite pour payer les frais.

– 30 août. Suivant la requête de l'avocat général, commission au premier huissier ou sergent pour informer et savoir si ceux de Mérindol sont en troupe et assemblée illicite au bois en armes et s'ils tiennent quelque lieu fort dans ledit bois et dans les cavernes de Mérindol, et quels lieux forts ils ont dans les bois.

Item si audit Mérindol se tient l'assemblée et une école des erreurs luthériennes et vaudoises.

Item si des luthériens, vaudois, barbes et autres tenant cette secte et qui sont chassés de toutes parts se retirent à Mérindol et y sont reçus et s'il y a des prêtres et des nonnes qui s'y sont mariés.

Item s'il y a des imprimeurs de livres de ces erreurs prohibées et si l'on y fait poudre et munition de guerre.

Et ladite commission fut expédiée au procureur du roi pour l'exécuter. L'avocat et le procureur généraux ont remontré qu'ils ont été avertis que la Cour est sur le point d'envoyer certains conseillers à Digne et Apt pour les luthériens et aucun d'eux. Ils remontrent que si elle y envoie, qu'elle veuille envoyer l'un d'eux, le procureur général et, en son absence ou s'ils ne peuvent y aller, de permettre de substituer. « Suppliant de leur garder leurs prééminences et droits de leurs offices disant que les procureurs et avocats des sièges ne sont pas de la Cour de céans. »

– 30 octobre. Samedi. Après avoir conclu l'arrêt sur la demande de profit et utilité des défauts obtenus par le procureur général du roi contre ceux de Mérindol ajournés à trois brefs jours, fut délibéré et arrêté d'envoyer M. de Bagarris par devers le comte pour lui faire entendre ledit arrêt afin de poursuivre sur son exécution.

– 4 novembre. Rapport de F. Rascaz : comment il avait été par devers le gouverneur et lui avait communiqué l'arrêt de la Cour conclu contre ceux de Mérindol, pour pourvoir à l'exécution et s'apprêter avant sa publication. Le comte aurait trouvé bon ledit arrêt et répondu que le sieur de Mollans était allé à Marseille et que, à son retour, ils aviseraient le moyen pour faire mettre à exécution ledit arrêt et enverraient le sieur de Mollans devers la Cour pour l'avertir. Et cependant que la Cour veuille surseoir à la publication de l'arrêt.

– 12 novembre. La Cour a reçu une lettre de Philibert de Savoie[7] concernant Louison du Puy, détenu prisonnier à Entrevaux et une information de Jacques de Combis de Trets, venant fréquemment de Mérindol : comment ceux de Mérindol s'apprêtaient à se mettre en défense et y attendaient gens et munition ; envoya le sieur de Barras devers le comte avec ladite lettre missive et le double de ladite information pour lui faire entendre le tout et comment à Mérindol ils se tiennent en armes et sont délibérés de se défendre. Afin de faire exécuter l'arrêt conclu contre ceux de Mérindol et savoir quand on le devra faire publier et, à ces fins, fut écrite une lettre au comte : envoi par le porteur une lettre reçue de Nice pour l'affaire d'un Loyson du Puy et d'autres affaires qu'il dira.

– 17 novembre. Rapport de N. Emenjaud : il avait parlé au comte touchant l'affaire de Loyson du Puy et a fait réponse qu'il avait déjà pourvu d'envoyer chercher ledit Loyson et fait réponse au prince de Savoie. Deuxièmement pour les blés, qu'il y avait pourvu et envoyé au roi pour affermer le transport. Troisièmement pour l'arrêt de Mérindol : le comte a été d'avis que la Cour procède à la publication de l'arrêt et cependant l'on verra si ceux de Mérindol prendront le parti de se déloger ; il veillera à assembler les gens et écrira au légat d'Avignon[8] qu'il veille à ce qu'ils ne se réfugient au Comté car autrement il les poursuivra jusqu'au bout et que l'on en avertisse ceux d'Apt et de Sisteron. Et s'ils ne bougent de Mérindol il y enverra tel nombre de gens qui seront les plus forts ; de plus le gouverneur serait d'avis que les gens du roi fissent requête pour prévoir quelque argent pour payer les frais et il supplie la Cour de lui donner son avis. Fut mis en délibération sur ce que l'on doit en faire. Et fut conclu de prononcer l'arrêt.

– 18 novembre. La Cour séant en jugement, présents le président et onze conseillers (Maynier d'Oppède absent). Fut publié l'arrêt de Mérindol. Fut commise l'exécution de l'arrêt de Mérindol au premier huissier. Et

7 Emmanuel-Philibert (1528-1580), fut duc de Savoie et prince de Piémont de 1553 à sa mort.

8 François-Guillaume de Castelnau de Clermont-Tonnerre, légat d'Avignon de 1513 à 1541.

fut conclu d'envoyer l'avocat devers le gouverneur et, s'il est requis qu'il y faille un conseiller, H. de Tributiis accepta d'y aller. Et fut écrit au comte une lettre l'informant que ce jourd'hui fut publié en jugement l'arrêt des vaudois et luthériens de Mérindol et qu'il lui plaise donner la mainforte pour l'exécution requise sur le lieu le plus promptement qu'il pourra.

Fut publié l'arrêt à Jacques Pellenc condamné à être brûlé et exécuté, pareillement contre Guillaume Serre.

– 20 novembre. Fut présentée la lettre du parlement de Turin pour avoir le double de la confession de Jean Serre. Fut ordonné par la Cour qu'elle serait envoyée.

– 21 novembre. La Cour assemblée en l'église des carmes. Présents le président et huit conseillers (Maynier d'Oppède absent). Garsonnet, pour le procureur général et le sieur de Mollans, rapporte comment il avait été devers le comte et lui avait montré l'arrêt de la Cour prononcé contre ceux de Mérindol et lui avait requis la mainforte pour son exécution. Lequel aurait communiqué le tout au sieur de Mollans ici présent et se serait offert de faire la mainforte requise et d'y aller en personne si besoin ; le sieur de Mollans aurait fait pareille offre. Et, suivant la charge que la Cour lui donna, il aurait offert aussi au comte que, s'il y voulait aller en personne, le président et quelques conseillers y iraient aussi en sa compagnie.

Dit qu'il a été averti que le lieu de Mérindol est de l'ancien domaine et patrimoine du roi et fut donné par ledit seigneur ou ses prédécesseurs, comtes de Provence, à l'évêque de Marseille en échange de la juridiction que ledit évêque avait en la ville de Marseille. Si le château et les maisons dudit lieu de Mérindol viennent à être démolis, l'évêque de Marseille pourrait demander la juridiction de Marseille pour son éviction[9].

Deuxièmement il dit que Mérindol est une place forte qui pourrait se fortifier et, comme il a entendu, du temps de la guerre de l'empereur, les ennemis du roi n'y purent entrer.

Tercio ledit lieu de Mérindol est limitrophe du Comtat Venaissin et sur le bord de la Durance et s'il en survenait la démolition, le roi pourrait y avoir grand dommage.

---

9 Échange effectué entre l'évêque de Marseille, Benoît d'Alignan, et le comte de Provence, Charles d'Anjou, frère de Louis IX, par acte passé à Saint-Rémy le 30 août 1257 (*cf.* B. Peyre, *Histoire de Mérindol*, Avignon 1939, Marseille, Laffitte Reprints, 1971, p. 19).

Quarto il en va de l'intérêt des sujets du roi, si cette démolition se fait, du fait qu'ils en supportent les charges et par conséquent il faudrait abattre bien d'autres villages, comme Lourmarin, Roussillon, Joucas et autres lieux qui sont aussi suspects de ladite secte.

C'est pourquoi le comte, le sieur de Mollans et lui ont avisé de requérir la Cour de vouloir surseoir à la démolition du château et des maisons de Mérindol jusqu'à ce que le roi en ait été averti. Et cependant on les chassera et le comte se saisira du château et maisons jusqu'à ce que l'on ait réponse du bon vouloir du roi. Le sieur de Mollans a approuvé le dire de l'avocat.

La Cour lui a répondu qu'elle a décidé d'ordonner cette démolition pour plusieurs bonnes raisons : ledit lieu est le refuge des vaudois et luthériens et, quand ils sont chassés et poursuivis d'où que ce soit, ils s'y retirent et y sont reçus et là s'y enseignent les erreurs vaudoises et luthériennes, s'y tiennent imprimeurs de livres de ces erreurs et, quand ils sont poursuivis par la justice, leur première retraite est au château parce qu'il est de mauvais accès quoique détruit et qu'il n'ait qu'une partie des murailles. Et de là ils vont à leurs cavernes et forts. En outre il y a des lettres patentes du roi commandant à la Cour de procéder contre lesdits vaudois jusqu'à faire démolir et abattre les lieux forts si besoin. Quant aux autres villages qui sont infectés de cette secte ils ne sont pas en état de se fortifier ni de résister à la justice. Quant à l'évêque de Marseille, il a souffert et enduré trop longtemps ces vaudois. De plus, sans cette démolition, il est impossible d'extirper la secte des vaudois. La Cour déclare qu'elle ne fera pas surseoir à cette démolition mais se rapporte à ce que le gouverneur voudra, vu que par les lettres patentes du roi il lui est commandé de faire la mainforte aux exécutions des arrêts de la Cour.

Ledit Garsonnet a de nouveau requis de surseoir à la démolition pour l'intérêt du roi et a requis qu'il lui soit fait acte de sa requête pour sa décharge. Guillaume Garsonnet, avocat général du roi, a mis par devers le greffier, la lettre du comte adressée à la Cour. Copie de la lettre du comte de Tende à la Cour du 19 novembre 1540 : il a été informé par l'avocat général de la publication de l'arrêt contre les vaudois et luthériens de Mérindol. Il enverra demain M. de Mollans pour aviser sur ce qu'il sera nécessaire de faire, priant le Cour que cela se fasse à la moindre dépense.

– 22 novembre. M. de Mollans a remontré que le gouverneur avait bon vouloir d'exécuter l'arrêt de la Cour contre les vaudois et luthériens et qu'il l'a chargé d'y faire diligence. Mais, vu qu'il a entendu que ces vaudois sont en grand nombre et en forts et cavernes, il faudra avoir bonne compagnie de gens pour exécuter l'arrêt et que ce soit le bon plaisir de la Cour de prévoir l'argent nécessaire. À son avis, il y faudra au moins deux mille hommes pour que la force en demeure au roi, requérant de lui faire réponse afin d'en avertir le gouverneur pour qu'il y mette ordre et envoie les charges à qui de droit. Requête à la Cour par le procureur général du roi et réponse de la Cour : vu l'arrêt définitif contre André Maynard et ses complices du 18 de ce mois, convaincus d'être hérétiques et, comme tels, condamnés à être brûlés vifs et, si ne peuvent être pris, en effigie et bannis de ce royaume et que les forts, cavernes et maisons soient démolis et vu l'accord du gouverneur de prêter mainforte et d'envoyer le sieur de Mollans et autres prêts à exécuter l'arrêt, ce qui ne se peut faire sans payer les soldats ; or il y a grande quantité de biens saisis de feu Colin Pellenc et Jacques Pellenc d'Apt, condamnés à être brûlés et leurs biens confisqués et vendus. Demande d'ordonner au receveur général d'en prendre la somme nécessaire à l'exécution de l'arrêt. Réponse de la Cour : elle y pourvoira. Mais pour les frais des gens de guerre qui relèvent du comte, il appartient à ce dernier d'y pourvoir.

– 24 novembre. Le comte vint à Aix pour l'affaire des vaudois. Et fut faite une assemblée en la maison du comte en présence du président et de huit conseillers (Maynier d'Oppède absent), l'avocat et le procureur généraux, H. Arbaud et P. Vitalis, maîtres rationaux[10] en la Chambre des comptes. Le gouverneur a précisé qu'il était venu expressément en cette ville d'Aix pour le fait des vaudois et luthériens, et pour mettre ordre à la mainforte requise pour l'exécution de l'arrêt donné par la Cour de Parlement contre ceux de Mérindol et pour savoir si l'on procéderait à la démolition du château et des maisons de Mérindol selon l'arrêt ou bien si l'on ne devait au préalable avertir le roi, et pareillement sur quoi l'on devait prendre les frais nécessaires à la mainforte et en avoir demandé l'avis des président et conseillers, avocat et procureur généraux et des maîtres rationaux et que chacun en eut dit premièrement ce que lui

10 Maître rational : magistrat de la Chambre des comptes en Provence.

semblerait, il fut avisé par l'opinion des président et conseillers qu'il sera bon d'en écrire au roi et de lui faire entendre ledit arrêt.

Mais que, cependant et sans en attendre la réponse, on devait procéder à l'exécution de l'arrêt et à la démolition ordonnée d'autant qu'à Mérindol il n'y a aucun château mais ce que l'on dit être le château n'est qu'une vieille muraille ruinée où lesdits vaudois et luthériens, quand ils sont poursuivis par la justice, se retirent d'abord car le lieu est de mauvais accès et s'y font forts, et de là se retirent au bois et en leurs cavernes et aussi que le reste des maisons, qui ne sont pas plus de quarante, sont séparées par des bastides et que notoirement elles sont le refuge de tous les vaudois et luthériens qui sont chassés et poursuivis de toutes parts et qu'il est impossible d'extirper cette secte et de chasser ces vaudois et luthériens du présent pays de Provence sans au préalable démolir ces bastides, cavernes et forts ; mais au contraire si cette démolition n'était faite ce serait un gros dommage pour le roi et la chose publique.

Toutefois si le gouverneur ou son lieutenant commis à assister à ladite exécution et à faire la mainforte, étant sur le lieu avec un des conseillers qui sera sur ce commis et député par la Cour et un des gens du roi, trouvait qu'il y eût des lieux qu'il ne fût besoin de démolir et abattre sans le bon plaisir du roi, la démolition de ces lieux pourra être différée en attendant sa réponse, pourvu cependant que l'on se saisisse de ces lieux de sorte que ces vaudois et luthériens n'y puissent faire aucun fort.

Et au regard des frais engagés pour la mainforte, vu qu'il est requis de faire promptement assembler des gens pour aller sur le lieu chasser les vaudois et luthériens, rompre leurs entreprises et assemblées et éviter que ne s'en fassent de plus grandes, comme il est à redouter vu le bruit que lesdits vaudois veulent se mettre en défense, et aussi que, depuis que l'on a commencé de les poursuivre, la plupart sont partis au Piémont et y ont mené leurs femmes et enfants et après sont revenus et s'en retournent tous les jours par troupes sans femmes et sans enfants, ce qui fait craindre qu'ils ne fassent quelque grosse assemblée, qui serait plus difficile à vaincre que maintenant, ont été d'avis que le gouverneur, en vertu de sa commission, s'il voit qu'il soit besoin, pourra faire assembler le ban, l'arrière-ban et les gens du pays et pourra ainsi imposer argent sur tous ceux qui sont tenus au ban et arrière-ban sur le pays.

Mais vu que, pour faire ladite assemblée ou exiger argent d'eux, il y fallait beaucoup de temps et que le retard de cette exécution tournerait toujours au dommage du roi tant parce que journellement les biens meubles étaient transportés et aussi que journellement ces vaudois et luthériens se renforcent, le gouverneur pourrait, par manière de provision, prendre la somme de 1 000 ou 1 200 écus nécessaires pour cette exécution sur les deniers des confiscations opérées sur ces luthériens et vaudois, attendu qu'il n'y a à présent d'autres deniers disponibles, à charge toutefois et à condition que, dans le cas où il déplairait au roi que de tels frais soient pris sur lui et à ses dépens, lesdits deniers seront levés et exigés sur les gens du ban et arrière-ban et autres gens du pays. Lequel avis les président et conseillers ont offert de signer. Et depuis a été signifié au sieur de Sainte-Croix et à Guillaume de Belcodène, consuls, et à Me J. Million, assesseur d'Aix[11], comme procureurs du pays sur ce appelés, lesquels ont répondu qu'ils feraient ce qu'il plairait au roi de leur commander et qu'il en serait délibéré et ordonné aux États[12].

– 7 décembre. La Cour assemblée aux Carmes. M. Moneton présenta ses lettres de créance à la Cour de la part du légat. Samedi dernier le légat étant averti qu'à Mérindol étaient venus des étrangers et des soldats, envoya le prévôt des maréchaux pour épier qui ils étaient. Le prévôt y envoya un de ses gens qui avait quelque connaissance afin d'épier et il rapporta qu'il y avait trouvé environ 800 hommes armés, répartis en trois à savoir auprès du port de la Durance 300, du côté de Lauris 200 et en deçа de la Durance environ 200. Et que le légat aurait envoyé quérir M. du Thor, seigneur de Cabrières-d'Avignon, pour y mettre ordre, à quoi il se serait offert. Et aurait été avisé par le Conseil du légat d'avertir la Cour. Et à ces fins il a été envoyé pour offrir son aide à les chasser et, si besoin, d'assembler des gens au Comté et faire tout ce qu'il plaira à la Cour. Réponse au légat : le gouverneur devant se rendre à Avignon demain, la Cour remet le tout en ses mains pour conférer avec lui. Copie d'une autre lettre au gouverneur l'informant de la lettre du légat pour qu'il y avise et y mette ordre.

– 9 décembre. Copie de la lettre du seigneur de Lacoste touchant l'affaire des vaudois ; le seigneur d'Ollioules et le baron de Garde appelés

11 La ville d'Aix, comme les autres du Midi, était dotée d'un consulat qui gérait la cité ; assesseur : juriste, membre du Conseil de ville.

12 États de Provence : certaines provinces, surtout dans le Midi, étaient dotées d'une assemblée représentative des trois ordres (clergé, noblesse, Tiers-État) ayant droit de regard sur l'administration générale et fiscale.

en la Chambre. Le baron de Garde dit qu'il ne sait autre chose que ce que lui en a écrit le seigneur de Lacoste, son oncle, et pense qu'il en a averti la Cour. Dit que son père, le seigneur de Gordes, lui écrit qu'il y en a deux à Gordes qui font de la poudre et trois ou quatre serruriers qui sont tous les jours à réparer les arquebuses et l'on se doute que ce sont de ces gens-là. Supplie la Cour de tenir secrets les avertissements qu'il écrit à la Cour car il n'est pas en sécurité et qu'il est dans une maison aux champs qui n'est pas fort sûre et qu'on pourrait lui faire déplaisir. Il fut délibéré d'envoyer le double de la lettre au gouverneur et d'écrire une lettre au juge d'Apt. Copie de la lettre du seigneur de Lacoste, du 8 décembre : il avertit que la nuit passée il est venu à un couvent des carmes, qui est aux limites de ce terroir, de 400 à 500 hommes, presque tous arquebusiers, qui ont pillé et dérobé tout qui était au couvent et les pauvres carmes qui y étaient ont eu assez affaire à se sauver en chemise ou en pourpoint par les fenêtres, à la faveur de la nuit, et se sont retirés à Ménerbes et lesdits arquebusiers se sont retirés après vers la montagne qui est le chemin de Mérindol. Il estime qu'ils sont plutôt plus de 500 et en tout il n'y aurait que sept ou huit chevaux. Il prie la Cour de l'excuser de ne pas être venu en personne mais le pays n'est pas sûr. Copie de la lettre au juge d'Apt : le seigneur de Gordes lui nommera les cinq ou six personnages qui fabriquent de la poudre et réparent des arquebuses à Gordes et qui sont suspects d'être vaudois ; ordre de les constituer prisonniers et de se saisir de la poudre et des armes.

– 13 décembre. Le président présenta à la Cour une lettre qui lui a été remise, qui a été trouvée plantée aux portes de Cavaillon et adressée à la Cour : des gens s'en prennent à leurs personnes et à leurs biens. Ils ne sont pas tels que des iniques le prétendent. Ils sont bons chrétiens et les prient de les laisser en paix et de relâcher ceux qui ont été pris ainsi que les biens qui ont été confisqués sinon la colère de Dieu s'abattra sur ceux qui les persécutent car le sang des justes crie vers Dieu. Signé : vos humbles serviteurs et pauvres chrétiens, ni vaudois ni luthériens, de Mérindol, le 25 novembre 1540. Le président présenta une lettre reçue de Pierre Baroncel, baille de Lambesc établi par le duc de Guise[13]. Copie de la lettre : des personnes ont acheté aux luthériens de Mérindol un grand nombre de moutons, lesquels acheteurs et bétail sont détenus à

13 Baronnie de Lambesc : fief appartenant au duc de Guise.

Orgon et les officiers demandent ce qu'ils doivent faire. De plus M. de Marin passant par ici lui laissa le double d'une commission pour lever des gens contre Mérindol et aussitôt des compagnons de guerre se sont offerts pour aller attaquer Mérindol et mourir pour la sainte foi. Que doit-il faire du bétail, des prisonniers et quelle réponse donner à ces gens de guerre ? Copie de la réponse : procéder à l'évaluation du bétail acheté moyennant caution de l'acheteur et libérer les prisonniers moyennant la caution de se présenter à la cour sous huitaine. Quant à ceux qui se sont offerts d'aller contre Mérindol, la charge en revient au capitaine Marin.

– 17 décembre. Le président communique la lettre reçue du chancelier de France[14] en réponse à la sienne touchant l'affaire des vaudois, pareillement les lettres closes du roi au gouverneur d'Avignon et officiers du pape, et aussi les lettres patentes pour fournir l'argent nécessaire à l'exécution des mandements de la Cour. Le président dit qu'il aurait plusieurs fois interpelé le trésorier de fournir l'argent pour exécuter l'arrêt de la Cour touchant ceux de Mérindol et chasser l'assemblée des vaudois qui y sont. Ce que le trésorier aurait refusé. Et sur ce a demandé l'avis de MM. les conseillers pour voir s'il devait prendre l'argent sur les confiscations. Et il a fait appeler au préalable le capitaine Marin, commis du gouverneur pour entendre de lui s'il y avait du danger à attendre plus. Le capitaine dit qu'il a été à Pertuis et d'après ses informations ils pourraient être 600 ou 700 hommes et qu'ils tiennent le moulin[15] du côté de Ménerbes avec 200 arquebusiers. Un certain Rastelli, déguisé en valet, lui rapporta qu'ils étaient prêts à mourir l'épée à la main plutôt que d'être brûlés mais que si on leur donnait un sauf-conduit ils seraient 2 à 3 000 à partir du pays. Donc, pour les défaire, le plus tôt sera le mieux. Quant au moulin il faut que ce soit la première défaite et que s'il y avait 1 000 hommes du Comté et 1 000 de Provence pour les assiéger et leur ôter le moulin et l'eau, ils ne sauraient tenir dix ou douze jours sans eau, et le danger d'attendre la réponse du comte est qu'ils se fortifient tous les jours. Dit que, si l'on avait 1 000 hommes de ce côté et 1 000 autres hommes du légat, ils les assiégeraient aisément. Il n'y a pas l'ordre de les assaillir au fort de Mérindol mais il faut aller droit au moulin et les contraindre à combattre là. Fut mis en délibération d'y pourvoir.

---

14 Chancelier de France : Guillaume Poyet, de 1538 à 1545.

15 Pourrait être le Moulin des Fers, quoique sur la commune de Bonnieux.

Successivement chacun des onze conseillers donne son avis, le président en dernier : envoyer la lettre du roi et du chancelier au gouverneur et aux officiers d'Avignon et cependant que l'on procède en ce qui reste à faire et juger en ces matières en toute diligence ; et, suivant la commune opinion, il écrira au chancelier. Copie de la lettre du chancelier au Président, de Fontainebleau, 15 novembre 1540 : il a vu la lettre qu'il lui a écrite touchant la punition des vaudois et fait entendre au roi son contenu et de même le refus des officiers d'Avignon de lui rendre les sujets du roi fugitifs au Comtat Venaissin ; il a trouvé bien étrange la réponse qui a été faite ; il lui commande de leur faire faire une bonne lettre ce qui a été fait et encore de sa part une autre lettre ; il faut qu'il fasse de votre côté tout ce qu'il pourra pour recouvrer les personnes et les biens et s'ils refusaient de les donner, le roi les fera prendre où qu'ils soient, à Bonnieux et Cabrières-d'Avignon ou ailleurs, ce qu'il conviendrait de faire secrètement pour ne pas effaroucher le gibier et que l'on puisse être certain où on pourra le prendre ; au surplus faire toutes diligences possibles pour parachever les punitions des autres et y employer tout le temps et les personnes nécessaires ; donne pouvoir pour faire prendre l'argent tant pour les frais que pour le payement des juges sur les biens des confiscations ; quant au différend entre le parlement d'Aix et celui de Grenoble, il n'est nul besoin d'envoyer aucun conseiller, mais seulement les mémoires et instructions de l'affaire. Copie de la lettre envoyée par la Cour au gouverneur d'Avignon : dans un paquet reçu du chancelier, deux lettres à lui adressées que la Cour lui transmet. Double de la lettre envoyée par le roi au gouverneur et aux officiers du pape en Avignon, de Fontainebleau, 15 novembre 1540 : vaudois et luthériens pullulent en Provence ; la Cour d'Aix procède contre eux ; nombreux sont ceux qui se réfugient en Comtat et malgré les demandes les officiers du pape refusent de les livrer ; prière de ne plus en différer la livraison pour que justice soit faite.

SECOND REGISTRE
12 avril – 10 novembre 1545

– 12 avril. Dimanche. Cour assemblée dans la Grand-Chambre du palais, présents Jean Maynier, premier président, François de la Font, second président et quatorze conseillers. L'avocat général a requis qu'il soit procédé à l'exécution de l'arrêt contre ceux de Mérindol et autres vaudois et que le second président et ceux qui y ont été commis se transportent sur les lieux car il est averti que ceux de Mérindol et autres voisins, craignant l'exécution, se sont assemblés ; et il s'est offert d'y assister avec eux et a requis que soit ordonné au trésorier de fournir l'argent nécessaire pour les frais. Et il a requis le premier président, comme lieutenant du roi, d'y assister et faire la mainforte. Et qu'il lui soit donné ajournement contre les gentilshommes des lieux qui ne les ont pas chassés et envoyés suivant l'injonction à eux faite pour venir déclarer leurs fiefs acquis au roi. A été ordonné que le second président et MM. de Tributiis et de Badet iront faire exécuter ; il leur sera donné argent et ils procéderont contre tous ceux qui se trouveront rebelles et résistants. La Cour a requis le premier président, lieutenant du roi, de vouloir assister à l'exécution et faire mainforte aux commissaires et y employer l'armée du roi si besoin est. Ce qu'il a offert de faire.

– 2 mai. Présents les deux présidents et huit conseillers. Sur réquisition du procureur général, il a été arrêté de procéder contre les luthériens et d'envoyer aux sièges et lieux menacés deux conseillers pour y faire les procès jusqu'à la sentence définitive et à son exécution et faire délivrer par le trésorier cent livres tournois à chaque commissaire pour les frais nécessaires. Que les présidents désignent ce jour ceux qui devront y aller. Et, pour procéder en cette ville d'Aix contre les prisonniers et ceux qui seront accusés, furent commis MM. F. Somati, H. de Tributiis, F. Rascaz et J. de Beaumont.

– 5 mai. Les chambres assemblées. Sur requête du procureur général. Le premier président remontre que dernièrement le roi ordonna à la Cour de procéder à l'exécution de l'arrêt de Mérindol et à la totale extirpation des vaudois et luthériens et qu'à la requête du procureur il y employa la force du roi et les gens de guerre. Étant à Cadenet, il apprit de MM. les commissaires que ceux de Lourmarin, Villelaure, La Roque, Janson et Cabrières s'étaient mis en défense et avaient emporté leurs biens. Malgré les remontrances qui leur furent faites par la dame de Sault et le seigneur de Janson il ne parvint pas à les soumettre au point qu'il fut avisé par le Conseil d'y mettre le feu, ce qui fut exécuté. De là ils allèrent à Mérindol, où ne fut trouvé personne sauf un homme en armes qui fut exécuté, puis à Cabrières-d'Avignon, qui se rebella et qu'il fallut faire une brèche, et furent tués beaucoup de gens de guerre du roi. La ville fut prise et rendue au Saint-Père. Le jour même, après le départ des compagnies, sortirent de Cabrières des gens déguisés en femmes qui tuèrent les gardes des prisonniers, se saisirent de leurs armes au point qu'il fallut rassembler quelques compagnies pour les battre. De là il alla à Cavaillon où il fut averti que ceux de Lacoste s'étaient mis en défense contre les gens de guerre tellement qu'il fallut y envoyer l'artillerie et, à cette vue, ils s'enfuirent et rendirent la ville. Puis il s'en alla à Marseille et, averti que sous prétexte de cette exécution plusieurs s'étaient livrés à des pillages sans mandement de justice, il a décerné des commissions pour les interdire et a requis qu'on l'aide en cette opération.

Reste que ceux de Mérindol n'ont pas été pris ni ceux de Lourmarin et de Lacoste, qui sont en armes en montagne, faisant mille maux. Pour les extirper il convient de députer des commissaires en chaque lieu pour y faire les procès et de laisser en cette ville bon nombre de conseillers pour procéder contre certains diffamés, car certaines rues sont appelées « la petite Genève ». À cette fin il faut que quatre conseillers ne fassent autre chose, quant à lui il doit aller à Arles tandis que le second président et quelques conseillers iront à Marseille.

Il a appris hier soir qu'ils sont sept ou huit cents à la montagne et certains voudraient se soumettre et d'autres qu'on leur permette de vendre leur bien et de quitter le pays. Avant l'exécution il écrivit à M. de Grignan[16] à la Cour pour obtenir un délai pour les soumettre ou qu'ils quittent le pays. En réponse, il lui dit en avoir parlé au roi qui refuse toute nouvelle grâce. Alors qu'il était à Cadenet, les commissaires lui apprirent qu'ils leur avaient laissé entrevoir un espoir de grâce s'ils se rendaient, ce qu'ils refusèrent. Donc il n'est plus temps de traiter avec eux car c'est au roi de décider.

16 Louis-Adhémar de Monteil, comte de Grignan, gouverneur de Provence.

Dit aussi qu'il y a grande quantité de femmes et enfants à Cabrières, La Tour-d'Aigues, Lourmarin et Lacoste qui mendient et il a interdit de ne leur faire aucun mal. Les femmes sont pleines de ce venin et il ne sait ce qui convient le mieux, de les chasser ou non, ce sur quoi il faut aviser. Il a reçu une lettre du vice-légat[17] demandant que cent cinquante soldats soient envoyés à Lacoste car les habitants ont fait murer les portes sauf une, y recélant des luthériens, Jean Lescrivant est le chef et était à Murs mangeant avec le seigneur et ceux de Lourmarin sont partis. Mis en délibération sur ce qui doit être fait : chacun donna son avis, le second président, chacun des dix-sept conseillers puis, en dernier, le premier président. Il fut arrêté de sommer ceux de Lacoste de se livrer prisonniers aux commissaires députés à Apt ; de faire saisir à la main du roi les fruits des biens sans les dépouiller ; que le premier président écrive au roi et réponde au seigneur de Gordes qu'il ne relève pas de la Cour de leur faire grâce mais s'ils veulent s'humilier il en sera tenu compte ; que, si ceux de Lacoste refusent de se soumettre, on y envoie la force nécessaire.

– 11 mai. Requête de frère Jacques Lure, prisonnier, pour être élargi. Fut arrêté que le procureur mette les charges et informations s'il s'en trouve et sinon que P. Johannis, qui l'a envoyé, les adresse dans les trois jours. M. Rascaz demande que les frais soient aux dépens de Johannis et non du roi. L'avocat général dit qu'il doit s'informer pour le transport des blés à Fréjus, Saint-Tropez et autres lieux et qu'ensuite il doit s'en aller vers le roi pour lui parler d'affaires importantes c'est pourquoi il demande un congé, qui lui est accordé par la Cour. Le procureur général a requis que les commissaires, députés pour interroger les prisonniers prévenus d'être vaudois, les interrogent sur leurs biens et leurs meubles pour poursuivre ceux qui les ont pris et les récupérer. Que la Cour fasse procéder aux interrogatoires le plus rapidement possible vu le grand nombre de prisonniers dont il a donné la liste. Fut arrêté que les commissaires déjà députés y procéderont et, attendu l'indisposition de F. Rascaz, il sera remplacé par M. Acurse, conseiller.

– 16 mai. Assemblée dans la Grand-Chambre, présents : neuf conseillers. Reçu des lettres du premier président étant à Arles et des

17 Antoine Trivulce junior, évêque de Toulon de 1535 à 1559 et vice-légat d'Avignon de 1544 à 1547.

commissaires étant à Apt pour l'affaire des vaudois. Fut arrêté d'envoyer copie de la lettre des commissaires étant à Apt au premier président et au second qui est à Marseille, les priant de venir vu l'importance de l'affaire.

– 18 mai. Le procureur général et l'avocat général ont remontré que la Cour a député quatre conseillers pour interroger les prisonniers chargés d'être luthériens or il leur est impossible d'accomplir leur tâche vu leur grand nombre. Ils requièrent que la commission soit affectée à tous les conseillers, ce qui fut ordonné. En réponse aux commissaires étant à Apt, leur écrire qu'il n'a pas été trouvé bon qu'ils envoient à la Cour les prisonniers auxquels ils devaient faire leur procès, vu qu'ils ne relevaient pas des cas prévus pour être conduits aux galères et que la Cour a déjà en charge d'autres prisonniers. Quant aux femmes et à ceux qui rendront les armes et se soumettront qu'ils appliquent l'arrêt qui y a pourvu.

– 18 mai, après-midi. En la Grand-Chambre, présents le second président et dix conseillers. Délibération suite à la lettre reçue des commissaires étant à Apt : chaque conseiller donne son avis. Puis le second président : la Cour a déjà pourvu à tout. Les commissaires ne devaient pas envoyer les prisonniers. Il est nécessaire qu'il retourne à Marseille pour les procédures en cours : il y a quelques sacramentaires[18] qu'il faudra faire exécuter sur place avec procession générale, avec les officiers et grande assistance pour donner terreur aux autres, ce qu'il n'a voulu faire sans l'avis de la Cour, qui donne son accord.

– 20 mai. Présents les deux présidents et neuf conseillers. Le premier président rapporte qu'à Arles il n'a pas pu procéder contre les vaudois et y a laissé M. de Lauris qui s'informe contre certains suspects d'être luthériens et qu'il y a quelques prisonniers dont un de Notre-Dame qui aurait été à Mérindol armé avec les autres un peu avant l'exécution. Il y a aussi un nommé Le Brau, dénoncé par le seigneur d'Allemagne (04) pour avoir été au prêche à Mérindol et, ayant appris qu'il y avait information contre lui, est venu se présenter dans cette ville : que faire ? Il faudrait envoyer un conseiller à Arles pour aider M. de Lauris. Il a entendu dire que la distribution qu'il avait faite des commissions pour aller procéder

18 Sacramentaires : hérétiques qui niaient toute présence du Christ dans l'eucharistie ; particulièrement pourchassés par les autorités. Ils sont le plus souvent expressément exclus des lettres de grâce.

sur les lieux avait été remise en cause, quoique ce rôle revienne aux présidents et que l'arrêt qu'il avait établi suivant les conclusions de la Cour et signé avait été vu et corrigé par le second président. Il envoya chercher au greffe les deux arrêts, celui du dimanche de Quasimodo et celui du 5 de ce mois pour aviser et conclure.

Il est d'avis de laisser passer ceux qui tiennent les champs pourvu qu'ils quittent le royaume et qu'ils emmènent leurs femmes sans plus revenir. Mais il a reçu une lettre de Courtin qui en a parlé au cardinal de Tournon[19], qui lui a dit que le roi ne l'entendait pas ainsi mais qu'il voulait que ces gens soient exterminés. De plus, contrairement à leur mandat, les commissaires envoyés à Apt ont envoyé un grand nombre de prisonniers sans les interroger de sorte que la Conciergerie est surchargée de prisonniers dont beaucoup sont malades. En outre le procureur du roi à Apt lui a appris que plusieurs suspects se sont enfuis et que même après l'arrivée des commissaires ils ne s'en sont pas soucié alors qu'il les avait prévenus, au contraire ils ont menacé de tout abandonner.

La Cour devrait revoir les deux arrêts et vérifier s'ils devraient être modifiés. Lecture faite des deux arrêts, le second président remontre qu'il les a signés car ils sont conformes à la volonté de la Cour ; M. de Sénas, plus ancien conseiller et au nom de tous déclara que personne n'y trouva à redire.

Les présidents rapportèrent l'ordonnance faite par les commissaires sur la rébellion des vaudois des lieux brûlés et pourquoi cela avait été fait, ce qui apparaît dans leur procès-verbal, dont la Cour s'est contentée. Lecture de l'arrêt de Quasimodo du 12 avril et de celui du 5 de ce mois et délibération : approbation et accord unanime.

Le premier président lit un article d'une lettre à lui adressée par le roi, trouvant l'exécution faite contre les vaudois merveilleusement bonne demandant de laisser dans les lieux où habitaient les vaudois deux cents hommes pour les empêcher de s'assembler. Copie de la lettre du roi. Copie de la lettre du cardinal de Tournon lui exprimant contentement et satisfaction tant de la part du roi que de la sienne. Copie de la lettre de Dannebault, de la chancellerie royale, l'assurant du grand plaisir qu'il avait fait au roi qui souhaite que ceux qui restent soient aussi bien châtiés.

19 François de Tournon (1489-1562), cardinal, archevêque de Lyon de 1551 à 1562, diplomate, entré au Conseil du roi en 1541.

– Du dit jour 20 mai. Arrêté que ceux des lieux suspects, à savoir Mérindol, Lourmarin, Villelaure, Cabrières-d'Aigues, La Motte-d'Aigues, Saint-Martin-de-la-Brasque, La Roque-d'Anthéron, Saint-Estève-Janson, Lacoste, Murs, Gargas, Sivergues et Oppedette seront mis sur les galères de Marseille pour prison en attente de leur procès, ainsi que les autres pris en armes et tous ceux suspectés d'être de la secte. Quant aux autres ils seront libérés aux conditions habituelles avec interdiction de porter des armes et de fréquenter les suspects de la secte, à l'exception des chefs qui resteront en prison en attente de leur procès. Pour y procéder deux conseillers visiteront les prisonniers. Les fruits des biens prévus dans l'arrêt seront délivrés par les commissaires députés à cette fin. Ordre d'envoyer chercher quatre ou cinq prisonniers pris à Mirabeau en train de détrousser les passants. Résolu de laisser en place les gens de guerre jusqu'à ce que l'on sache quel chemin les vaudois auront pris. Le président est averti par plusieurs plaintes des désordres que commet Pierre Johannis à Tourves et Brignolles alors qu'il n'a reçu aucune commission et que d'autres juges, sous prétexte de commissions contre les luthériens, se livrent à des vols et pillages. Prévenu, le procureur général répondit qu'il n'en avait pas été averti et qu'il ne convenait pas de diffamer P. Johannis sans plainte de personne. Néanmoins en fit requête, qui fut portée chez le premier président pour y pourvoir.

– Du dit jour 20 mai. Le premier président mit en délibération si l'on doit échanger avec le vice-légat les trois prisonniers de Bonnieux que le seigneur de Goult a pris sur ses terres contre le baille et trois autres de Mérindol qu'il tient prisonniers comme il lui a proposé. A été conclu de lui livrer les prisonniers en échange du baille et des autres et charge le président d'en écrire au seigneur de Goult. Le vice-légat lui a écrit également qu'un Jean Lécrivant et un bâtard de Ménerbes, chef des luthériens, avec cinquante arquebusiers se sont repliés à Murs et y font des rapines et le seigneur de Cabrières-d'Avignon demande à la Cour s'il peut les saisir en Provence pour les envoyer ensuite à la Cour. Ce qui lui fut accordé.

– Du dit jour 20 mai. Fut délibéré et arrêté que M. de Somati ira à Arles pour procéder avec M. de Lauris contre les luthériens et vaudois et que cinquante livres tournois lui seront attribuées. Le second président, vu la multitude des prisonniers sur les galères, a commis des juges ordinaires de Marseille pour avancer la besogne, ce que la Cour a approuvé.

– 21 mai. Présents le premier président et dix conseillers. Fut conclu de faire réinstaller toutes les croix des villes et lieux qui ont été brisées aux soins de commissaires par les Conseils des villes aux dépens de qui il appartiendra. Fut faite la répartition des prisonniers suivant une liste indiquant les galères dans lesquelles ils seront logés. Lettre de M. de Lauris demandant à la Cour de ne pas élargir Bastani qui est accusé d'avoir secouru un luthérien.

– Du dit jour après-midi. Présents le premier président et neuf conseillers. Fut amené à la Cour François Aymin, potier de Manosque, 35 ans, marié, qui prêta serment. Déclare qu'étant à Aix ce carême et apprenant qu'on poursuivait ces luthériens, alla les trouver pour les persuader de se rendre à la justice.

Dit qu'ils délibérèrent d'avoir grâce du roi et de laisser les armes en Dauphiné mais il leur fit croire qu'avant qu'ils soient à Lus-la-Croix-Haute ils seraient pris. Grâce à l'assurance des commissaires il put revenir en amenant cent cinquante à Apt.

Dit que ce sont tous de pauvres gens, n'ayant fauté qu'en conduite.

Dit qu'ils étaient environ 800 hommes en partant mais beaucoup sont restés en Dauphiné ; des gentilshommes en ont retenu à leur service et à son retour ils étaient 572.

Dit que les chefs sont à Apt, tous les autres veulent se rendre. Il tenta plus de cinq cents fois de les persuader de se rendre, ce que la dame de Sault et le seigneur de Lacoste savent fort bien.

Dit que ces pauvres gens n'ont pas de barbes avec eux : ils les ont abandonnés comme des bêtes et Perrier[20], leur prêcheur, s'en est allé le dimanche après Pâques[21]. Voilà plus de vingt ans qu'il les fréquente et a parfois entendu leurs prêches mais n'a jamais tenu d'erreurs et n'est pas de leur secte.

Dit qu'ils rencontrèrent quelque résistance en partant et qu'ils donnèrent cinquante-cinq écus et quatre mules au gentilhomme qui leur donna le permis. Il a fait tout cela pour leur sauver la vie car, sans lui, ils ne se seraient jamais rendus se laissant plutôt mourir dans les bois.

Interrogé, il répondit qu'ils étaient environ trois cents armés d'arquebuses et de bâtons ferrés et quatre hallebardiers. Il trouva qu'au

20 Jean Perrier, originaire de Montauban, prêcheur à Mérindol, échappé du massacre ; à la tête d'un groupe de réfugiés à Genève en mai 1545, puis y est signalé comme pasteur.

21 Dimanche de *Quasimodo*, 12 avril 1545, le jour même où commença l'exécution.

départ de Valdrôme ils étaient environ huit cents avec des petits enfants et passèrent au bois de Sault. Il se mit avec eux seulement au départ de Lacoste comme le seigneur du lieu peut en témoigner.

Dit que tous lui ont promis de déposer les armes et qu'ils voulaient aller au roi lui demander miséricorde.

Dit qu'à Cabrières-d'Avignon quinze ou vingt ont été la cause de leur ruine comme ces pauvres gens lui ont dit.

Après sa sortie, il fut arrêté de libérer le potier pour qu'il persuade le reste de se rendre et de livrer les armes et le seigneur de Saignon l'accompagnera pour qu'il les fasse venir jusqu'à Aix et qu'aucune violence ne leur soit faite. Assurance fut donnée au potier que l'on ne procèderait pas contre eux mais qu'ils seraient envoyés aux galères comme prisonniers en attendant le bon plaisir du roi. Et il fut délibéré de surseoir à l'exécution des condamnés pour ne pas les effrayer.

– Du dit jour 21 mai. Sur la requête du procureur, fut décerné ajournement contre les seigneurs et vassaux qui n'ont pas chassé les luthériens de leurs terres pour procéder à la confiscation de leurs fiefs. F. Rascaz a communiqué une lettre reçue du procureur du roi à Castellane : il y a des luthériens dans son quartier dont quatre ou cinq religieux du couvent des augustins, demandant qu'y vienne un conseiller. F. Rascaz a dit que ses officiers de Bagarris ont pris un nommé Pascal Perraynion de Comps avec quantité de fausse monnaie qu'ils ont interrogé et envoyé vers lui pour savoir de la Cour que faire. Résolu d'amener le prisonnier à Draguignan pour faire son procès.

– 22 mai. Présents le premier président et huit conseillers. La Cour commet F. Rascaz pour aller à Fréjus, au golfe de Grimault et à Castellane pour faire les procès contre les suspects d'être luthériens jusqu'à sentence avec l'un des conseillers étant à Draguignan. Fut enjoint à H. de Tributiis d'aller à Digne remplir sa commission. Fut conclu que les prisonniers malades de maladie dangereuse seront envoyés à l'hôpital jusqu'à leur convalescence. Voyant le procès de Carolis le fustier, la Cour ordonne que le médecin de Rabateau sera interrogé par le commissaire et aussi qu'une Barthélemienne sera entendue sur certains faits. Et Barthélemy Raphem, chaussetier, sera aussi entendu. Et le libraire Angelin sera pris et interrogé.

– 24 mai, dimanche de Pentecôte, chez le premier président. Présents les deux présidents et neuf conseillers. Fut proposé de voir un procès fait au Luc par MM. Arcussia et Panisses contre un luthérien sacramentaire que l'on aurait voulu juger au Luc et admettre à abjuration, ce que l'accusé refusa et ils auraient été d'avis de le condamner à mort. MM. E Tributiis et Rascaz ont dit que ce n'est pas le jour de condamner à mort un criminel, M. Rascaz avançant qu'il avait communié ce jour, c'est pourquoi il a été décidé de surseoir.

– 28 mai. Présents les deux présidents et huit conseillers. Sur le rapport de M. Puget, commissaire, qui a interrogé André Bergier, monnayeur de Saint-Michel et qui ne l'a trouvé suspect en rien, a été conclu qu'il sera élargi. Sur le rapport de L. Puget qui a interrogé Jean Merlan de Tavernes qui ne l'a trouvé suspect en rien, fut dit qu'il sera élargi et le viguier de Barjols qui l'a pris sera ajourné. Jean Nicolas de Tavernes sera également élargi. Fut conclu de faire criées et commandement à tous les commissaires, députés pour poursuivre les luthériens, d'apporter sous huit jours leurs procédures. Pour Déodati, les témoins seront confrontés. Amiel Arnaud de Brignoles, sur le rapport du commissaire, sera élargi. Antoine de Loly, de Saint-Jean de Luserne en Piémont, sera élargi moyennant les soumissions usuelles et qu'il aille exercer sa fonction de trompette en Piémont. Jean Tiron de Brignoles, sur le rapport du commissaire, sera élargi comme les autres. Brau d'Arles sera davantage interrogé et le tout sera communiqué au procureur et, en attendant, restera dans la ville où il est. Antoine Laugier de Brignoles, sur le rapport du commissaire, sera élargi. Ceux de Velaux : avant de les élargir, le procureur devra fournir des informations s'il y en a, ainsi que l'archevêque d'Arles[22]. Étienne Giraudin de Lioron en Dauphiné sera élargi à condition de rentrer dans son pays. Antoine Falore de Tavernes, élargi comme les autres. Jean Tournatoris, maître de Barbaillonne, au-delà de Briançon, sur le rapport du commissaire, fut élargi sous réserve de rentrer chez lui. Louis et Christol Viffredi de Volonne, sur le rapport du commissaire, élargis comme les autres. Antoine Rossenc et Honorat Gardin de Tavernes, Ferréol Dauphin de Régusse et Colin du Sinde des Baumettes habitants de Tavernes, élargis. François Maynard, un des condamnés par l'arrêt de Mérindol, prisonnier, sera interrogé par M. de Badet.

22 Jean Ferrier II : archevêque d'Arles de 1521 à 1550.

– Dudit jour 28 mai. Présents les deux présidents et huit conseillers. Fut arrêté, attendu qu'Apt est la principale ville où doit se faire une punition exemplaire, que le second président ira à Apt et, suite aux procès faits par les commissaires, procédera au jugement et poursuivra la vente des fruits délaissés par les dévoyés. Liste de ceux qui seront envoyés aux galères comme prisonniers : onze prisonniers (habitant tous un lieu vaudois).

– 29 mai. Présents le premier président et neuf conseillers. Sur proposition du premier président : François le potier, qui a amené un grand nombre de vaudois, a demandé un nouveau congé pour y retourner et amener ceux qui restent et qu'il soit accompagné de quelques-uns de ceux qu'il a amenés pour encourager les autres. Accordé par la Cour qui ajoute de le faire accompagner, si besoin, par le capitaine Saignon pour que ne leur soit fait aucun outrage.

– 1er juin. Présents le premier président et dix conseillers. Fut arrêté d'écrire au second président à Apt qu'il fasse rendre à François Aymin dit le potier le cheval et les armes que lui ont pris les soldats. Aussi de lui faire attribuer quatre écus pour ses frais.

– 3 juin. Présents le premier président et neuf conseillers. Requête du seigneur de Redortiers pour enchérir de deux cents écus la ferme des fruits de Mérindol. Vu la somme et qu'il vient dans les vingt-quatre heures, il sera reçu ainsi que tous ceux qui voudront enchérir sur les autres fruits en vente. La requête sera renvoyée au commissaire député à cette vente. Commission à M. Rascaz de faire vendre les fruits des biens saisis aux vaudois et luthériens dans les lieux relevant de sa commission avec les officiers locaux. Commission à M. de Beaumont pour aller à Tourves faire les procès de ceux qui sont suspectés d'être luthériens, de les rapporter à la Cour et de prévoir un commissaire pour gérer les biens et fruits saisis.

– 5 juin. Dans la Grand-Chambre. Présents les deux présidents et onze conseillers. Rapport du second président : à Apt il a fait les procès de certains luthériens, prêts à être jugés, ce qui n'a pu être fait faute de gradués et les faire venir ici serait dispendieux, d'autant qu'il était requis de procéder à une exécution exemplaire sur place. Fut conclu qu'on jugera les procès en la Cour et aussi que le protonotaire Aubertas sortira de prison et restera chez le premier huissier jusqu'à autre disposition.

J. de Beaumont et P. Bompar sont commis pour récoler[23] et confronter les témoins contre le procureur du roi et autres de Fréjus suspectés d'être luthériens. Quant à l'affaire de Lubières, conclu d'envoyer le double du procès au roi et l'avertir que de semblables désobéissances sont faites aux officiers par les gentilshommes mais d'élargir Lubières sous caution. Arrêté que le second président et un conseiller iront vers le roi pour l'affaire de la Chambre des comptes et d'autres.

– 12 juin. Dans la Grand-Chambre. Présents le second président et onze conseillers. M. de Lauris a présenté des mémoires envoyés par le premier président, malade chez lui, demandant ce qu'il faut faire concernant les luthériens. Ordre de les communiquer au procureur général. De même pour les informations qu'il a communiquées contre ceux des Baumettes. Il a également communiqué une lettre adressée par monsieur l'amiral au premier président : le roi le félicite pour ce qu'il a fait contre la malheureuse secte des luthériens. Original rendu à M. de Lauris.

– 15 juin. Présents les deux présidents et dix conseillers. Suite aux mémoires qu'il a récemment envoyés à la Cour, le premier président demande qu'il y soit pourvu, le roi exigeant que la secte vaudoise soit entièrement extirpée et, d'autre part, que les prisonniers qui ne seront pas trouvés suspects soient délivrés avec une réparation convenable. A été arrêté de faire venir les prisonniers de Tourves qui se trouvent aux galères pour faire leur procès ici par M. de Beaumont avant qu'il aille à Tourves. Furent commis MM. de Beaumont, A. Geauffroy, A. de Lione et L. Puget pour visiter tous les procès des luthériens pour faire la liste de ceux qui sont accusés lieu par lieu. Et, à ces fins, les commissaires qui furent à Apt déposeront leurs procédures au greffe. Le procureur doit achever le procès contre ceux de Tavernes et conclure sur l'accusation contre le viguier accusé d'avoir pris plus de biens qu'il n'en a déclarés et fera de même pour les procès des prisonniers de Forcalquier.

– Du dit jour 15 juin. Vu les exploits faits par Leporis, lieutenant de Martigues, les conclusions du procureur ne furent pas jugées bonnes, ayant conclu à la restitution du bétail saisi par Leporis : les pièces lui

23 Récoler : lire aux témoins leur déposition pour s'assurer qu'ils la maintiennent.

ont été renvoyées pour qu'il prenne d'autres conclusions. Les créanciers qui auront prêté du blé aux vaudois pour les semences seront payés sur la vente des fruits ; quant aux autres créanciers, prétendant avoir des droits sur les biens saisis, il y sera pourvu en procédant à la confiscation des biens des condamnés. Les commissaires députés à faire les procès sur les lieux contre les vaudois et luthériens procéderont à la vente des meubles et bétail saisis et inventoriés. Si les commissaires ne le peuvent ils le feront faire par les lieutenants et les receveurs qui en recevront l'argent et en enverront la liste à la Cour pour le remettre à la Chambre des comptes et au trésorier. Sera fait aussi la liste des condamnations et amendes adjugées à Marseille pour procéder aux ventes. Les conseillers et commissaires qui vaquent à la poursuite des luthériens seront payés, les conseillers trois livres par jour et les présidents six livres. Le greffier criminel, pour les mêmes affaires, recevra une avance de cent livres. F. de Pérussis allant à la Cour avec le second président pour l'affaire des luthériens, il lui sera versé cinquante écus en provision pris sur les biens des luthériens. Quant aux clercs qui écrivent sous les commissaires ils seront payés vingt-cinq sous par jour (une livre cinq sous).

– 18 juin. Présents les deux présidents et huit conseillers. Le premier président a exposé que François le potier, qui était allé vers les luthériens pour les réduire à obéissance, lui a dit qu'ils ne voulaient pas à moins que ceux de Murs et de Goult n'acceptent aussi. Quant à ceux de Goult ils acceptent à condition qu'on ne leur demande rien sur la mort de leur seigneur. De même ceux de Murs sur l'excès commis contre le lieutenant du capitaine Saint-Rémy dont ils dévalisèrent la bande. En outre le potier lui dit qu'il faudrait lui adjoindre Pierre Bret, prisonnier, pour l'aider à les convaincre. Réponse : il n'appartient pas à la Cour d'accorder grâce mais, vu le cas, a arrêté d'expédier cette provision ; ayant entendu la remontrance de François Aymin, s'efforçant de réduire à l'obéissance du roi les dévoyés de la foi, sur sa promesse de conduire tous les vaudois à l'obéissance de la Cour et après avoir vu les pièces du dit Pierre Bret, ce dernier lui sera délivré sous la caution qu'il pourra donner.

Le premier président a aussi remontré qu'il a souvent sollicité de faire exécuter l'arrêt de la Cour concernant la nourriture des femmes et des enfants des vaudois et luthériens et qu'il l'avait dit au seigneur de

Janson, à la dame de Sault et aux gens de la dame de Cental et aurait sollicité le procureur général d'y pourvoir. Or le potier lui a dit qu'il s'y faisait quelque difficulté. C'est pourquoi il avait demandé au procureur général d'en faire requête pour y pourvoir. Il serait bon de faire relever les noms et prénoms des femmes et enfants, les interroger sur leurs foi et mœurs et les faire instruire et soumettre. Commission à G. Durant et au juge de Pertuis de se transporter sur les lieux et de contraindre les gens d'Église à y consacrer un tiers de leurs bénéfices des lieux d'où ces femmes et enfants sont originaires pour les nourrir, avec les seigneurs de ces lieux, sous la responsabilité des commissaires, jusqu'à nouvelle décision. De plus sera établie la liste de leurs noms et prénoms. Il faudra pourvoir des prêcheurs pour les réduire à la sainte foi.

A été résolu d'écrire au seigneur de Goult qu'il livre au vice-légat les trois Meille de Bonnieux qu'il détient prisonniers pour que le vice-légat rende le baille de Mérindol et trois ou quatre autres sujets du roi qu'il tient prisonniers.

A été résolu d'écrire à M. de Villiers pour que les vaudois que doit réduire le potier ne fassent de difficulté à venir et qu'il donne ordre de faire traiter humainement ceux qui sont aux galères sans les faire maltraiter mais de les détenir comme prisonniers. Le président dit à la Cour qu'il avait déjà écrit au sieur de Villiers d'agir ainsi et qu'il avait écrit au viguier et aux juges de Marseille d'examiner les prisonniers détenus sur les galères et d'envoyer les examens à la Cour, au viguier d'Aix avec la liste de ceux de Tourves pour qu'ils soient menés ici.

– 19 juin. Présents le second président et onze conseillers. Le procureur général informa qu'hier il visita les prisons, y trouva les médecins qui visitaient les malades et lui dirent que deux prisonniers avaient les fièvres pestilentielles et quinze ou seize autres qui ont d'autres fièvres lesquels, quand ils meurent, sont couverts de taches et les médecins lui défendirent de les approcher car ce sont des fièvres contagieuses. Puis il visita les cachots où il vit que les prisonniers n'ont pas de paille et a requis la Cour d'y pourvoir.

– Dudit jour 19 après-midi. Arrêté que les détenus pour hérésie contagieux, suivant la liste établie par les médecins seront mis à l'hôpital sous caution et pour leur nourriture et celle de ceux qui y sont déjà il sera versé cent livres tournois provenant des confiscations.

– Présents les deux présidents et dix conseillers. Il fut commandé au geôlier de fournir de paille les prisonniers sous peine de s'en prendre à lui et à ses dépens.

– Dudit jour, après-midi. L'évêque d'Apt[24] demande à être entendu. Entré, a déclaré qu'il venait pour saluer la Cour et remercier le roi et sa justice d'extirper les vaudois et luthériens de Provence et de son diocèse. Mais malgré toutes les diligences, certains ont fui ou se réfugient dans leurs bastides ainsi à Joucas, Gignac, Oppedette, Gargas et autres lieux de son diocèse et se vantent de récupérer leurs biens par grâce, abjuration ou simulation. Si la Cour n'y pourvoit, tout ce que la Cour a fait n'aura servi à rien, ce dont il a voulu prévenir la Cour, car malgré la petitesse de son diocèse il en est farci plus que les autres et, pour sa part, il y veillera. Pour le bien de la religion il a voulu réformer le monastère d'Apt, qui est sous sa juridiction et se trouve en plein désordre, ce qui fut pourvu par le conseiller commissaire M. Roland qui le fit fermer. Ayant demandé leurs comptes, les religieuses ont déclaré ne savoir écrire. Il a tenté d'y envoyer des religieuses de sainte Claire qui refusèrent malgré l'autorisation de l'abbesse mais celles d'Apt les ont menacées de les battre et les chasser si elles venaient. Il a avisé de choisir quatre filles du couvent réformé. Il supplie la Cour de l'aider car depuis un an il ne s'y dit aucune messe alors qu'il craint qu'elles ne perçoivent encore leurs revenus de cette année pour que la réforme du couvent soit achevée. De plus il avait pensé établir des statuts pour son clergé car certains trafiquent sur le blé, tiennent du bétail, vont par la ville en robe courte : il en a dressé un projet qu'il soumettra à la Cour.

– 20 juin. Fut arrêté d'envoyer aux galères pour prison les prisonniers qui sont à Arles, Apt et Hyères pour crime d'hérésie.

– 22 juin. Requête du procureur général et réponse. Plusieurs hérétiques, à sa requête, ont été condamnés au feu, leurs biens confisqués, les autres condamnés à plusieurs amendes. Comme le roi a de nombreux frais, tant pour la fortification de ses places frontières que pour ses guerres, il plaira à la Chambre des comptes de faire procéder à la vente des biens confisqués et de charger le trésorier et le receveur général d'exiger le contrôle des deniers qui en proviendront. Réponse : que les

24 Pierre de Forli, évêque d'Apt de 1540 à 1559.

commissaires étant sur les lieux donnent au trésorier du roi la liste des amendes et confiscations qu'ils ont adjugées pour en faire l'exécution au profit du roi.

– 25 juin. Le procureur général requiert qu'il soit ordonné à l'officialité de remettre à la Cour les procédures effectuées contre ceux qui abjurèrent en 1535 nommés au cahier des abjurations. Ce qui fut ordonné par la Cour au premier huissier. Fut conclu d'écrire au seigneur de Goult d'envoyer à la Cour Antoine Vyan. Le procureur général a mis par devers la Cour une liste de certains habitants de Goult qui ne se sont pas confessés depuis deux ans ; elle sera remise à l'un des commissaires chargés de faire les listes.

– 26 juin. Le premier président communiqua une lettre de M. de Bagarris du 19 de ce mois l'informant de la saisie des biens qu'il a opérée à Fréjus et Grimault de plusieurs suspects d'hérésie et qu'il faudrait lui envoyer commission de les vendre. Après délibération il fut conclu de lui répondre qu'il lui a déjà été envoyé commission pour faire vendre les fruits des biens saisis et que depuis il a été demandé aux gens des Comptes de faire vendre les biens confisqués. Quant au sergent de Fréjus, il n'a pas été trouvé de charge suffisante pour le saisir au corps, mais s'il se trouve quelque nouvelle charge, qu'il procède comme de raison.

– Du dit jour 26 juin. Le premier président a remontré que, toutes affaires cessantes, les commissaires députés aux procès des vaudois et luthériens doivent se réunir et communiquer leurs extraits pour en faire la liste car il se pourrait qu'il y ait des prisonniers innocents. Il fut arrêté que les commissaires se réuniront le lendemain matin et l'après-midi et ensuite, toutes autres affaires laissées, pour y pourvoir. Ordre de signifier au procureur général de mettre par devers la Cour les exploits qu'il a faits contre ceux qui ont mené les prisonniers sous prétexte qu'ils étaient vaudois et d'apporter informations et exploits de leur emprisonnement pour pourvoir soit à leur élargissement soit à leur procès. En réponse le procureur général assura que dès le premier jour de ce mois il avait donné la commission à l'huissier Maignan, qui n'a rien fait.

– 4 juillet. En la chambre du Conseil. Chambre en temps de vacations. Le premier président a présenté des lettres que le roi lui a adressées. Une du 9 juin lui accordant créance ; une autre concernant la nourriture des femmes et enfants des vaudois ; la troisième du 9 juin concernant l'abjuration des vaudois. Le président lui avait écrit le 12 juin, lui expliquant tout, et attendait sa réponse avant de poursuivre. Est arrivé hier un paquet du roi daté du 22 juin : pour ce qui regarde les vaudois, s'ils abjurent ils pourront soit rester dans le pays et leurs biens leur seront restitués soit quitter le pays en les abandonnant. Sont exclus de cette grâce les sacramentaires et les prêcheurs qui seront punis. Quant à l'argent provenant de la vente des fruits saisis il sera affecté aux réparations à propos desquelles le roi lui a déjà écrit. A été résolu d'obéir au roi.

Le potier étant revenu dans cette ville il a été décidé de le convoquer pour avoir rapport de son action. Arrivé, il est interrogé sur l'issue de la mission qui lui avait été confiée de ramener le reste des vaudois. Il répond qu'il a bon espoir de pouvoir les réduire, qu'il est allé à Goult, Oppedette, Murs et autres lieux et leur a donné l'assurance que, s'ils venaient volontairement, le roi et la justice auraient pitié d'eux et qu'ils ne seraient ni emprisonnés ni mis aux galères, mais il n'a pas su les convaincre : ils lui ont répondu qu'ils ne voulaient pas venir car ils n'étaient pas de la secte. Pourtant il sait qu'ils sont vraiment de la secte des vaudois et sont de ceux qui avaient fui à la montagne avec leurs armes. Il ne voit qu'une façon : c'est de leur tendre une embuscade et d'aller les prendre de nuit ou, comme ils lui ont dit, qu'ils seraient contents de quitter le pays pourvu que le roi leur permette de vendre leurs biens. Sinon il sera difficile d'en venir à bout car plusieurs sont encore dans la montagne et dans les bois. Il ne saurait faire plus.

Le potier sorti, il a été résolu, vu la volonté du roi, que le mieux serait que tous les fugitifs qui pourraient abjurer puissent vendre leurs biens et quitter le pays avec femmes et enfants car sinon, pour ne pas perdre leurs biens, ils préféreront se convertir par crainte et les réduire ne pourra se faire sans opération armée et grosse dépense. Le premier président en écrira au roi pour connaître sa volonté ainsi que pour les vaudois qui ont fui et pris les armes lors de l'exécution.

Le premier président observe qu'il a été ordonné aux conseillers députés de faire diligence pour les procès ce qui n'a été fait. A été ordonné aux commissaires d'y faire diligence : ils viendront matin et après-midi et seront payés de leurs vacations. Sur requête du procureur des pauvres, a été ordonné au premier conseiller et au juge de Marseille de faire visiter les prisonniers sur les galères et de les faire bien traiter et de faire visiter les malades et si besoin les faire mettre en ville ou à l'hôpital sous caution. Suite à la requête d'un vaudois de Joucas, le procureur avait consenti de lui rendre ses biens sous caution ; il a été remontré à ce dernier d'y aviser car le procès du suppliant n'est pas encore achevé, ce qui créerait un précédent. Le procureur a retiré sa requête et a dit qu'il aviserait.

– 6 juillet. En la chambre du Conseil. A été ordonné d'écrire à M. Rolland et le faire venir. La Chambre a fait venir le seigneur de Tourtour et Gaufridi : ils ont fait aller une femme pestiférée à l'hôpital. Ont répondu qu'elle n'était pas malade, qu'elle fut visitée et qu'elle a été mise, séparée, au poulailler de l'hôpital. Il leur a été répondu que s'ils n'y mettaient bon ordre la Cour sera contrainte de quitter la ville.

Le président a annoncé qu'il devait aller à Marseille pour les affaires du roi mais, vu que la ville est en danger de peste, il serait bon d'y pourvoir, dans le cas où surviendrait un imprévu et qu'il faut s'occuper des nombreux prisonniers. A été arrêté que MM. Saint-Marc et Somati doivent traiter en urgence les missions à eux confiées et que, en cas d'urgence et de nécessité, la Chambre aille à Aubagne, près de Marseille, interdisant aux villes d'Aubagne et d'Auriol de n'y recevoir aucun étranger.

Quant aux prisonniers, sera achevée la liste des accusés, libérant ceux qui ne sont pas assez chargés tandis que les chargés seront envoyés à Marseille avec les autres détenus pour y être jugés. MM. Somati, Émenjaud, Geoffroy et de Saint-Marc ont été commis pour faire venir les consuls et les députés à la santé de cette ville, vu le danger de peste, pour prendre ensemble les mesures nécessaires. Et a été arrêté que, s'il fallait s'en aller, les greffiers feront porter tous les procès des vaudois et des autres détenus pour crime d'hérésie et rébellion. Sur la requête du procureur, afin de pourvoir aux terres abandonnées par les vaudois, M. Durant est commis ainsi que le juge de Pertuis pour se transporter sur les lieux pour faire labourer ces terres et procéder contre les sacramentaires et prêcheurs.

– 7 juillet. Présents le premier président et cinq conseillers. A été arrêté que les présidents et conseillers se trouvant sur les lieux pour d'autres affaires feront les procès contre les luthériens jusqu'à sentence et exécution.

– 13 juillet. En la chambre du Conseil. Le premier président annonce qu'il est allé à Marseille dont il a fait réparer les murailles et où il a fait interdire tout rassemblement à cause de la peste qui court en ce pays. A réglé le différend entre le viguier et les consuls et entre les seigneurs de Vallauris et de Roussillon, a commandé au consul de faire provision de blé.

Il a fait exécuter l'ordonnance de la Cour touchant les vaudois étant aux galères et les capitaines lui ont dit que beaucoup étaient morts, ne voulant ni manger ni boire, et plus de quatre-vingts sont malades. Ils ont voulu les mettre par la ville ou à l'hôpital, à quoi les consuls s'opposèrent. Il a fait venir les capitaines des galères et a ordonné à chacun de mettre les siens en une maison de la ville, les y fasse garder et nourrir. Il a laissé M. d'Esparron et le juge de Marseille y pourvoir et a commandé aux capitaines de les bien nourrir et entretenir sans les faire ramer ni battre et il a fait la liste de tous les prisonniers qu'il a laissée aux commissaires pour qu'ils fassent diligence pour retenir ceux qui seront accusés et renvoyer les autres pour que les prisonniers ne soient si longtemps détenus.

Le bailli de Manosque est aux portes de la ville et veut entrer. Vu que la peste est en sa ville, il n'entrera ni à Aix ni à Marseille mais qu'il pourra séjourner quelque temps dans une maison aux champs.

A été délibéré ce qu'on doit faire des dettes qui sont réclamées sur les biens des vaudois déjà confisqués. A été résolu de payer sur les fruits vendus les reconnaissances de dette de blé pour semer cette année et que celles qui portent sur des biens non encore confisqués, qu'elles soient présentées. Pour cette affaire sont commis MM. Émenjaud, de Beaumont, Geoffroy, de Léone et Puget pour ensuite en faire rapport à la Cour. A été ordonné que les procédures faites et envoyées par le seigneur de Peynier seront remises aux commissaires tenant les listes et de celles des galères. Un homme sera envoyé à Apt et Pertuis pour chercher les procès faits aux vaudois. Le procureur devra poursuivre les luthériens ainsi que les voleurs et pilleurs de leurs biens pour en faire justice et ceux qui ont mis les vaudois aux galères d'apporter leurs exploits.

M. de Bagarris a fait savoir ce qu'il a fait depuis son départ concernant sa commission contre les vaudois et luthériens et que ceux contre les luthériens prisonniers sont achevés, les autres faits contre les fugitifs pour les uns sont achevés et les autres non. Il lui a été enjoint d'apporter au premier jour ceux qui étaient prêts pour les juger. Pour les autres il pourra y retourner avec un autre commissaire pour les achever. Les requêtes des vaudois demandant à être élargis seront envoyées aux commissaires en charge des listes pour vérification et ils y pourvoiront.

– 14 juillet. En la chambre du Conseil. Vu que la connaissance des causes des communautés appartient à la Cour, elle retient la querelle sur les statuts de Toulon qu'elle commet au premier conseiller qui sera sur les lieux.

– 15 juillet. En ladite chambre. Quant à la peste, quand il s'agira de faire entrer un suspect de peste, élargir des détenus ou faire entrer des suspects qui en auront été chassés, cela ne pourra se faire sans un conseiller à ce commis, deux des consuls et les quatre députés à la santé par la ville. Quand il s'agira de mettre hors de la ville un suspect, de fermer une maison ou de ne laisser entrer des suspects, les consuls ou les députés à la santé ou l'un d'eux pourra le faire seul.

– 15 juillet. Pour libérer ceux qui sont détenus aux prisons ou aux galères il faut vérifier :

* Ceux qui sont des lieux diffamés, s'ils sont accusés du crime d'hérésie ou de rébellion.
* S'ils sont de ceux qui furent de la bande du potier qui se rendirent le 16 mai 1545 ou le 20 mai ou bien de ceux qui furent amenés d'Apt par Fauchaire, auquel cas il faudra examiner Fauchaire.
* S'ils sont de ceux qui furent amenés par le baron de la Garde au commencement.
* Ou s'ils sont d'autres, nommés dans la liste cotée D. Il faudra aussi vérifier s'ils sont de ceux qui se rebellèrent contre Johannis, dont les informations sont entre les mains de M. de Beaumont. Ont été commis les commissaires députés à la poursuite des vaudois pour informer contre tous ceux qui ont commis extorsions, rançonnements et exactions lors de l'expédition, qui sont allés courir sus aux vaudois contre l'ordonnance de la Cour. Il sera envoyé aux commissaires qui travaillent aux extraits des vaudois 30 livres chacun et 15 en attendant.

– 16 juillet. En la chambre du Conseil. A été résolu d'écrire au Luc, où se tient le chapitre des carmes, de pourvoir des provinciaux, prieurs et autres officiers bien formés, sinon il y sera pourvu. Un nommé Oron détenu sera traduit. MM. de Badet et Arcussia prendront tous les sacs des accusés d'hérésie à Marseille pour en faire l'extrait.

– 17 juillet. Tous les conseillers qui ont des procès des luthériens, après avoir entendu les accusés, s'ils nient, feront venir les témoins pour les récoler et confronter, puis en faire le rapport à la Chambre ou à la Cour. Quant aux prisonniers vaudois détenus aux galères, deux conseillers seront commis et iront à Marseille et l'un d'eux pourra les entendre et examiner ; pour les récolements et confrontations, l'un de ces conseillers avec un des officiers royaux de Marseille ; quant au jugement, lesdits conseillers avec l'assistance d'autres officiers.

– 17 juillet. Plusieurs prisonniers pour crime d'hérésie et rébellion ont présenté requête pour être élargis. Vu les dangers de peste qui courent par le pays et qu'il coûterait trop d'argent et de travail de les faire venir des galères et les y renvoyer, a été arrêté pour ceux qui ne sont pas accusés nommément de leur élargir la prison. Pour les autres, deux conseillers seront envoyés à Marseille pour y procéder avec un officier jusqu'à sentence. Quant aux prisonniers à Aix, leur procès sera fait par un ou deux conseillers qui feront leur rapport à la Chambre le plus rapidement possible.

– 18 juillet. Sur les charges présentées par le procureur général contre Me Pierre Johannis, le procureur pourra faire plus ample information, en attendant il n'est pas accusé. M. G. Arcussia a été commis pour les extraits des charges et informations contre les vaudois et il lui a été enjoint d'y œuvrer avec diligence.

– 20 juillet. Commission à M. Durant et au juge de Pertuis de faire les procès à Apt contre certains accusés d'être luthériens. Fut écrit à M. Durant de faire observer et exécuter l'arrêt sur la nourriture des femmes et enfants et contraindre les séquestres des fruits à cet effet. Qu'il soit donné à M. Durant, seigneur de Peynier, cinquante livres et quarante au juge de Pertuis. M. d'Éguilles remplacera M. de Vins pour aller à Digne avec M. de Sainte-Marguerite.

– 21 juillet. Le président a porté la liste des détenus en la Conciergerie. Il a trouvé plusieurs prisonniers qui n'avaient pas encore été examinés et les a répartis à chacun des conseillers pour les interroger. Il a enjoint à Bonnaud, clerc du greffe, de prévoir ce qui est à faire pour faire le rapport pour tout faire distribuer et aussi donner à chaque conseiller commis pour interroger les prisonniers les charges et informations, s'il y en a, sur lesquelles les interroger. M. Somati est commis à assister aux récolements et confrontations des témoins qu'il doit faire avec M. de Saint-Marc. Le premier président a ordonné à Laudener de commander à Joachim Maignan, huissier, d'apporter à la Cour les exploits des commandements faits à ceux qui ont constitué prisonniers des luthériens étant tant aux prisons de cette ville qu'aux galères sous peine de prison.

– 23 juillet. Le premier président a dit avoir sollicité le procureur de faire rapidement exécuter plusieurs commissions et ordonnances de la Cour. Lequel a répondu que ce sont les huissiers et sergents qui diffèrent les exécutions et, même après exécution, ils conservent par devers eux leurs exploits pour se faire payer leurs vacations. A été conclu que tous les huissiers et sergents devront exécuter rapidement les commissions ordonnées par le procureur et de remettre aussitôt leurs exploits au procureur en prenant de lui récépissé en précisant le nombre de journées qu'ils y auront passées sous peine de suspension de leur office la première fois, de privation de leur office la seconde et d'autres peines.

Appelé et interrogé, le geôlier Acurse Néguet a dit que plusieurs prisonniers sont malades de fièvres, de flux de ventre et de mal chaud. Il lui a été enjoint d'en établir la liste et la donner aux commissaires pour voir s'ils sont accusés. Et fut résolu de les mettre à l'hôpital du Saint-Esprit ou en quelque maison de la ville après rapport des commissaires.

– 27 juillet. Présents M. de Glandèves et sept autres conseillers. En réponse aux lettres patentes du roi, données à Falaise le 9 juin, obtenues par Mérite de Trivulce, mère et tutrice de Jean-Louis Nicolas de Bouliers, seigneur de Cental et de la vallée d'Aigues, également par les syndics des villages de cette vallée et présentées par un huissier du parlement de Grenoble, demandant le procès-verbal de l'exécution de Mérindol : la Chambre a répondu que F. de la Font, second président, H. de Tributiis, à présent absents de cette ville, et B. de Badet, conseillers, ont été commis à cette exécution, c'est donc à eux que l'huissier doit s'adresser.

– 3 août. Au vu de la liste des prisonniers, la Chambre nomme dix prisonniers pour lesquels elle ordonne les dispositions à prendre.

– 4 août. Présents le premier président et onze conseillers. Le procureur général fait remarquer que la Chambre des comptes reçoit les oppositions formées contre les confiscations ordonnées par la Cour contre les vaudois, ce qui relève de la Cour. A été résolu de charger le procureur de faire savoir aux gens des Comptes de ne plus se mêler de ces oppositions.

– 5 août. Présents le premier président et sept conseillers. Le premier président signale que M. Durant a envoyé dix prisonniers de Lourmarin, lui disant qu'ils sont accusés. Il a fait extraire par le geôlier la raison de leur emprisonnement et en a donné lecture et met en délibération ce qu'il faut en faire, à la requête du procureur. A été conclu de renvoyer l'affaire aux commissaires députés pour vérifier ce dont ils sont accusés. Et il sera écrit à M. Durant de ne plus prendre de prisonniers, la Cour étant surchargée, jusqu'à ce que les procès des prisonniers soient terminés. Mais qu'il envoie à la Cour les charges qu'il peut avoir contre eux. Le président a communiqué une lettre du conseiller Durant l'avertissant que les femmes que l'on nourrit distribuent des vivres à leurs maris.

– 8 août. Présents le premier président et huit conseillers. Le premier président a été averti que les luthériens se rassemblent, qu'un Jean Tour, Lécrivain et Roland de Ménerbes sont revenus de delà les monts, menant avec eux trente soldats et attendent des secours du val Luserne et de Genève, ont battu à mort un prêtre de Murs. En outre hier soir l'un de ces soldats, qui serait de Digne et qui a déjà été condamné à être brûlé en effigie fut mené par le viguier d'Apt en cette ville car il l'a reconnu et l'interrogea. Il l'amena prisonnier et trouva sur lui un laissez-passer pour vingt-cinq compagnons de guerre. Il fut arrêté qu'il sera interrogé par M. Arcussia et que le juge de Pertuis qui est à Apt fera les procès contre ceux qui sont prisonniers à Apt jusqu'à sentence exclusivement, avec le juge d'Apt, et le procès achevé sera envoyé ici. Ordre au viguier d'Apt de vaquer à ses affaires. Le baille de Mérindol sera de nouveau interrogé par M. de Beaumont. Fut conclu que Lure sera mené aux prisons de l'évêché attendu le renvoi, ainsi que frère Blanqui. François Pellissier, prêtre, y sera mené et son procès sera fait par un conseiller assisté de l'official, de même frère Achard.

– 14 août. Présents le premier président et huit conseillers. MM. de Badet et Arcussia furent commis pour aller à Marseille achever les procès contre les luthériens étant aussi bien aux galères qu'en ville et il leur sera attribué cinquante livres chacun. Sur le rapport de MM. Arcussia et de Beaumont concernant la confession du baille de Mérindol, il a été conclu que ceux qu'il a dénoncés seront pris au corps et les pièces portées au procureur pour conclusion. Raynaud Vian et Jean Sallenc, détenus à Apt et dénoncés par le baille, seront amenés en cette ville.

– 20 août. Le premier président avisa la Chambre qu'il avait été averti qu'un homicide contre un officier du roi avait été commis à Calas et qu'il n'y eut aucune poursuite. Appelé, le procureur a dit que personne ne s'en est plaint à lui et qu'il n'en a rien su. Le lieutenant du sénéchal de Draguignan lui dit que l'affaire était en cours par devers lui. La Chambre lui a ordonné d'en faire les poursuites nécessaires.

– 21 août. En examinant les requêtes, la Chambre a trouvé certaines réponses du procureur inadéquates soit à des vaudois et luthériens pour leur élargissement et relaxation de leurs biens soit à d'autres et ordonne que ces requêtes soient montrées au procureur pour qu'il conclue à l'amende dans l'intérêt du roi et qu'il prenne les conclusions pertinentes. Par exemple, à une requête des moines jacobins de cette ville désirant ouvrir une porte qui avait été fermée par ordre de la Cour, il l'autorisa. Que dorénavant il conclue selon les délibérations de la Cour.

– 26 août. Le premier président remontra que les prisons sont puantes et que les latrines sont remplies à cause de la multitude des prisonniers dont plusieurs sont malades et qu'il ne tient qu'aux commissaires que les procès soient achevés. MM. de Barras et de Beaumont furent commis pour aller visiter les prisonniers et y pourvoir.

– 7 septembre. Furent présentées à la Chambre les lettres patentes de grâce octroyées par le roi aux vaudois. Le premier président a lu un article d'une lettre qu'il a reçue du roi permettant aux obstinés qui ne voudront abjurer de vendre le tiers de leurs biens et de quitter le pays avec leur ménage.

– 9 septembre. Fut arrêté, pour obéir au roi, que les commissaires étant à Marseille interrogeront les prisonniers étant aux galères pour voir ceux qui pourraient jouir de la grâce et rapporteront le tout à la Cour. Les conseillers présents en cette ville feront de même pour interroger les prisonniers qui sont ici.

– 18 septembre. Présents le premier président et 8 conseillers. Quant aux vaudois qui ont été jugés et condamnés, qui n'auront pas autrefois abjuré, qui ne sont pas accusés d'avoir prêché ni d'autres crimes et délits non religieux, après les avoir interrogés sur les informations, leurs complices, les assemblées, leurs entreprises et pourquoi ils ont fait cela, leur ayant fait connaître les lettres de grâce dont ils peuvent jouir s'ils disent la vérité, si leur confession est convenable, ils pourront abjurer et être relâchés, sans faire mention de leurs biens. Quant aux autres, vaudois ou non, il leur sera fait leur procès extraordinaire. De plus a été arrêté que ceux qui abjureront seront condamnés à des amendes selon la qualité des personnes, l'ampleur de leurs biens et la qualité de leur charge pour être employées à la réparation et réédification des oratoires et croix qui étaient sur les chemins de ce pays et que l'on dit avoir été abattus et démolis par les vaudois et hérétiques. Pour ce faire il sera commandé aux évêques et leurs vicaires d'en faire la visite et d'en envoyer la liste sous huitaine sous peine que la visite se fasse à leurs dépens. Fut écrite une lettre à MM. de Badet et Arcussia étant à Marseille pour les en informer.

– 28 septembre. M. A. Geoffroy fut commis pour faire vendre le bétail saisi par le vicomte de Vallerne et mené en cette ville.

– 16 octobre. En la Grand-Chambre. Présents le premier président et six conseillers. Rapport des deux conseillers commis à visiter les prisonniers : certains sont malades faute de bon traitement tant à cause du geôlier que du manque de médecins et d'apothicaires ; ils se plaignent de ce que le geôlier les enferme aux cachots et refuse de leur faire prendre l'air une fois par jour, c'est pourquoi ils tombent en plusieurs maladies, et ont du mauvais pain et quand ils en ont plus et veulent l'échanger pour du vin on leur donne du vin pourri. Fut mis en délibération et aussi ce que l'on doit faire des prisonniers vaudois vu les lettres de rémission qui leur ont été accordées alors que le second président s'attarde à Marseille.

Le premier président a fait remarquer que la question des modalités de la grâce accordée aux vaudois a déjà été réglée. A été arrêté d'enjoindre au geôlier de faire son devoir. Il signalera les prisonniers malades à MM. Émenjaud et de Beaumont, commissaires qui en sont chargés. Il est ordonné au concierge de les mettre au jour en la basse cour, de prévenir les commissaires quand ils sont malades, de bien les traiter leur fournissant bon pain et paille fraîche, de leur donner du vin quand il y a du pain en trop et ce qui est nécessaire, sous peine d'en répondre et que l'on s'en prenne à lui.

Fut conclu de faire publier les lettres de grâce données par le roi à Arques le 8 août dernier par tous les lieux et villages suspects, cités par Jean Serre et Garbille. La proclamation sera criée et le texte affiché à la porte de l'église ou en la place publique pour qu'ils viennent abjurer dans les deux mois. Les lieutenants de Digne et de Forcalquier feront de même. Ceux qui auront abjuré recevront l'administration de leurs biens. Quant à ceux qui sont aux prisons et aux galères, les commissaires députés à les interroger s'activeront pour mettre les procès en état d'être jugés. Et il est enjoint au procureur de faire les poursuites nécessaires pour ces procès. Lundi prochain on fera publier ces lettres de grâce en plein jugement à l'audience. Et que les commissaires à qui l'on a donné des prisonniers à interroger se hâtent d'achever les procès. Le procureur a été appelé dans la Chambre pour lui signifier cette délibération. A été conclu de le faire savoir aux membres de la seconde Chambre, ce que le premier président a fait s'y rendant aussitôt. Il a également invité ceux qui ont des procès des vaudois de les achever toutes affaires cessantes.

– 3 novembre. Suite aux lettres de grâce du roi, des doutes et difficultés d'application ont surgi : si les autres dévoyés, non vaudois sont concernés, de même pour les vaudois ayant déjà abjuré une fois et ceux qui ont été condamnés, ceux qui ont récidivé, ceux qui en plus ont commis d'autres crimes et délits... A été conclu que la grâce sera générale concernant la religion, aux vaudois et autres dévoyés, mais non aux prêcheurs, aux condamnés et aux relaps[25]. Les biens seront rendus à ceux qui auront abjuré mais les fruits déjà saisis resteront au roi. Les quatre conseillers députés à Marseille procéderont à l'exécution des lettres de grâce suivant la résolution adoptée. Ils jugeront aussi ceux qui n'auront pas voulu jouir de ces lettres. Quant à ceux qui sont décédés aux prisons ou aux galères, leurs biens seront délivrés aux veuves et à leurs enfants s'ils les réclament, à charge de les rendre s'il en était ainsi décidé.

25 Relaps : personne retombée dans une hérésie après l'avoir abjurée.

– 10 novembre. A été conclu de faire publier la grâce du roi par tous les sièges. Ceux qui ont été jugés et dont les arrêts n'ont pas encore été publiés, y compris ceux de Grimault, seront interrogés sur la grâce pour qu'ensuite il soit délibéré s'ils peuvent en jouir.

L'APPORT

Le premier apport de ces deux documents tient au fait qu'ils viennent partiellement combler la lacune que présente la série des archives du Parlement. De fait alors que nous sont parvenues les délibérations de 1536 à 1541 et de 1546 à 1551, elles font défaut pour les années 1542-1545[1]. Quoique limités tous deux à la répression de l'hérésie, ces deux registres pallient ainsi le manque de documentation dans ce domaine.

Le premier registre, quoique datant de 1540 et émanant de la justice royale, se situe dans la continuité des procédures de la justice ecclésiastique des années 1530. Le roi, par un courrier du 31 juillet 1531, avait ordonné à l'archevêque d'Aix de procéder à une enquête dans son diocèse pour lutter contre l'hérésie luthérienne. Même si nous ne connaissons que cette lettre, il est vraisemblable que la même dut être également adressée à d'autres évêques du royaume, peut-être même à tous. La réponse aixoise à la missive royale fut tardive puisque datée de 1541 et sans doute suite à un rappel[2], car elle s'insère précisément dans la poursuite des hérétiques ordonnée par les lettres royales du 31 mai 1540. Le document épiscopal nous apprend que l'officialité d'Aix, donc le tribunal de l'évêque, envoya deux clercs par tout le diocèse pour découvrir des « luthériens ». Alors qu'ils s'attendaient à débusquer quelques individus dévoyés, ils eurent la surprise de découvrir qu'il s'agissait de vaudois et de communautés entières hérétiques dans le Luberon. Ils reçurent alors l'abjuration de dizaines d'habitants de Lourmarin, Villelaure, La Roque-d'Anthéron, Cabrières-d'Aigues, La Motte-d'Aigues et Saint-Martin-de-la-Brasque.

Pour sa part l'évêque d'Apt nommait inquisiteur dans son diocèse le dominicain Jean de Roma en novembre 1530. Suite à des plaintes et à la demande du roi, le Parlement ouvrit une enquête contre lui en

1 Arch. départ. Bouches-du-Rhône, respectivement B 3 640 et B 3 641.

2 *Ibid.*, G 250. Cette cote est devenue 1 G 250 suite au transfert des archives d'Aix-en-Provence à Marseille. Ce document, publié par Albanès en 1885 et que j'avais pu consulter dans les années 1980, est désormais manquant.

1533, ce qui nous vaut un important dossier le concernant[3]. Il exerça sa fonction moins de trois ans, la procédure à son encontre ayant interrompu son activité. Il déclara cependant avoir poursuivi plus de 150 suspects d'hérésie dans le diocèse.

Or François Ier, avant même d'avoir reçu la réponse de l'archevêque d'Aix, adressa des lettres patentes au parlement de Provence le 31 mai 1540 lui enjoignant de poursuivre les hérétiques de son ressort, « luthériens, vaudois et autres chargés et diffamés de secte contraire ». Lettres lues à la séance du 20 juillet 1540.

LA JUSTICE EN COUR

Avant de considérer les poursuites engagées contre ces « hérétiques », il convient de nous pencher sur le fonctionnement même de l'institution judiciaire. L'intérêt propre à ces deux registres est d'abord de nous montrer la Cour en action. Gardons toutefois à l'esprit qu'ils n'intéressent pas toute l'activité de la Cour en ces deux années 1540 et 1545 mais seulement ce qui regarde la poursuite des hérétiques. Le Parlement est composé d'abord d'une seule Chambre (1540), puis de deux (1545) : Grand Chambre et Chambre criminelle ou Tournelle. Les arrêts à la barre, par exemple, témoignent de la multiplicité des cas dont le Parlement avait à connaître, principalement des causes en appel. Les vacances étaient copieuses : les dimanches et fêtes ainsi que du 1er juillet au 30 septembre ; les parlementaires œuvraient ainsi, tout compte fait, un jour sur trois. Durant l'été la Cour vaquait : une permanence était assurée par un président et huit conseillers, dite « Chambre ordonnée en temps de vacations », selon la formule qui apparaît régulièrement dans nos deux registres lors des séances tenues durant la période estivale.

La Cour, pour traiter de ces causes, se réunit quinze fois entre le 1er avril et le 7 décembre 1540, soit moins de deux fois par mois. Cinq ans plus tard elle tint trente et une séances entre le 12 avril et le 10 novembre 1545, donc plus de quatre fois par mois en moyenne. Le rythme des séances consacrées à la répression de l'hérésie a plus que

3 Arch. nat. Paris, J 851, n° 2.

doublé ; il traduit la nouvelle importance de la déviation religieuse aux yeux des magistrats, en écho à la préoccupation royale. Très vite la nécessité de poursuivre les hérétiques prit une ampleur inattendue : loin de concerner seulement quelques individus égarés, imprudents ou frondeurs, comme ce fut le cas jusqu'alors, les procédures finirent par englober des centaines de personnes dont il fallait instruire les procès car il s'avéra que, pour diverses raisons, certaines avaient été abusivement dénoncées comme déviant de la foi. Nous en avons un exemple emblématique avec l'aventure advenue à Guillaume Croisson, bâtier[4] de Ménerbes, qui se retrouva sur les galères à Marseille et que la Cour ordonna de libérer, faute de charge[5].

L'accélération et l'augmentation de l'activité antihérétique du Parlement sont patentes. Les registres des arrêts à la barre montrent que, de 1534 à 1539, seuls 32 cas d'hérésie avaient été examinés par la Cour tandis que dans les six années suivantes, de 1540 à 1545, le total atteint 291 : il est passé de quelque 5 cas par an en moyenne à plus de 48. Certes la pression royale s'est faite sentir davantage, mais elle avait commencé à vrai dire depuis 1531, comme nous l'avons vu. En réalité un changement juridique d'importance, survenu alors, permet d'expliquer l'activité accrue du Parlement dans ce domaine. Par lettres patentes données à Fontainebleau le 31 mai 1540 et reçues à Aix le 20 juillet, comme nous l'apprend le premier registre, le roi « informé qu'il y a des personnages luthériens vaudois et autres, chargés et diffamés de secte contraire à la religion chrétienne » attribue au parlement d'Aix-en-Provence « la connaissance en première instance de tous ceux qui se trouveront chargés desdites erreurs ». Jusqu'ici la première instance des crimes pour hérésie relevait de l'officialité, tribunal de l'évêque, ou du sénéchal, le Parlement intervenant seulement en appel. C'est ainsi qu'en 1532 plusieurs sentences des officiaux d'Aix, Arles, Fréjus et Marseille, parvenues en appel, avaient été cassées par le Parlement, qui déclara « avoir été abusivement procédé[6] ».

Désormais tous les suspects d'hérésie relevaient de la compétence immédiate du Parlement. D'où la démarche de la Cour qui demanda

4 Bâtier : fabricant de bâts (ânes, mulets).

5 Arch. départ. Bouches-du-Rhône, B 5 448, 5 mai 1545.

6 Arch. départ. Bouches-du-Rhône, B 3722, par exemple le 31 mai pour les officiaux d'Aix et Marseille.

d'une part à l'official d'Aix copie des abjurations reçues dès 1533 – tout relaps[7] étant passible de la peine de mort – et à Antoine Mangon, notaire d'Apt, celle des procédures effectuées dans le diocèse d'Apt puisqu'il avait servi de greffier à l'officialité d'Apt et l'avait été notamment au tribunal de l'inquisition pour deux interrogatoires de Pierre Griot en 1532[8].

Avec ces registres nous pénétrons dans la Chambre des délibérations, où se prennent les décisions. Nous pouvons en suivre le déroulement. La séance se tient toujours en présence d'un président ou, en cas de défection, du conseiller le plus ancien qui le remplace, ce qui n'advint qu'à deux reprises, les 11 et 16 mai 1545. L'importance des préséances est implicite mais scrupuleusement respectée. Le greffier n'a pas manqué de souligner à la séance du 20 mai 1545 : « Monsieur de Sénas, plus ancien conseiller, répondant pour tous… » (f° 20). Le greffier note les présents, mais pas toujours ; ainsi nous ignorons parfois la composition de la Chambre. Le président ouvre la séance pour donner une information concernant la poursuite des hérétiques (puisque les deux registres lui sont consacrés) qu'il a reçue de la chancellerie, du comte de Tende gouverneur de Provence, du légat d'Avignon ou de quelqu'un d'autre et donne son avis. Le procureur général du roi, sollicité ou non, intervient alors. Suit la décision, suivant la formule consacrée : « La Cour a ordonné et ordonne » ou « Il a été conclu et arrêté ». Le plus souvent le détail de la délibération ne figure pas dans le procès-verbal qui se limite à préciser qu'il y eut délibération et à indiquer la décision. Pourtant, à trois reprises, lors d'affaires particulièrement sensibles, le greffier a relevé l'opinion formulée par chaque conseiller. C'est le cas le 17 décembre 1540, en présence du capitaine Marin, représentant du comte, pour la mise en œuvre de l'exécution ; le 5 mai 1545, après l'exécution, face aux pillages et à la fuite des suspects dans la montagne ; le 18 mai 1545 pour savoir comment nourrir la multitude de femmes et d'enfants errant dans les bois. De plus, à deux reprises, le 5 mai et le 3 novembre 1545, la délibération a lieu « les chambres assemblées » puisque, depuis l'année précédente, à la Grand Chambre avait été ajoutée la Tournelle. Il est à remarquer que l'avis du président, même lorsqu'il parle en dernier, est toujours suivi par l'ensemble des magistrats présents.

À l'occasion de ces affaires se manifestent des différends soit externes, entre la Cour et ses correspondants extérieurs, soit internes, entre les

7 Relaps : personne retombée dans une hérésie après l'avoir abjurée.

8 G. Audisio, *Une inquisition en Provence (Apt 1532)*, Paris, Champion, 2008, p. 271.

composantes du Parlement. Vu la gravité de la situation, le président, au nom de la Cour, ne cesse de demander des précisions sur les décisions qui lui parviennent de la chancellerie royale, lesquelles paraissent sans doute claires à Paris mais qui se révèlent confuses ou floues pour leur application sur place. Ainsi quand le roi accorde sa grâce à ceux qui abjurent, faut-il y inclure les relaps, les « sacramentaires » ? Et d'ailleurs qu'entend-on exactement par « sacramentaires » ? Quinze ans plus tard la question était encore en débat au parlement de Paris[9]. Que faut-il faire des biens des hérétiques qui abjurent alors qu'ils ont déjà été confisqués et parfois vendus ? Les rapports s'avèrent quelquefois tendus : avec le comte de Tende qui doit appliquer la sentence de destruction de Mérindol mais qui tarde ; avec le légat, le vice-légat ou les gouverneurs d'Avignon à propos de sujets du roi emprisonnés en Comtat ou, inversement, des sujets du pape pris en Provence ; avec les consuls de Marseille qui refusent de mettre hors des galères et en ville des prisonniers malades ; avec tel juge local trop prompt à juger et à condamner pour hérésie, etc.

S'ajoutent encore les relations avec les seigneurs de la province. Le 21 juin 1545 il est décidé de procéder contre ceux qui n'ont pas chassé les hérétiques de leurs terres et de saisir leur seigneurie. De même ces tensions apparaissent avec la mise en œuvre de l'exécution et de ses suites. D'abord par l'appel au ban et arrière-ban, auquel les vassaux sont tenus envers le roi, pour participer à l'exécution du printemps 1545 ou pour participer aux frais de l'expédition. De même lorsqu'ils se virent contraints de contribuer à l'alimentation des femmes et des enfants qui demeuraient sur leurs terres, alors que les maris et pères se trouvaient emprisonnés. Enfin, des protestations s'élevèrent après la dévastation de leurs villages et de leurs terres. Nous le voyons avec Mérite de Trivulce, dame de La Tour-d'Aigues et de sa vallée, qui obtint par des lettres patentes du roi d'avoir accès au procès-verbal de l'exécution. Nous pouvons y voir l'origine de la plainte qu'elle déposa et qui, six ans plus tard, aboutit au procès qui se tint à Paris en 1551.

Enfin les rapports avec la Chambre des comptes pouvaient également engendrer des tensions et dégénérer en conflits. Ainsi le 5 juin 1545 le différend est tel « que monsieur le segond président s'en ira avec ung

9 Voir V. Daubesse, *Conjurer la dissension religieuse. La justice du roi face à la Réforme (1555-1563)*, Ceyzérieu, Champ-Vallon, 2019, p. 75-76.

de messieurs les conseillers devers le roy pour l'affère de la Chambre des comptes » (f° 37v°). Et le 4 août 1545, il s'agit d'un véritable rappel à l'ordre : « Monsieur le procureur général remonstra que les maistres rationaulx de la Chambre des comptes prennent cognoissance des oppositions qui sont formées contre les confiscations et exéquutions des arrestz de la Court donnéz contre les vauldoys, ce que doibt apartenir à la Court. De l'affaire mys en délibération fut conclu et arresté de le faire remonstrer par ledit procureur général du roy ausdits gens des Comptes à ce qu'ilz ne se meslent plus de cognoistre desdites oppositions dont la cognoissance apartient à la Court » (f° 72). Ce n'est sans doute là que la partie visible de l'iceberg des oppositions entre les deux Cours.

Mais, outre les tensions avec les institutions externes, d'autres, au sein même du Parlement, apparaissent également. Ainsi les commissions pour aller traiter les affaires sur place suscitèrent des remous de même que l'exécution de l'arrêt de Mérindol, comme il apparaît à la séance du 20 mai 1545, soit un mois après. Certains conseillers ne s'étaient pas rendus sur les lieux qui leur avaient été assignés ; la distribution des commissions elle-même était contestée. Le président dut envoyer un huissier chercher les deux arrêts qui furent à nouveau lus et approuvés par tous. De plus des commissaires ne respectent pas les consignes, tels ceux qui, à Apt, au lieu d'effectuer les procédures sur place envoient les suspects à Aix, alors que c'est à eux d'y pourvoir et que, de plus, la prison aixoise regorge déjà de prisonniers ; ils menacent même d'interrompre leur mission s'il ne leur est pas envoyé quelque subside. D'une façon générale les conseillers se font rappeler à l'ordre plusieurs fois : toutes affaires cessantes, ils doivent se consacrer exclusivement aux procès des hérétiques et en accélérer le traitement.

Enfin, au sein même de l'institution judiciaire, les relations entre le siège et le parquet se manifestent également entre le président et le procureur général. Ce dernier se fait rappeler à l'ordre pour n'avoir pas engagé une information, suite au meurtre d'un officier du roi à Calas ou pour avoir prononcé indûment une restitution de bétail ou encore pour avoir autorisé l'ouverture d'une porte au couvent des dominicains d'Aix alors que la Cour en avait ordonné la fermeture. Le président reproche encore au procureur d'expédier trop lentement les affaires, lequel se défend disant que ce sont les huissiers qui font de la rétention pour n'être pas payés de leurs vacations. En sens contraire, les « gens du roi », procureur et avocat général, à la séance du 30 août 1540, protestent du fait qu'aucun d'eux n'ait été invité à se rendre à Apt et à Digne avec les conseillers commissaires désignés pour y procéder. Le nombre de rappels à l'ordre témoigne de la multitude des dossiers et de la lenteur accrue de leur traitement.

Il apparut clairement que la procédure habituelle ne convenait plus. Jusqu'alors le Parlement jugeant en appel tenait à sa disposition l'ensemble des pièces réunies par la première instance ; désormais il lui fallait instruire lui-même l'ensemble de chaque procès en hérésie. C'est pourquoi le roi autorisa les magistrats d'Aix à se déplacer et même à déléguer l'instruction à des officiers subalternes, se réservant toutefois la sentence et son exécution. Ainsi des conseillers furent nommés commissaires, deux par deux, pour « faire et parfaire » les procès à Apt, Arles, Digne, Marseille, Fréjus… La Cour, sans doute à son corps défendant, se voyait contrainte de procéder à une sorte de décentralisation. Il en résulta toutes sortes de difficultés, les commissaires sur place devant faire face à de multiples tâches : collaborer avec les juges subalternes, correspondre avec la Cour, instruire les procès de trop nombreux suspects, procéder à la confiscation puis à la vente aux enchères des biens saisis… Sans compter les abus de pouvoir et les détournements des juges locaux, comme ce viguier de Tavernes accusé d'avoir saisi plus de meubles qu'il n'en avait déclarés (15 juin 1545, f° 39v°).

La Cour apparaît clairement surchargée pour ne pas dire débordée. En fin de compte une sorte de géographie hérétique fut même établie. Il suffisait, contre toute règle de droit, d'habiter l'une de ces quatorze localités ou d'en être originaire pour être suspect d'hérésie et envoyé sur les galères. La liste en est donnée le 20 mai 1545 : Mérindol, Lourmarin, Villelaure, Cabrières-d'Aigues, La Motte-d'Aigues, Peypin-d'Aigues, Saint-Martin-de-la-Brasque, La Roque-d'Anthéron, Saint-Estève-Janson, Lacoste, Murs, Gargas, Sivergues et Oppedette. À cet égard le Parlement suivit la méthode inaugurée par l'inquisiteur Jean de Roma en 1532. Vu la multitude, il fallait parer au plus pressé. Ce qui fut décidé le 31 juillet 1540 : « Fut conclu et arresté de commencer ladite exécution à ceulx de Mérindol. »

« VAUDOIS ET LUTHÉRIENS »

Dès lors branle-bas de combat au Parlement. Les lettres du roi du 31 mai, enjoignant à la Cour la poursuite des hérétiques et ordonnant de réunir tous les conseillers quoiqu'elle fût alors en vacations, furent reçues et lues le 20 juillet 1540. Le même jour des courriers sont dépêchés d'une part vers le comte de Tende, gouverneur de Provence[10] et, d'autre part, vers tous les conseillers pour les convoquer à une séance urgente à Aix le 28 juillet « pour pourvoir, délibérer et conclure aux dites affaires des luthériens ». Puis demande est adressée à l'official d'Aix de fournir à la Cour la liste de ceux qui avaient déjà abjuré. En réponse, la liste des abjurés est reçue et copiée. Nous connaissons ainsi, pour ce qui regarde le diocèse d'Aix-en-Provence, les 53 habitants de Lourmarin qui avaient abjuré, dont trois déclarés hérétiques et 29 autres qui avaient abjuré à Villelaure, dont un déclaré hérétique. Or cette liste ne correspond que partiellement à celle publiée par J.-H. Albanès[11] : il n'est pas exclu qu'il ait commis quelques erreurs, ayant lu par exemple Bonnet au lieu de Brunet, ce qu'il ne m'a pas été possible de vérifier, le document n'étant plus en place.

De même le greffier adresse un courrier spécial à Antoine Mangon, notaire de la ville, pour lui réclamer les procès intentés contre les « vaudois et luthériens » dont il avait naguère envoyé l'inventaire ainsi que tous les autres qui auraient été faits depuis et qu'il détiendrait. Par le même courrier le greffier lui envoie copie de l'inventaire que le notaire avait adressé à la Cour presque dix ans auparavant, comptant nombre de procédures, également copiée dans le registre. Les archives du Parlement étaient bien tenues ! S'y trouve mentionné le procès contre « Pierre Griot, barbe et prêcheur de la loi luthérienne et vaudoise » dont le procès-verbal – le seul qui nous soit parvenu – a été édité[12]. Il pourrait paraître surprenant que la Cour réclame à un notaire[13] des

10 Claude de Savoie, comte de Tende, gouverneur et grand sénéchal de Provence de 1525 à 1566.

11 J.-H. Albanès, Un nouveau document sur les premières années du protestantisme en Provence et Nouvelles pièces concernant le protestantisme en Provence (1533-1538), *Bulletin historique et philologique*, respectivement 1884, p. 25-41 et 1885, p. 214-230.

12 G. Audisio, *Une inquisition en Provence (Apt, 1532)*, *op. cit.*

13 Il était notaire d'Apt. Un seul registre de son activité a été conservé, daté de 1540 environ : Arch. départ. Vaucluse, 3 E 4/547.

procès instruits par la justice ecclésiastique si nous ne savions par ailleurs qu'Antoine Mangon avait servi de greffier aux procès conduits par l'inquisiteur. Nous savons par exemple que ce fut le cas pour deux des huit interrogatoires de Pierre Griot en novembre et décembre 1532[14]. Il en avait donc conservé par devers lui. En retour le notaire adresse non pas les procès, dont il déclare ne lui en rester que quarante-trois les autres ayant été transmis à l'évêché d'Apt, mais l'inventaire des procédures engagées par l'inquisiteur Jean de Roma[15]. Cette fois la liste, également reproduite par le greffier de la Cour, est bien plus longue, concernant 180 personnes de 13 localités du Luberon : Apt, Bonnieux, Buoux, Gargas, Gignac, Goult, Lacoste, Oppedette, Roquefure, Roussillon, Saignon, Sivergues, Viens, toutes paroisses du diocèse d'Apt. La nature des procédures s'avère très diverse : la plupart sont des procès (167 soit 93 %), parmi lesquels celui de Pierre Griot, mais s'y trouvent aussi des abjurations, des examens, des « révélations », terme technique désignant les dépositions faites spontanément à l'inquisiteur, parmi lesquelles figurent celles portées contre « Catherine Castaigne, condamnée et abjurée » dont nous connaissons le détail puisque le manuscrit a été conservé[16]. S'ajoute encore la liste de dix-sept condamnés de sept villages du Luberon à des amendes impayées et réclamées par l'évêque d'Apt. La transmission ou la réactivation de ces dossiers manifeste clairement la continuité de l'activité judiciaire en même temps que la collaboration, même si elle s'avéra parfois tumultueuse, entre les justices civile et ecclésiastique. Le résultat de ces investigations ne tarda guère.

Le 12 août 1540, alors que le Parlement en est réduit à la Chambre de vacations durant l'été, il est décidé d'écourter les vacances : des courriers partent vers les conseillers absents d'Aix pour les convoquer à une séance pour le 22 août. De plus, suite à la requête des habitants de la vallée d'Aigues, des commissaires leur furent envoyés, chargés d'amener prisonniers plusieurs habitants de ces villages, mission qu'ils ne purent accomplir les gens ayant fui. Les récalcitrants se trouvaient donc en état de rébellion envers la justice et le roi. Mais les poursuites

---

14 G. Audisio, *Une inquisition en Provence...*, *op. cit.* p. 139 et 166, 29 novembre et 11 décembre 1532.

15 L'inquisiteur, lors de son procès en 1533, reconnaissait lui-même : « De cent cinquante qui ont été examinés par moy, je n'en ay mis à la torture que quatre » (*Ibid.*, p. 187).

16 Musée Arbaud, Aix-en-Provence, Ms MQ 755. Trente-quatre « révélants » déposent par-devant l'inquisiteur, dont douze contre elle.

ne se limitèrent pas au Luberon, elles intéressaient divers autres lieux de la province, dans les départements actuels des Alpes-de-Haute-Provence, des Bouches-du-Rhône, du Var mais il s'agit le plus souvent de personnes ou de très petits groupes isolés sans commune mesure avec la densité « hérétique » du Luberon due à la présence vaudoise. En outre nous voyons Mérindol devenir progressivement le point de cristallisation et de fixation des juges, finissant par être le haut lieu de la croisade antihérétique.

Un élément particulier mérite attention : le nom même de « vaudois ». La lettre, plantée sur une des portes de Cavaillon et adressée au Parlement, lue à la séance du 13 décembre 1540, est signée : ceux « de Mérindol et autres pauvres chrétiens, non point vaudois ni luthériens ». De même quelques mois plus tard, dans la supplique, qui est une véritable profession de foi, adressée à la Cour en avril 1541, « André Maynard, Martin Maynard, Peyron Rey et généralement tous les habitants de Mérindol, tant hommes, femmes, filles que petits enfants » dénoncent leurs persécuteurs qui les notent « être vaudois et luthériens, ce que ne sommes, car nous ne tenons rien de Valdo ni de Luther, ni de la doctrine qui procède d'eux, nous contentant de celle seule qui est de Jésus-Christ notre sauveur[17]. » Comment interpréter ce rejet aussi bien de Vaudès que de Luther ?

À la limite le refus d'être luthérien pourrait s'expliquer soit par la différence que des vaudois de tradition ressentaient, opposés à certaines idées du réformateur de Wittenberg, soit parce que la ligne réformée adoptée à Chanforan en 1532 était nettement dans la mouvance calvinienne ou même plus radicale encore. Mais pourquoi récuser l'héritage et le nom de Vaudès ? C'est que ce terme était en réalité diffamatoire, utilisé contre eux par leurs détracteurs. Ainsi pour l'inquisiteur Bernard Gui, au XIVe siècle, « La secte ou hérésie des vaudois ou Pauvres de Lyon prit naissance vers l'an du Seigneur 1170. Elle eut pour auteur responsable un habitant de Lyon, Valdès ou Valdo : d'où le nom de ces sectateurs. » Ce que reprirent plus tard les autres inquisiteurs, tels Nicolas Eymerich et Francisco Peña : « Les vaudois ou Pauvres de Lyon [...] reçoivent leur nom de leur fondateur, un Lyonnais nommé Valdès[18]. »

---

17 J. Crespin, *Histoire des martyrs*, *op. cit.*, t. 1, p. 397 ; mention dans J. Aubéry, *Histoire de l'exécution...*, *op. cit.*, p. 45. Orthographe modernisée.

18 Respectivement : B. Gui, *Manuel de l'inquisiteur*, par G. Mollat, Paris, Les Belles Lettres, 1964, 2 vol., t. 1, p. 35. N. Eymerich-F. Peña, *Le manuel des inquisiteurs*, par Louis

La première raison qui vient à l'esprit est que, vu les circonstances, en décembre 1540 ou avril 1541, suite à l'arrêt de Mérindol promulgué en novembre 1540, les auteurs des documents adressés au Parlement auraient adopté une position tactique, une sorte de double jeu, ce dont ils avaient coutume dans leur comportement quotidien. Pour éloigner l'orage, renoncer ouvertement à leurs croyances. Je pencherais plutôt pour une autre possibilité. De fait, ces dissidents ne se sont jamais eux-mêmes nommés « vaudois » mais « Pauvres de Lyon » ou « Pauvres du Christ ». Se nommer ou se laisser nommer « vaudois » revenait à se reconnaître sectateur. Les vaudois s'y refusaient et pouvaient donc, en toute sincérité le déclarer. Plus tard, il est vrai, cette appellation prit une connotation positive : ainsi l'Église qui en provint dans les années 1560 finit par se nommer jusqu'à aujourd'hui en Italie la *Chiesa valdese* – tout comme le montre l'évolution du nom « chrétien » qui était à l'origine un sobriquet voire une injure. Mais dans les années 1540, à l'évidence, nous n'en sommes pas encore là.

Le premier registre apporte aussi des éléments concernant les « mal sentant de la foi », indiquant pour chacun d'eux nom, prénom et par conséquent sexe, lieu d'habitation, parfois le lien familial et plus rarement la profession, vu que les vaudois constituant plus de 80 % des suspects d'hérésie étaient agriculteurs. Certes la plupart nous étaient connus par les arrêts à la barre mais s'y ajoutent quelques précisions sur la poursuite dont ils étaient l'objet. Sous ce rapport le second registre complète notre information. S'ouvrant immédiatement après l'exécution, il montre comment la Cour est dépassée par ses conséquences, ne pouvant assurer le déroulement normal des procédures face à leur multiplication et aux débordements qu'elle a engendrés. De sorte que, au total, ces deux registres nous livrent le nom de 355 personnes poursuivies pour leur déviance religieuse dont 289 vaudois, soit 81 % de l'ensemble.

Les prisonniers, par leur arrivée massive et l'engorgement des prisons à commencer par celle de la Conciergerie du palais, constituèrent une préoccupation majeure pour les magistrats d'autant plus qu'une épidémie de peste éclata alors, y prenant une proportion démesurée due à la promiscuité carcérale. Le 20 mai 1545 le second président, vu le nombre de prisonniers sur les galères, signale qu'il a délivré commission à des juges de Marseille pour y procéder. Le 5 août la situation ne s'est

Sala-Molins, Paris-La Haye, E.P.H.E.-Mouton, 1973, p. 137.

guère améliorée : la Cour ordonne au conseiller Durant, qui a envoyé dix prisonniers de Lourmarin, de ne plus emprisonner « car la Cour en est trop chargée ». Il fallut finalement prendre des mesures particulières et urgentes pour y remédier, ce qui nous permet d'entrevoir la condition dans laquelle se trouvaient les détenus, dont les noms sont parfois donnés (séance du 3 août 1545). La plupart des prisonniers d'Aix furent ainsi transférés sur les galères de Marseille où ils étaient détenus en garde et non comme galériens de la chiourme, du moins théoriquement puisque le président du Parlement dut le rappeler aux capitaines des galères. Quand J. Aubéry, dans sa plaidoirie qui est en réalité un réquisitoire, en vient aux victimes, il déclare d'abord « que ces pauvres gens fuitifs étaient si épouvantés qu'on les menait en prison et en galère par centaines », et avance ensuite des nombres précis : entre le 4 et le 29 mai 1545, « en toutes ces journées-ci six cens soixante-six personnes sont amenées. Tout cela étant aux galères… La pitié n'y a su remédier avant qu'il ne soit mort sur les galères deux cens personnes en tout, sans compter ceux qui en sont sortis si malades et si maltraités qu'ils s'en vont mourir dans leurs maisons ou par les chemins[19]. » Il cite des débordements de toutes sortes, des hommes vendus par des soldats aux capitaines des navires, même des enfants. De fait Isnard Perrotet, de Lacoste, âgé de 10 ans a été fait prisonnier et « amené à Marseille pour aller sur l'armée de mer[20] ».

Combien d'hommes se retrouvèrent ainsi sur les galères marseillaises ? Le second registre, établi après l'exécution, ne permet pas de le savoir. Il révèle bien le souci des magistrats qui se préoccupèrent de la question du 5 mai au 3 novembre 1545, mais il ne livre qu'une courte liste d'onze prisonniers originaires du Luberon envoyés sur les galères à Marseille « par manière de garde » (28 mai 1545, f° 34v°). J. Aubéry les a estimés à 666. Il n'est pas facile de le vérifier car nous ne disposons pas de listes émanant du Parlement. Pour tenter de les retrouver il faut faire appel à une documentation dispersée : arrêts à la barre, listes de la chiourme des galères dont parfois le lieu d'origine est indiqué et actes notariés ont permis d'identifier 116 prisonniers dont 104 vaudois. Le plus surprenant fut l'apport des quelque deux cents registres notariés de Marseille établis entre 1545 et 1550, dont le dépouillement a livré une

19 J. Aubéry, *Histoire de l'exécution…*, *op. cit.*, p. 175.
20 Arch. dép. Bouches-du-Rhône, 391 E 304, f° 479v°.

quarantaine grâce à leur lieu d'habitation et à leur patronyme, le chef d'accusation étant mentionné plus rarement : « pour crime d'hérésie », « pour crime de lèse-majesté divine et humaine ». Le type d'acte fut également un indice : il s'agit presque toujours d'une procuration que le prisonnier donne à l'un de ses proches pour vendre de ses biens afin de le faire libérer. Nous pourrions nous étonner qu'un prisonnier puisse passer un acte par devant notaire. Mais le doute n'est pas permis grâce à quelques actes plus explicites. C'est le cas par exemple de Jean Bernard, de Carpentras, qui donne procuration à son frère Pierre le 23 septembre 1550 – donc cinq ans après l'exécution – « pour trouver moyen de le faire délivrer des galères où est forsaire[21] détenu et à présent mis en liberté pour passer ces présentes pour échanger, vendre, aliéner ses biens[22] ». Tout aussi claire est la procuration établie par Jean Blanc, couturier de Loumarin, en faveur de son parent André Roet, également couturier du même lieu, « pour arrenter, louer, vendre et aliéner ses biens meubles et immeubles jusqu'à concurrence de quinze écus d'or sol pour racheter et mettre en liberté ledit constituant, lequel à présent étant prisonnier et mis en captivité à la chaîne par force dans la galère du roi notre sire dite La Salamandre[23] ». Voici encore le cas de Jean Jourdan, laboureur de Cabrières-d'Aigues, qui reconnaît devoir à maître Jean Viguier, calfat de Marseille, douze écus d'or sol qu'il lui a prêtés « pour le hôter hors de la galère du capitaine appelée La Bastide où il était détenu prisonnier et pour son rachat[24]. » Tous ces actes sont passés chez des notaires marseillais. Le prisonnier était donc libéré le temps d'être conduit en ville pour y passer son acte. Quant à la somme qui varie, elle pourrait correspondre à l'amende à laquelle il avait été condamné. On mesure les perturbations que ces condamnations ont pu entraîner sur les propriétés et les familles.

Comme il a été signalé, les deux registres ont été établis pour ce qui concerne la poursuite des « vaudois et luthériens ». Or cette expression peut s'interpréter de deux façons différentes et opposées : soit en distinguant les deux termes ici réunis, la poursuite concernant d'une part les vaudois et d'autre part les luthériens soit, au contraire, en estimant qu'ils sont

---

21 Forsaire : forçat.
22 *Ibid.*, 352 E 144, 957v°.
23 *Ibid.*, 352 E 123, f° 1794, 4 février 1546.
24 *Ibid.*, 352 E 141, f° 129, 9 mars 1547.

synonymes ou équivalents, une même personne pouvant être à la fois vaudoise et luthérienne. Comment les parlementaires l'entendaient-ils ? Nous ne possédons aucune explication de leur part susceptible de nous l'indiquer. Mais en examinant les délibérations qui nous sont offertes ne pourrait-on en déduire leur conception ?

Tentons d'abord une analyse lexicale. Le tableau quantitatif suivant peut-il déjà nous mettre sur la voie ?

	Vaudois	Vaudois & luthériens	Luthériens	Total
1540	17	52	10	79
1545	61	71	37	169
Total	78	123	47	248

Ce tableau peut sembler incongru. Il permet toutefois une approche de la conception de l'hérésie que pouvaient avoir les membres du parlement de Provence : le terme « vaudois », seul ou accolé à « luthérien », revient à 201 reprises soit 81 % des occurrences pour qualifier les suspects du crime d'hérésie. N'oublions pas que les parlementaires n'étaient pas théologiens mais juristes. Il leur incombait toutefois d'identifier précisément la charge dont le suspect était accusé afin d'en adapter la peine : il importait donc de caractériser le plus précisément possible l'hérésie dont il était atteint. Mais d'où nos conseillers pouvaient-ils tenir les informations susceptibles de les éclairer afin de procéder avec discernement ? Pour une bonne part, de l'inquisiteur Jean de Roma qui, lors du procès qui mit en cause ses procédures en 1533, adressa au Parlement plusieurs rapports. En effet il avait joint au procès-verbal des interrogatoires menés contre Pierre Griot, trois autres documents : une *Declaratio infelicis secte valdensium* (Déclaration de la malheureuse secte des vaudois) suivie de la *Deffencion de la procédure faicte par frère Jehan de Roma*, complétée par les *Aultres deffencions présentées par Jehan de Roma*[25]. Or le dominicain était docteur en théologie et professeur d'Écriture Sainte mais pas juriste. Ainsi dans ses procès, par ignorance ou à dessein, il affecta parfois aux vaudois qu'il interrogeait des croyances luthériennes ou même plus radicales encore, comme le refus de payer la

25 Archiv. nat., Paris, J 851, n° 2, respectivement f° 167-223v° (procès), 225-255v° (*Declaratio*), 257v°-266 (*Deffencion*), 267-275v° (*Aultres deffencions*).

dîme au clergé ou de ne pas croire en la présence réelle du Christ dans l'eucharistie. Il condamna même une certaine Jeanne Bosc à être brûlée pour avoir traité Marie de prostituée, ce que l'inquisiteur attribua à la Vierge Marie alors qu'elle parlait de Marie-Madeleine[26].

Tout porte à penser que l'expression la plus courante en 1540, « vaudois et luthériens », découle de l'ignorance de ces magistrats quant à la distinction entre les deux voies dissidentes, engendrant la confusion. D'ailleurs le terme « luthérien » sent l'importation : c'est celui qu'utilise la chancellerie royale dans ses documents adressés au parlement de Provence comme aux autres Cours du royaume, même si elle a le soin de les adapter à la situation provençale en utilisant le terme « vaudois », vu qu'une dizaine d'années auparavant le roi avait été alerté et informé par les procédures de Jean de Roma. L'accusation de « luthérien » dans les registres du parlement d'Aix apparaît pour la dernière fois en 1557, alors que Luther est mort en 1546, mais il est vrai que ses idées continuaient à circuler. Le relais fut pris, si l'on peut dire, par Calvin définitivement installé à Genève en 1541. Dès 1545, à la séance du 5 mai, il est rapporté que la ville d'Aix-en-Provence elle-même serait atteinte « car l'on dit qu'il y a de rues qu'on les appelle le petite Genève » (f° 5v°) et, à partir des années 1550 la référence à Calvin ou à Genève remplace la mention luthérienne.

La première référence à Genève comme chef d'accusation apparaît en 1549 à propos de Jean Jacquème de Cadenet, alors détenu à Aix, « pour avoir porté ung pacquet de lettres à luy baillées [données] par aulcuns du présent païs de Prouvence résidens en la ville de Genève pour icelles conduire et expédier à certains leurs parents, amys et alliéz de ce dit pays suspectz de crime d'hérésie[27]. » Trois ans plus tard, sur la requête du procureur du roi, la Cour ordonnait l'arrestation de sept suspects d'hérésie qui s'étaient « retirés » à Genève dont les trois frères Jacquème[28] : Jean, en fuite, avait rejoint Genève, y étant reçu habitant le 4 septembre 1551 avec son frère Guillaume, tandis que le troisième, Barthélemy, les rejoignait le 16 décembre 1555[29].

---

26 Arch. nat., Paris, J 851, n° 2, f° 18v°.

27 Arch. départ. Bouches-du-Rhône, B 5 451, 20 décembre 1549.

28 *Ibid.*, B 5 453, 22 décembre 1552.

29 P.-F. Geisendorf, *Livre des habitants de Genève, t. 1, 1549-1560*, Genève, Droz, p. 19, 60.

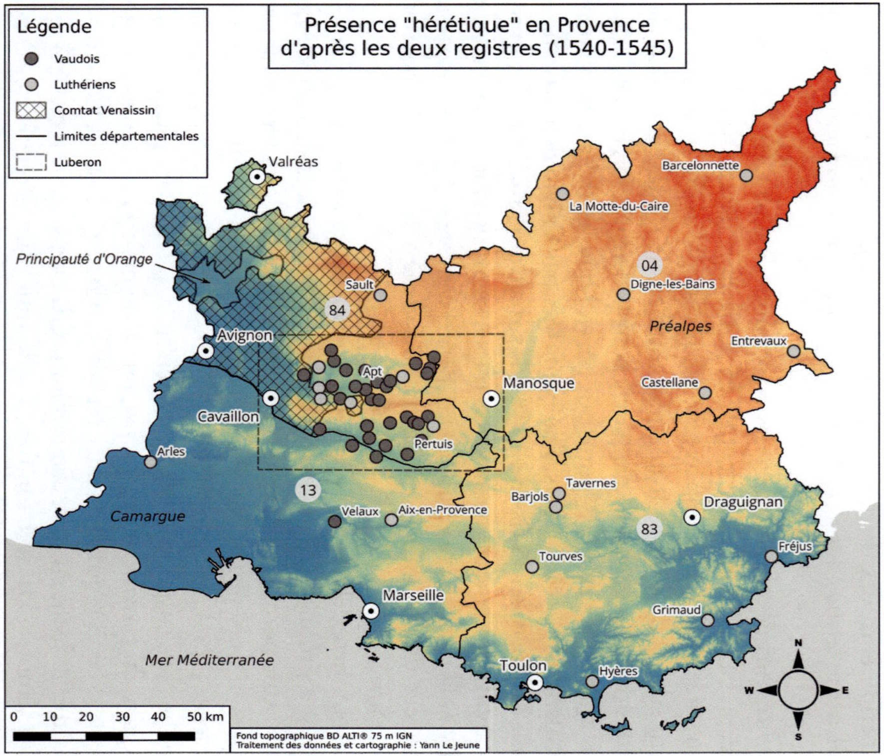

FIG. 5 – Carte. Présence « hérétique » en Provence.

Du point de vue de l'identification hérétique peut-on constater une évolution dans l'emploi du vocabulaire entre ces deux « temps » ? De la comparaison entre les deux registres une réalité se dégage : tandis qu'en 1540 la double appellation « vaudois et luthériens » représente 66 % des occurrences, elle tombe à 42 % cinq ans après. Ce déclin pourrait-il être interprété comme un cheminement vers la distinction entre vaudois et luthériens, un affinement en quelque sorte dans la détermination de la charge contre le prévenu ? Les documents ne permettent pas de l'affirmer. En revanche l'examen des arrêts à la barre, émis par les mêmes parlementaires dans ces mêmes années, peuvent-ils nous aider dans cette démarche ? En effet il arrive qu'un même accusé soit poursuivi ou même convaincu d'hérésie vaudoise et luthérienne, ce qui prouve assez l'ignorance et la confusion dans lesquelles se trouvaient les juges car, en tel cas, le doute n'est plus de mise : le même inculpé ne pouvait être à la fois vaudois et luthérien, ce qui jette un éclairage sur la compétence limitée des magistrats en la matière. Du reste l'examen des arrêts à la barre, prononcés entre 1534 et 1559 où figure le chef d'accusation révèle que sur les 584 cas de déviance religieuse examinés, celui qui revient le plus, pour 51 % des cas, est « hérésie », alors que « vaudois » seul ne figure que 4 fois, « vaudois et luthérien » 8 et « luthérien » seul 34 fois. Voilà qui dénoterait non pas nécessairement une meilleure information des magistrats mais peut-être une plus grande prudence, se limitant à ce terme générique d'hérésie, sans qualification plus précise. Il semblerait donc qu'en cette première période de la « chasse » aux hérétiques, les juges provençaux aient eu quelque mal à distinguer, parmi « les mal sentant de la foi », les tenants de la déviance vaudoise héritée de la période médiévale, des « luthériens », catholiques romains adhérant aux nouvelles orientations réformées.

La carte établie à partir des poursuites engagées par le Parlement, telles qu'elles ressortent de ces deux registres, montre bien l'opposition entre les deux réalités : d'une part un Luberon à la forte densité et, d'autre part, la grande dispersion des autres dans le reste de la Provence. Elle correspond en fait à la distinction entre les vaudois, qui se nommaient eux-mêmes « Pauvres de Lyon », et les catholiques acquis aux idées nouvelles de la Réforme appelés « luthériens ». Distinction que les magistrats aixois ont eu du mal à constater et même à concevoir.

Mais ce dont la carte ne rend pas compte c'est l'aspect quantitatif : le nombre de suspects poursuivis pour hérésie durant ces quelques mois, à savoir 355 dont 289 vaudois. En sa séance du 20 mai 1545 la Cour décida d'envoyer prisonniers sur les galères marseillaises tous ceux qui avaient été arrêtés et qui habitaient les villages suivants décrétés suspects : Mérindol, Lourmarin, Villelaure, Cabrières-d'Aigues, La Motte-d'Aigues, Peypin-d'Aigues, Saint-Martin-de-la-Brasque, La Roque-d'Anthéron, Saint-Estève-Janson, Lacoste, Murs, Gargas, Sivergues et Oppedette. Il suffisait donc d'y habiter pour être suspectés d'hérésie ! Le Luberon se taille bien la part du lion pour la présence hérétique en Provence en ce milieu du XVIe siècle.

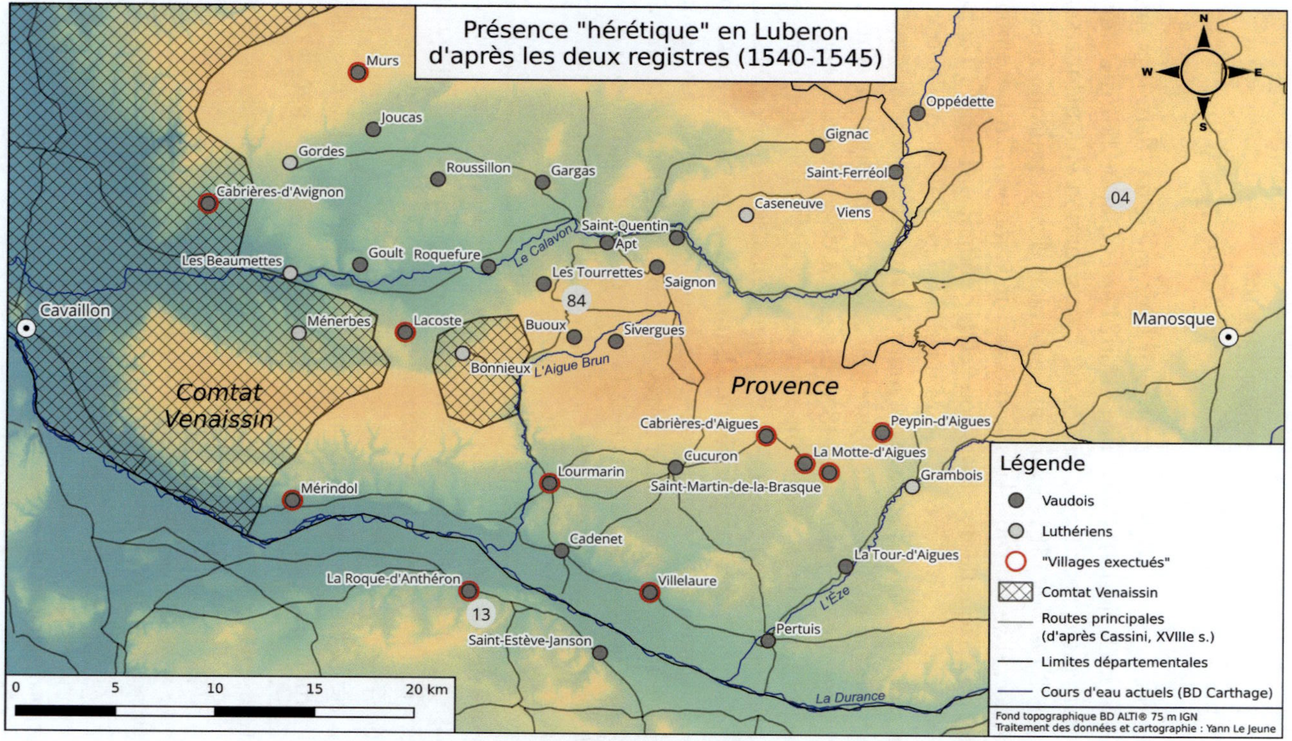

FIG. 6 – Carte. Présence « hérétique » en Luberon.

MÉRINDOL

Le nom de ce village apparaît pour la première fois dans le premier registre le 21 juillet 1540. Peu avant, l'attention de la justice avait été attirée sur ce village. Est-ce dû à sa situation en quelque sorte hybride ? De fait s'il relevait du parlement d'Aix, puisque situé en Provence, il se trouvait dans le diocèse de Cavaillon, en terre pontificale, avec laquelle d'ailleurs son terroir était limitrophe[30]. De plus son seigneur était l'évêque de Marseille[31]. Comme bien d'autres, il avait été abandonné lors des grandes calamités du XIVe siècle ; dès 1400 il est classé parmi les *castra inhabitata.* Son seigneur adressait une supplique au pape en 1448 se plaignant de son terroir « détruit, effondré et inhabité », réduisant ainsi ses revenus[32]. Toutefois la reprise s'annonce peu à peu : en 1494, l'évêque louait le terroir de Mérindol pour dix ans à quatre agriculteurs. Enfin le 3 août 1504 il passait un acte d'habitation avec onze nouveaux habitants, dont les quatre locataires de 1494[33]. L'acte inclut cette condition concernant les nouveaux colons : « pourvu qu'ils soient de bonne conversation, de nom connu et de bonne vie et réputation » ; ce qui semble avoir été le cas. Trop heureux de trouver de nouveaux sujets, prêts à cultiver le terroir et à verser les redevances seigneuriales, il est plus que vraisemblable que l'évêque de Marseille, pas plus que les autres seigneurs du Luberon, n'ait poussé plus avant son enquête sur les nouveaux habitants. Cependant, pour dix d'entre eux, le patronyme seul indique déjà l'appartenance vaudoise, vu que l'homogamie régnait dans cette communauté et, de plus, ces colons provenaient très probablement de villages vaudois du Piémont, ce qui, pour cinq d'entre eux, est confirmé par des actes

30 Le diocèse de Cavaillon comptait seulement seize paroisses, toutes localités dans le département actuel de Vaucluse : 13 se trouvaient en Comtat et 3 en Provence, à savoir Gordes, Goult et Mérindol.

31 Pour Mérindol voir B. Peyre, *Histoire de Mérindol en Provence*, Avignon, 1939, rééd. Marseille, Laffitte Reprints, 1971.

32 Archives vaticanes, Suppl. Nicolas V, n° 422 (en réalité 429), f° 81. Publié par H. Denifle, *La désolation des églises, monastères et hôpitaux en France pendant la guerre de Cent Ans*, Paris, 1897-1899, 3 vol., t. 1, p. 434-435, n° 907 : « diruptum et *collapsum et inhabitatum* ».

33 Arrentement de 1494 : Arch. com. Mérindol, traduction de 1832. Acte d'habitation de 1504 : Arch. départ. Bouches-du-Rhône, 5 G 597.

notariés[34]. L'affouagement – sorte de recensement des foyers – effectué le 22 juin 1540 indique que le village comptait trente-quatre maisons ou bastides[35].

FIG. 7 – Mérindol en 1597 (dessin).
British Museum, Ms addit. 17402.

Pourtant c'est seulement en octobre 1539 que l'attention de la justice se porta sur Mérindol, suite aux aveux de Jean Serre, dit le boiteux de Murs, Celui-ci avait déjà été suspecté d'hérésie luthérienne et interrogé en avril 1537 par l'évêque de Carpentras, Jacques Sadolet, Murs étant dans son diocèse[36]. Jean Serre s'en tira alors avec une exhortation et sa

34 G. Audisio, *Migranti valdesi. Delfinato, Piemonte, Provenza (1460-1560). Migrants vaudois. Dauphiné, Piémont, Provence*, Turin, Claudiana, 2011, voir fichier final : Meynard, Pellenc, Vian.

35 Arch. départ. Bouches-du-Rhône, B 201, f° 15.

36 Jacques Sadolet, évêque de Carpentras (1517-1547), cardinal en 1537.

promesse à vivre en la sainte Église catholique romaine[37]. Lors de son procès en 1532 Pierre Griot avait reconnu être en apprentissage chez lui pour devenir, comme lui, barbe vaudois, c'est-à-dire prédicateur. Jean Serre est arrêté et, en décembre 1539, il reconnaît avoir erré en ses croyances, s'en repent et se livre à une longue confession, dénonçant de nombreux vaudois chez lesquels il a prêché[38]. Le document, tel qui nous est parvenu, est tronqué : il ne mentionne pas Mérindol. Mais Jacques Aubéry, avocat du roi pour le procès intenté au parlement de Provence à Paris en 1551, consulta le document en son intégralité et déclara que Jean Serre avait dénoncé « le magister de Mérindol » et affirmé que « tous ceux de Mérindol excepté cinq ou six maisons » étaient hérétiques[39]. En 1540, Jean Serre était détenu en la Conciergerie d'Aix[40]. Par ailleurs la déposition d'Ambroise Garbille, prêtre, confirma ses dires, ce qu'Aubéry reprit aussi ; la liste des habitants de Mérindol suspects d'hérésie vaudoise se retrouve dans le premier registre. Sur la base de ces deux dépositions, la Cour décréta de prise de corps 154 personnes et acquit surtout la certitude que les deux hauts lieux de l'hérésie étaient Mérindol et Cabrières-d'Avignon. Ce dernier étant en Comtat il ne relevait pas du parlement de Provence mais de la justice pontificale. Restait donc Mérindol, qui devint ainsi le point de fixation de l'action des juges aixois.

La Cour devait vérifier l'état de tous les procès ouverts et leur donner suite. La tâche s'annonçait immense, d'autant qu'elle avait en charge bien d'autres domaines que les déviances religieuses. Elle fut donc contrainte d'opérer par ordre d'urgence, après avoir réuni les dossiers. En la délibération du 30 juillet 1540,

> Fut arrêté et conclu, vu les charges et informations, interrogatoires, réponses, confessions et accusations de Jean Serre et Ambroise Garbille, prisonniers, et les conclusions du procureur général du roi étant au pied desdits informations et procès que tous les nommés ès rôles extraits desdites confessions et procès auxquels ledit Serre disait avoir prêché et dogmatisé les erreurs luthériennes et vaudoises, ensemble les barbes étant auxdits rôles, seront pris et saisis au corps et amenés prisonniers ès prisons de la Conciergerie, qui appréhender

37 Bibliot. com. Inguimbertine, Carpentras, Ms 1358, f° 522.

38 *Ibid.*, Ms 1359, f° 356.

39 J. Aubéry, *Histoire de l'exécution de Cabrières et Mérindol…*, Paris, Cramoisy, 1645, p. 24, rééd. G. Audisio, Paris, Les Éditions de Paris, 1995, p. 24.

40 Voir le premier registre, f° 56, 28 août 1540.

les pourra et, à faute de pourvoir être appréhendés, seront ajournés à trois brefs jours, de quatre en quatre jours, à comparaître en personne par devant ladite Chambre pour répondre…

Ce qui signifie que les nommés sur cette liste avaient été reconnus fortement suspects. Ils étaient convoqués en Parlement et, à défaut de comparution, condamnés à 500 livres tournois d'amende et au bannissement hors du royaume, étant déclarés coupables des crimes dont ils étaient accusés. De plus tous leurs biens seraient saisis et confisqués à la main du roi. La Cour décida également le même jour de « commencer par ceux de Mérindol » qu'il fallait arrêter :

Rôle de ceux dudit Mérindol extrait du procès et délivré audit Cortin, huissier.
Mérindol, de l'évêché de Cavaillon :
- La maison de Andrieu Maynard, baille et toute sa famille
- La maison de François Maynard et toute sa famille
- La maison de Martin Maynard et famille
- La maison de Jacquet Maynard et famille
- La maison de Michel Maynard et sa famille, cousin dudit Jean Serre
- La maison de Jean Pont et sa femme
- La maison du tournejayre [potier], sa femme et enfants
- La maison de Bertin Vyan, sa femme et enfants
- La maison de Jean Pelenq, sa femme et ses enfants les grands
- Et plusieurs autres maisons situées au haut dudit Mérindol, desquelles ne sait les noms.

Au bas dudit Mérindol :
- La maison de Peyron Rey et toute sa famille
- La maison de Philippon Maynard et toute sa famille
- La maison du maistre de l'escolle appelé Jacques, en laquelle a vu demeurer trois ou quatre fuitifs de Tourves et cuide [croit] qu'ils y sont

Généralement toutes les maisons dudit Mérindol tant haut que bas sont de ladite secte excepté trois ou quatre car y a prêché y a environ un an.
Les maisons du tournejayre et du carbonnier n'en sont point.

Ceux qu'a nommé Garbille à Mérindol :
- Me Elyon de Tourves
- Pomier, relieur de livres
- Marthe sa femme qui a été nonnain à Nîmes
- Favier, de Tourves
- Thomas, du Plan-d'Apt
- Guillaume le Normand

D'évidence le document se compose de deux ensembles : le premier issu des déclarations de Jean Serre dit Bérard ; le second provenant de celles d'Ambroise Garbille. Si ce dernier désigne nommément des personnes, le premier indique surtout des « maisons » c'est-à-dire des familles. Il est curieux de constater un tel flou dans un acte judiciaire. La justice ne saurait s'en contenter car la responsabilité est nécessairement personnelle. Jacques Aubéry, l'avocat du roi dans le procès qui se tint à Paris en 1551, ne manqua pas de relever la faiblesse juridique de cette liste, dont il fit le premier appel de son réquisitoire[41] :

> Le rôle que baille le greffier contient 19 personnes nommément et de ces 19 il y en a sept avec lesquelles le décret comprend leurs femmes et famille [...] Le rôle de leur greffier, qui devait nommer ceux contre qui ils décrètent [...] porte ces mots (après avoir nommés quelques-uns) : « et plusieurs autres maisons situées au haut dudit Mérindol », desquelles ne sait le nom, et après avoir nommé quelques autres, le décret porte ces mots : « généralement toutes les maisons dudit Mérindol sont de ladicte secte, excepté trois ou quatre », qui ne sont pas les paroles des juges, mais les paroles de cet hérétique nommé Jean Serre dit Bérard. [...]
>
> Il se voit qu'il y a tel des enfans ajournés qui n'a pas trois ans, femmes enceintes, femmes vieilles et impotentes, qu'aucuns [certains] des ajournés ne furent jamais au monde ; même les grands enfans d'Hugues Pellenc, lequel n'eut jamais d'enfans ; un Bertin Vian ne fut onc [jamais] connu ; Guillaume le Normand n'a point été vu à Mérindol et quant à Hélion de Tourves, Jacques maître d'école, Pomery relieur et Marthe sa femme qui fut nonnain à Nîmes, Claude Favery et Thomas du Plan, ne sont point dudit lieu de Mérindol... De cet arrêt est notre premier appel...

Ce groupe de peut-être une cinquantaine de personnes peut paraître infime au regard de l'ensemble des procédures en cours ou à venir. Mérindol devint pourtant le point névralgique de toute l'affaire, alors que ses habitants n'étaient pas les seuls à être suspectés d'hérésie. Les séances de la Cour tenues entre août et novembre 1540 permettent de comprendre l'enchaînement qui conduisit au fameux « arrêt de Mérindol ».

Le 3 août 1540 se présentent au Parlement « deux paysans qui se disent envoyés par les communautés de Cabrières et de Villelaure, qui ont dit qu'il y est bruit que les gens de monsieur le comte de Tende y doivent aller et ils craignent d'être affolés [maltraités] et pillés,

41 J. Aubéry, *Histoire de l'exécution de Cabrières et de Mérindol...*, *op. cit.*, p. 27-28, 35, 37.

c'est pourquoi ils ont été envoyés pour offrir toute leur obéissance. » Le bruit commençait ainsi à courir que les hommes d'armes, sous le commandement du gouverneur de Provence, qui à ce titre disposait des forces armées, allaient arriver. La réponse du procureur aux deux émissaires était prévisible : qu'ils reviennent avec une procuration en bonne et due forme et la liste des noms de leurs mandants. Ce qui fut fait : le 12 août est présentée à la Cour une « requête des manants et habitants de Cabrières-d'Aigues, La Motte-d'Aigues et Saint-Martin-de-la-Brasque » avec procuration de cinquante chefs de famille de Cabrières dûment nommés. Ils assurent la Cour de leur obéissance au pape, au roi et à ses officiers ; ils protestent contre les bruits qui courent selon lesquels ils feraient des assemblées en armes et fortifieraient certains lieux. Et ils demandent à la Cour de bien vouloir envoyer un ou deux de ses conseillers pour le vérifier sur place. La réponse exige qu'ils livrent à la justice pour être emprisonnés ceux qui sont désignés, soit sept hommes de Cabrières-d'Aigues, quatre de La Motte-d'Aigues et trois de Saint-Martin-de-la-Brasque. Il est également décidé d'envoyer à Cabrières l'huissier Pierre Sanson pour enquêter sur place.

Le 22 août, de retour, l'huissier fit son rapport : les gens de Cabrières ont déclaré qu'il ne leur appartenait pas de livrer des habitants de La Motte et de Saint-Martin, quant à ceux de Cabrières ils ne le peuvent pas davantage, vu qu'une partie d'entre eux sont morts et les autres absents, mais qu'ils feraient le nécessaire prochainement pour les avoir. Le même jour est lue à la Cour une lettre du comte de Tende : il a envoyé à la Cour son maître d'hôtel pour savoir quelle suite donner dans l'affaire de Mérindol ; il annonce qu'il doit se trouver avec ses troupes à Cabrières, évitant dans un premier temps de faire usage des armes. Le Parlement décide alors d'envoyer à Mérindol deux huissiers avec un capitaine et sa troupe pour exécuter les prises de corps décrétées.

Le 28 août, la Cour entend le rapport de cette mission, présenté par le premier huissier : les gens de Mérindol avaient quitté les lieux et s'étaient tous retirés avec ménage et meubles dans le bois et les métairies ; d'après les rentiers du lieu, ils s'y seraient alliés et fortifiés, c'est pourquoi ils n'ont pu saisir au corps lesdits enrôlés ; il les a donc ajournés à trois brefs jours et il n'a pu procéder à l'inventaire des biens car ils avaient emporté et caché tout le mobilier et il ne trouva personne pour lui indiquer où. Sur ce rapport, il fut conclu par la Cour d'envoyer au comte de Tende le double du rapport pour qu'il fasse abattre lesdites cavernes et lieux forts et qu'il envoie des gens pour fouiller le bois et saisir au corps les enrôlés. Appelé, l'avocat général estima que l'huissier avait bien rempli sa mission et que, d'après son rapport, il s'agit « d'une simple fuite et évasion par crainte de justice mais n'appert point qu'ils se soient mis en troupe, assemblée ni congrégation illicite », c'est pourquoi il demande de s'informer plus précisément avant d'aller plus avant. Le Parlement envoie également d'une part au gouverneur de Provence et d'autre part, à celui du Piémont et au Parlement de Turin la liste des suspects d'hérésie dénoncés par « Jean Serre dit Bérard du lieu de Murs, qui est l'un des barbes dogmatisant en la secte luthérienne et vaudoise » avec le nom des lieux dans lesquels les barbes se réunissent en Piémont.

Le 30 août, à la requête de l'avocat général présentée le 28, il est décidé de donner commission à un huissier ou à un sergent et à un juge de s'informer pour savoir si les habitants de Mérindol sont en troupe et en assemblée illicite dans les bois et en armes et s'ils y tiennent des « lieux forts » ; s'il s'y trouve une école répandant les erreurs luthériennes et vaudoises ; si des luthériens, vaudois et barbes chassés d'ailleurs s'y sont réfugiés ; s'il y a des imprimeurs qui produisent des livres de ces erreurs ; si l'on y fabrique de la poudre et des munitions. On le voit, un glissement s'est opéré : il ne s'agit plus seulement de poursuivre les quelques habitants ajournés à comparaître mais de s'enquérir sur les activités de la population, impliquant la complicité de l'ensemble de la communauté.

Deux mois plus tard, le 30 octobre, la Cour constate que, le délai prescrit étant passé, les habitants de Mérindol convoqués ne se sont pas présentés et, suivant la réquisition du procureur, décrète l'arrêt de défaut et dépêche un conseiller auprès du comte de Tende pour l'en informer et lui demander de prendre les mesures nécessaires. Au retour de cette mission, François Rascaz en rend compte le 4 novembre : le gouverneur a trouvé l'arrêt bon mais son adjoint étant à Marseille, il attend son retour pour voir avec lui comment appliquer l'arrêt et, dès son retour, il le dépêcherait aussitôt auprès de la Cour pour l'informer de la décision. Mais le comte a ajouté : « et cependant que la Cour sursoie à la publication d'icelui arrêt. » Cette dernière mention est d'importance car tout texte législatif ou judiciaire ne peut être appliqué qu'une fois publié « afin que nul n'en prétende ignorance ».

Le 17 novembre nouveau rapport d'un conseiller revenant d'une mission auprès du comte : la Cour peut procéder à la publication de l'arrêt ; quant à lui il attendra de voir la réaction de ceux de Mérindol ; il prendra les dispositions pour assembler les troupes et écrira au légat d'Avignon pour que les fugitifs ne se réfugient pas au Comtat et, pour que ceux de Mérindol « ne bougent », il y enverra ses gens. Il demande aux « gens du roi », c'est-à-dire le procureur général et l'avocat général, de requérir « pour mettre quelque argent pour payer les frais ». Il fut alors conclu de prononcer l'arrêt, c'est-à-dire de procéder à sa publication, ce qui fut fait le lendemain 18 novembre en présence du président et d'onze conseillers, avec commission au premier huissier de l'exécuter et l'avocat général fut envoyé au comte pour l'en informer et le prier de procéder à l'exécution. Le même jour un autre arrêt « fut publié à Jacques Pellenc condamné à être brûlé, pareillement contre Guillaume Serre ».

Désormais la procédure est achevée, l'arrêt publié, mission donnée au comte de l'exécuter. Pourtant cette exécution, qui aurait dû se produire quelques jours ou tout au plus quelques semaines plus tard, le temps de rassembler les hommes et d'arriver sur place, ne suivit pas.

RÉACTIONS DES VAUDOIS

Loin de rester inactifs face aux menaces puis aux sentences et aux condamnations, enfin aux exactions qui les frappèrent, les habitants des villages du Luberon concernés ne restèrent pas sans réactions. Pourtant celles-ci ont été peu mentionnées jusqu'ici. Dans un premier temps ils multiplièrent les démarches auprès des diverses instances. En complétant celles que nous connaissons par ailleurs (ci-dessous en italiques), nous aboutissons au tableau que voici, dans lequel elles sont mises en regard avec les décisions royales :

Date	Actes royaux	Recours des vaudois
24/06/1539	*Lettre à l'archevêque d'Aix contre hérétiques*	
28/07/1539	*Lettres royaux contre les luthériens*	
01/04/1540	*Lettres patentes contre les hérétiques*	
31/05/1540	Let. patentes : parlement d'Aix, 1re instance	
01/06/1540	Édit contre les hérétiques	
03/06/1540	Lettres missiv. contre les hérétiques en Povence	
03/08/1540		Requête de deux paysans au Parlement
08/08/1540		Requête de Cabrières, La Motte, Saint-Martin-de-la-Brasque
12/08/1540	Prise de corps contre ceux de Cabrières, La Motte, Saint-Martin-de-la-Brasque.	
31/08/1540	*Lettre à l'arch. d'Aix contre hérétiques*	
02/09/1540		*Requête de Mérindol au Parlement*
18/11/1540	(Arrêt de Mérindol du Parlement)	
25/11/1540		Lettre de Mérindol au Parlement
14/12/1540	Lettres d'exécution de l'arrêt de Mérindol	
08/02/1541	Lettres de pardon si abjurent dans trois mois	
10/04/1541		*Autre requête au Parlement*
--/08/1541		*Requête condamnés Mérindol + 12 villages*
14/10/1541		*Requête des défaillants au Parlement*
25/11/1541		*Lettre de Mérindol au Parlement*
14/12/1541		*Demande de grâce de Mérindol*
--/01/1542	*Lettre Conseil du roi contre hérétiques de Provence*	
--/01/1542	*Lettre à l'archev. d'Aix contre hérétiques*	
--/05/1542	*Lettres de grâce sous réserve d'abjuration*	
30/08/1542	*Lettres patentes contre les hérétiques*	
1543		*Confession de foi au roi*
17/05/1543	*Lettres de grâce sous réserve d'abjuration*	

23/07/1543	*Édit aux inquisiteurs contre hérétiques*	
14/09/1543	*Lettres de grâce sous réserve d'abjuration*	
--/05/1544	*Lettres de grâce sous réserve d'abjuration*	
1544		*Requête auprès du roi*
14/06/1544	*Lettres révoquant les lettres d'exécution*	
01/01/1545	Lettres d'exécution de l'arrêt de Mérindol	
13-20/ 04/1545	(Exécution de Cabrières et Mérindol)	

Il ressort de ce tableau limité à la période précédant l'exécution, onze initiatives vaudoises : neuf auprès du parlement de Provence et deux par devers le roi. Elles présentent presque toutes le même fonds commun : plainte des violences subies, protestation de leur bonne foi chrétienne et de leur obéissance au roi et à ses officiers, refus d'être traités d'hérétiques, enfin demande que des envoyés viennent les trouver et leur montrer en quoi ils sont mauvais chrétiens.

Parmi les adresses envoyées à la Cour par les vaudois, il convient de s'arrêter sur celle datée du 25 novembre 1545 – une semaine après l'arrêt de Mérindol – lue en séance le 12 décembre. D'abord par son mode de transmission. Tandis que les autres parvenaient au Parlement par le truchement des avocats ou les procureurs des vaudois, celle-ci fut placardée sur une porte de la ville de Cavaillon. Méthode bien cavalière ! Probablement inspirée par la crainte. Mais elle tranche aussi par son contenu. Habituellement les auteurs faisaient profil bas si l'on peut dire. Si, comme dans les autres, ils se plaignent des maux qu'ils subissent de la part de leurs ennemis, appelés ici « iniques », et protestent de leur foi chrétienne, « n'étant ni vaudois ni luthériens », ils adoptent un ton peu commun surtout vu les magistrats auxquels ils s'adressent, les menaçant de la colère de Dieu et leur annonçant qu'elle est « prochaine sur votre tête ». Voilà un langage bien maladroit de la part de ceux qui espèrent et demandent clémence et bienveillance à leurs juges ! Qui a bien pu inspirer aux vaudois une telle lettre ou même la rédiger pour eux ? Elle s'avère d'autant plus étonnante par la contradiction qu'elle présente entre la transmission – un affichage inspiré par la prudence – et un contenu provocateur. Ne peut-on y voir un acte désespéré, les vaudois ayant renoncé à tous recours auprès de la Cour aixoise ? D'une extrême maladresse, elle n'eut aucune suite de la part des magistrats.

La chronologie de toutes ces démarches montre que, dans un premier temps les vaudois espéraient encore fléchir le Parlement, multipliant les démarches auprès de cette Cour en 1540 et 1541, tandis qu'en 1543 ils s'adressent directement au roi, comme s'ils n'attendaient plus rien des autorités aixoises.

Puis, passée la tourmente d'avril 1545, les réactions vaudoises telles qu'elles apparaissent dans le second registre, se diversifient. La fuite se comprend aisément de la part de ces paysans assaillis par une armée à la fois royale et pontificale. Des centaines, plus peut-être, se réfugient dans la montagne du Luberon, abandonnant terres et villages désormais dévastés par le feu et le pillage. Sans être réellement menaçantes ces bandes errantes créent un désordre insupportable aux représentants de l'ordre royal. D'autres, comme il est signalé, auraient fui à Genève, ce qui est attesté par ailleurs, mais aussi au Piémont, origine de bien des vaudois provençaux. Nous apprenons également (21 mai 1545, f° 28), grâce au potier de Manosque qui joua l'intermédiaire entre le Parlement et les vaudois, qu'une troupe de ces derniers, avec femmes et enfants, estimée à 800 personnes, dont 300 arquebusiers, 20 hallebardiers, 4 arbalétriers et d'autres avec des bâtons, avaient fui et était parvenue jusqu'à Lus-la-Croix-Haute, dans la Drôme, voulant gagner le Dauphiné : ils avaient évité la voie la plus pratiquée longeant la Durance. Finalement ils renoncèrent, rebroussèrent chemin et se seraient trouvés 572 à leur retour.

Mais sur place la résistance s'organise et ce dès le lendemain de l'arrêt de Mérindol du 18 novembre 1540. Plusieurs témoins estiment que s'était formée une troupe de 600 à 800 hommes, dont certains armés de hallebardes, quelques-uns même d'arbalètes ou d'arquebuses mais la plupart avec seulement des piques et bien peu de chevaux. Cette estimation, malgré la convergence des témoins, peut paraître suspecte puisque provenant de personnages inquiets, hostiles et enclins à vouloir inquiéter le Parlement. Mais voici le propos de Guillaume Jacquème, de Cadenet et rentier de Mérindol, rapporté à la Cour par le capitaine Marin le 17 décembre 1540 : il estime la troupe des vaudois, divisée en trois groupes, de 600 à 700 hommes. Ce témoignage mérite d'être retenu car, lui, n'est pas défavorable. En effet nous trouvons Guillaume

Jacquème réfugié à Genève le 4 septembre 1551 et décrété de prise de corps par le Parlement d'Aix le 22 décembre 1552 pour s'y être « retiré[42] ».

Il ne fait ainsi aucun doute que des vaudois aient organisé une résistance sur place et procédé, faute de mieux, à quelques coups de mains. Ce qui ressort de la déclaration du potier de Manosque le 18 juin 1545, parlant au nom des vaudois : ceux de Goult sont prêts à se rendre pourvu qu'on leur assure de ne pas les poursuivre à cause de la mort de leur seigneur ; de même ceux de Murs s'ils ne sont pas inquiétés du fait que le capitaine et sa bande ont été dévalisés. Mais loin d'offrir quelque menace inquiétante ni même une résistance redoutable, ces paysans ne pouvaient que se livrer à quelques escarmouches.

Pour autant les vaudois ne renonçaient pas aux recours de droit. Les requêtes de ceux qui ont été privés de leurs biens, celles des détenus, en prison ou sur les galères, quel que soit le stade d'avancement de leur procès, se multiplient et assaillent les conseillers du Parlement qui croulent sous la tâche : problème qui vient à plusieurs reprises en délibération. Ainsi le 21 août 1545 la Chambre « voyant que journellement plusieurs requêtes sont présentées tant de la part desdits vaudois et luthériens poursuivant l'élargissement de leurs personnes et relaxation de leur biens… » Apparemment le procureur du roi en est si accablé qu'il se fait réprimander à cette même séance de la Cour pour donner trop facilement son accord, se contentant de mentionner sur la requête « n'empêchons », ce qui revient à l'accorder, sans avoir pris assez le soin de considérer les pièces du dossier, du moins aux yeux du président. Enfin, démarche peu banale, les syndics des villages de La Tour-d'Aigues, Saint-Martin-de-la-Brasque, La Motte-d'Aigues, Peypin-d'Aigues et Cabrières-d'Aigues, avec leur seigneur, Mérite de Trivulce, ayant obtenu du roi des lettres patentes du 19 juin 1545 à cette fin, réclamaient le 27 juillet suivant au Parlement le procès-verbal de l'exécution du mois d'avril, le roi demandant pourquoi les villages de cette seigneurie avaient été compris dans l'exécution de Mérindol. Même si cette démarche ne devait aboutir que bien plus tard, il est clair que les vaudois ne négligeaient aucun recours soit pour être « élargis » des prisons soit pour récupérer leurs biens confisqués.

Enfin il est une dernière réaction, la toute dernière à vrai dire puisque extrême, qui peut à la rigueur relever de la résistance passive. Elle nous est

42 Respectivement : P.-F. Geisendorf, *Livre des Habitants de Genève*, *op. cit.*, t. 1, p. 19 ; Arch. départ. Bouches-du-Rhône, B 5453, à la date.

révélée par le premier président à la séance du 13 juillet 1545 : « Touchant les vaudois qui étaient aux galères, les capitaines des galères lui ont dit qu'en sont beaucoup morts, qui ne voulaient manger ni boire. » Le nombre n'est pas indiqué, alors que les capitaines des galères devaient tenir à jour leur carnet de bord. Voilà une information jusqu'ici inconnue. En somme une sorte de grève de la faim à outrance : une solution désespérée.

JEAN MAYNIER, PRÉSIDENT

Jean Maynier, fils d'Arcus, baron d'Oppède (1495-1585), fief situé sur les terres pontificales, officier du pape et viguier de Cavaillon en Comtat, était aussi un sujet du roi, nous dirions aujourd'hui, au risque d'un évident anachronisme, qu'il avait la double nationalité. Nommé conseiller au Parlement d'Aix-en-Provence, en 1532, il en devint second président en 1541 et premier président en 1543. De plus, en 1545, en l'absence du gouverneur de Provence, le comte de Grignan, envoyé par le roi en ambassade auprès des princes allemands, il détient également le pouvoir de la force armée[43]. L'historiographie fait peser sur lui la responsabilité de l'exécution qui tourna au massacre. Il convient toutefois, en toute rigueur et honnêteté, de ne pas taire qu'elle fut partagée en premier lieu par François Ier qui ordonna la poursuite des hérétiques et aussi par l'ensemble des magistrats du Parlement qui la décidèrent et en organisèrent l'exécution. Suite à la répartition des commissions et à l'exécution de l'arrêt de Mérindol des tensions et peut-être quelques contestations étaient apparues. À la séance du 20 mai 1545, il fallut aller chercher les arrêts, les apporter à la Cour et les relire « mais il n'y eut personne qui y contredit. » En l'occurrence la solidarité de tous les magistrats était donc totale, non seulement pour la destruction de Mérindol mais aussi pour le brûlement des autres villages. En outre notons au passage que Maynier d'Oppède n'était pas à Aix, mais à Romans, quand fut décidé puis publié l'arrêt de Mérindol en novembre 1540.

Mais, dira-t-on, ce qui lui est attribué n'est pas tant l'arrêt lui-même que les débordements qui accompagnèrent et suivirent son exécution, tournant

43 « Lettres royaux », de Chambord, 26 février 1545 (Arch. départ. Bouches-du-Rhône, B 3 324, f° 562).

au pillage et au massacre accompagnés des pires atrocités, telles que les a décrites J. Aubéry en sa plaidoirie. Il serait inadéquat de les passer en revue ici, puisque ne nous étant pas rapportées par nos documents, pour savoir à qui en imputer la responsabilité. Mais, quoi qu'il en soit, l'historiographie protestante a retenu et diffusé une image uniformément sombre du triste baron, désormais largement reçue. Parmi de très nombreux exemples, limitons-nous à deux. Le ton fut donné par le réformé Jean Crespin dès les années 1550 : « Le plus coupable et le plus cruel est Jean Maynier, seigneur d'Oppède [...] Il s'avisa de faire accuser par subtil moyen quelques riches laboureurs d'Oppède, comme hérétiques et luthériens. Il les tint bien longuement en extrêmes misères de prison. Et se saisit de leurs biens meubles et immeubles[44]. » Quatre siècles plus tard le pasteur Eugène Arnaud reprenait ces propos[45]. Il ne fait pas de doute que cette vision est très liée à l'appartenance réformée des auteurs. Cette image s'est transmise dans la littérature populaire jusqu'à nos jours, notamment dans les romans : « Le baron répond qu'en cas de secte luthérienne les juges ne sont tenus de garder ni droit, ni raison, ni loi, ni ordonnances. [...] Il avait confié à d'autres le soin d'accomplir la sale besogne. [...] Comment ce magistrat, homme de culture ancienne, que l'on disait épris de poésie [...] pouvait-il être aussi ce barbare sans entrailles, recuit de rancune et de rage[46] ? »

Selon J. Aubéry, Maynier d'Oppède, par une ordonnance du 24 avril 1545, aurait interdit d'apporter tout secours à ces malheureux : « Il défend à tous sur peine de confiscations de corps et de biens [...] de ne bailler directement ni indirectement vivres, munitions, aide ni secours aux manans et habitans de Mérindol [...] et autres atteints, convaincus et suspects d'hérésie et de secte luthérienne et vaudoise ni les recevoir, recueillir ni cacher en aucune sorte[47]. » Généralement bien informé, il mérite d'être pris au sérieux. Pourtant je ne trouve aucune trace de cette ordonnance dans les archives du Parlement. Et, par ailleurs, Aubéry n'est pas à l'abri d'erreur. Par exemple il a parlé de « la fin du procès-verbal de monsieur de La Fonds, signé de lui et Bernard de Badet, second commissaire, mais non pas de Tributiis qui était le troisième commissaire,

44 J. Crespin, *Histoire des martyrs*, *op. cit.* t. 1, p. 408.

45 E. Arnaud, *Histoire des protestants de Provence et du Comtat Venaissin*, Paris, Grassart, 1884, 2 vol., t. 1, p. 58.

46 J. Contrucci, *Le printemps des Maudits*, Bordeaux, H. Chopin, 2021, p. 119, 271.

47 J. Aubéry, *Histoire de l'exécution de Cabrières et Mérindol*, *op. cit.*, p. 144.

disant pour sa cause de refus qu'il n'a été d'avis de tant d'excès qui y sont contenus. » Or l'original du procès-verbal de l'exécution a été conservé et publié, portant bel et bien la signature des trois commissaires[48]. Dès lors il est possible de penser qu'Aubéry n'eut en mains ni le document original ni une copie fiable de cette ordonnance.

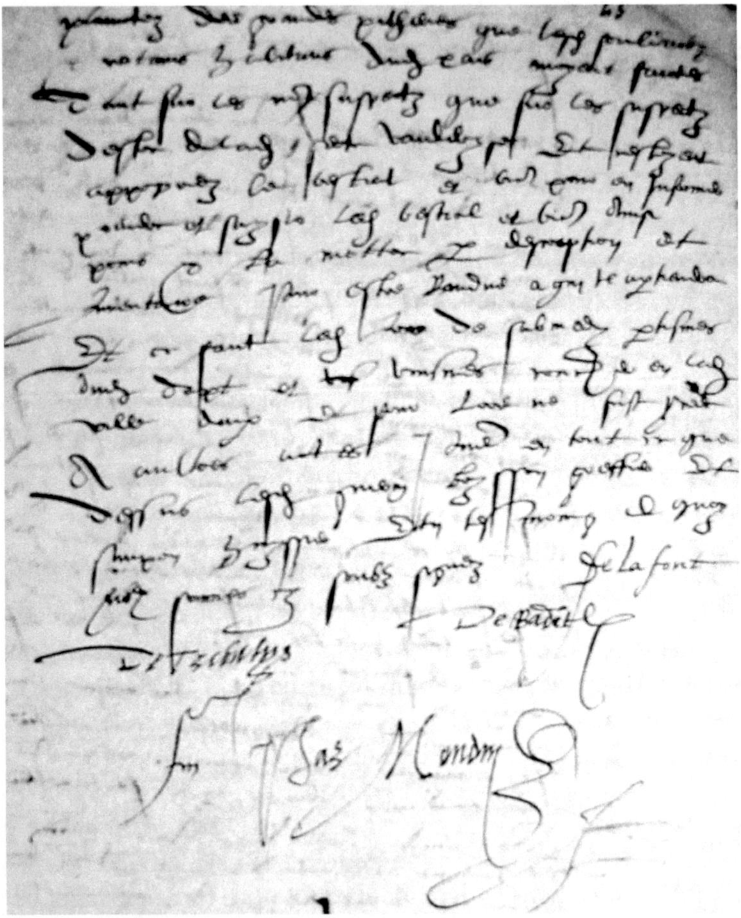

FIG. 8 – Signatures du procès-verbal de l'exécution.
Bibliothèque Méjanes, Aix-en-Provence, Ms 954 (929).

48 G. Audisio, *Procès-verbal d'un massacre…*, Aix-en-Provence, Édisud, 1992, p. 43 ; Bibliot. com. Méjanes d'Aix-en-Provence, Ms 954 (959-R 781), nº 30, p. 45.

Tout aussi tendancieuses paraissent les rares tentatives visant à réhabiliter la mémoire de Maynier d'Oppède, comme le tenta E. Dopheide, se voulant le descendant du baron, parlant de « sa bonté et de sa générosité », s'appuyant notamment sur les actes de son procès, les documents de l'histoire familiale et ses quatre testaments dans lesquels il apparaît « calme, doux, clément et charitable », estimant même qu'à l'origine « il n'était pas trop éloigné de la foi vaudoise[49] »

Quel a donc été le comportement du premier président du Parlement durant ces événements tragiques du printemps 1545 tel qu'il ressort du second registre ? Nous avons déjà noté qu'il était absent lorsque la Cour prit puis publia l'arrêt de Mérindol en novembre 1540 et, pour couper court à toute discussion, il fut rappelé à la séance du 20 mai 1545 qu'après relecture du texte « il n'y eut personne qui y contredit » (f° 20). La Cour unanime approuva l'ensemble des décisions : l'arrêt de Mérindol et son exécution.

Nous voyons d'abord Jean Maynier soucieux d'obéir scrupuleusement aux ordres du roi mais aussi de ne pas les outrepasser. C'est ainsi qu'à plusieurs reprises il propose d'écrire à la chancellerie pour demander de préciser la pensée royale : quels sont exactement les hérétiques à pourchasser ? Quels sont ceux précisément qui peuvent s'aider des lettres de grâce ? Que faire des relaps ? Que faire quand un hérétique condamné abjure et que ses biens ont été vendus ? Etc. Nous voyons le juriste au travail, soucieux de préciser les chefs d'accusation. Devant le grand nombre de femmes et de petits enfants qui sont à Cabrières, La Tour-d'Aigues, Lourmarin et Lacoste qui vont mendiant, il a donné ordre d'interdire de les outrager et de ne leur faire aucun mal (29 mai 1545, f° 6v°). La séance du 5 mai 1545 nous apprend que le président a écrit au comte de Grignan à la Cour de France pour obtenir du roi un délai afin de permettre aux vaudois de se rendre ou de quitter le pays. La réponse fut « que le roi n'avait que faire de leur conversion et entendait qu'ils fussent tout extirpés. » À la séance du 20 mai 1545 Jean Maynier a même proposé au roi de permettre aux vaudois qui errent par les champs de quitter le pays avec leur famille à condition de ne plus y revenir. Mais la réponse est tombée : le roi voulait que « tous ces gens fussent exterminés et défaits. »

49 E. Dopheide, *Die Waldenserverfolgung von 1545 zu Cabrières und Mérindol*, s. l., s. d., p. 35.

Il se déplace à Marseille constater le sort réservé aux vaudois mis en prison sur les galères. Ainsi, à la séance du 18 juin 1545, sur sa proposition et à propos des vaudois, il est ordonné au sieur de Villiers « de faire traiter humainement ceulx qui sont sur les gallères sans les faire travailler [tourmenter] ni maltraiter ains [mais] les tenir comme prisonniers » (f° 45). Il y revient le 13 juillet suivant, ordonnant « aux cappitaines de les bien norrir et entretenir, sans les faire voulguer [*voguer*] ny batre » (f° 58v°) puisqu'ils sont sur les galères comme prisonniers et ne font pas partie de la chiourme condamnée à ramer. Il se préoccupe de ceux qui sont malades et ordonne, malgré la résistance des consuls de la ville, de les transférer dans des maisons ou à l'hôpital de la cité phocéenne. Il ne cesse de rappeler à leur devoir le procureur général et les conseillers qui traînent trop dans le traitement des dossiers, ce qui allonge le temps de détention et retarde la libération de ceux qui devraient être libérés faute de charges suffisantes.

Enfin la situation des femmes et enfants à l'abandon a préoccupé le premier président et gouverneur de Provence. Ce qui contredit la déclaration d'Aubéry : soit ce dernier a commis une erreur soit Maynier d'Oppède, vu l'ampleur du désastre, a changé d'attitude entre le 24 avril, date à laquelle il aurait interdit toute aide aux hérétiques, et le 5 mai 1545. Car à la séance de ce jour c'est lui qui attira l'attention de la Cour sur une situation devenue des plus préoccupantes : « Dict aussi qu'il y a grand quantité de femmes et petitz enfans qui sont à Cabrières, à La Tour-d'Aygues, à Lurmarin et à Lacoste qui vont mendyant et a faict faire inhibitions [défenses] de les oultrager ny faire aucun mal. » (f° 6v°). Faut-il rappeler qu'à cette époque une famille privée de son chef, pour quelque raison que ce soit, était vouée à la mendicité et à la misère ? Or les hommes accusés d'hérésie étaient alors morts ou emprisonnés. Des centaines de femmes et d'enfants errant dans les bois et les champs, la situation était des plus préoccupantes. Après l'avoir présentée, le président mit l'affaire en délibération, au cours de laquelle chaque conseiller donna son avis. Prenant la parole en dernier, il avança la proposition suivante (f° 11v°) : la dame de Lourmarin recueillera en une maison les femmes du lieu, les fera garder, veillera qu'il ne leur soit fait aucun outrage et les fera nourrir sur leur propre bien et s'il n'y suffit pas ce sera aux dépens des évêques ; les enfants de sept ans et moins seront répartis dans les villes par les soins des consuls qui devront les faire instruire, le tout en attendant la réponse du roi. Proposition adoptée par la Cour qui se saisit de nouveau de la question le 18 mai ; au cours de la délibération plusieurs conseillers étaient d'avis que la nourriture de ces femmes et enfants devait être à la charge des évêques et des seigneurs.

Mais apparemment la mesure eut du mal à être appliquée. Confirmation en est donnée par le potier François Aymin déclarant le 18 juin 1545 « qu'on y faisait quelque difficulté ». Le président signale qu'il a déjà demandé à plusieurs reprises d'appliquer l'arrêt du 5 mai concernant la nourriture des femmes et des enfants des « vaudois et luthériens » et qu'il l'a également rappelé aux seigneur et dames de Janson, de Lourmarin et de La Tour-d'Aigues et il réitère son ordre au procureur général. Il ordonne de faire dresser la liste des femmes et enfants, de les interroger sur leur foi et de faire nommer des prédicateurs pour les ramener à la vraie foi. Le même jour il ordonne qu'un conseiller et le juge d'Apt aillent sur les lieux pour contraindre clergé et seigneurs à fournir cette nourriture. Le 4 juillet il rappelle encore l'affaire, des commissaires ayant été envoyés sur place pour la régler. Le 20 juillet il signale qu'il a écrit au conseiller Durant étant à Pertuis pour faire exécuter l'arrêt de la Cour concernant la nourriture des femmes et enfants des luthériens. Il apparaît ainsi que, suite à l'exécution, cette alimentation eut du mal à être assurée à cause notamment de la résistance des évêques et des seigneurs. Pourtant quelques témoignages montrent que sur place ces secours furent bien réels. Ainsi aux Beaumettes, près de Goult, les conseillers de Génas et Rollant, commissaires à ce députés, requirent au seigneur du lieu de fournir des vivres à quarante ou cinquante femmes avec leurs enfants[50]. Mais c'est sous la contrainte que les seigneurs s'exécutaient car la charge leur parut lourde. Ainsi dès le 8 juin 1545 parvenait au Parlement une requête d'Antoinette de La Terre, dame de Janson, pour « être déchargée de la nourriture et alimentation d'environ trois cents personnes, des femmes et enfans des vauldoys et luthériens des lieux de Genson, La Rocque, Villelaure et de Saint-Estienne et en charger les archevêque et chapitre de ceste ville d'Aix, bénéficiéz et prenans les fruicts et dîmes desdits lieux[51]. » Deux quittances établies pour l'archevêque d'Aix, le prieur et le vicaire de Villelaure du 31 juillet 1545 attestent que 13 écus d'or et 15 sous, représentant le tiers de leurs

50 Musée Arbaud, Aix-en-Provence, Ms MO 180, 1545.

51 Arch. départ. Bouches-du-Rhône, B 5448, non folioté, à la date.

revenus pour ce bénéfice, ont été dépensés « pour alimenter et norir les femmes et enfans valdoys et lutériens du dit lieu », en application de l'arrêt de la Cour[52].

À vrai dire la cruauté du président se serait manifestée pendant l'exécution, dont le seul témoignage qui nous soit parvenu est celui transmis par J. Aubéry l'accusant d'avoir « exécuté un jeune homme à coups d'arquebuse au lieu de Mérindol », alors qu'il n'avait été ni « jugé ni condamné, nommément entre ceux de Mérindol[53]. » Si le fait était avéré il relèverait en effet d'une lourde défaillance. Mais le parlement de Paris, jugeant l'affaire en 1551, ne retint pas cette charge contre Maynier. Est-ce à cause de la tourmente et des débordements de toutes sortes qui s'étaient abattus alors sur la région ? Il est vrai qu'un véritable esprit de croisade s'était emparé de la population criant sus aux hérétiques. Tous n'étaient pas nécessairement ou pas seulement mus par l'appât du gain, à l'image de ceux que signale le baille de Lambesc dans sa lettre au Parlement du 12 décembre 1545, qui « veulent morir pour la saincte foi » (f° 74v°-75). En fin de compte, le bilan établi par J. Aubéry est lourd : « Il est mort par le fait de cette guerre, qu'hommes, que femmes, qu'enfans, grands et petits, tant de faim que de nécessité, par le fer et par le glaive, compris les morts aux galères, dix-huit cens quarante ou environ du Comté de Provence, sans comprendre ceux qui ont été tués au Comté de Venise », soit 2 740 en tout[54].

En tout état de cause les délibérations du registre de 1545 jettent sur Maynier d'Oppède une lueur qui éclaircit quelque peu le noir personnage transmis par la tradition. Sa préoccupation, au poste qui était le sien, se manifeste après l'exécution de l'arrêt de Mérindol, que ce soit à l'égard des prisonniers tant à Aix que sur les galères ou de ceux qui parmi eux sont malades, d'autant que court alors l'épidémie de peste, que ce soit envers les femmes et les enfants des « vaudois et luthériens » éparpillés dans la nature et mendiant leur nourriture. Ce registre, sur ce point comme sur d'autres, complète utilement la série des archives parlementaires d'Aix[55].

52 Arch. départ. Vaucluse, 3 E 56/571, f° 61, 63.

53 J. Aubéry, *op. cit.*, p. 116, 220.

54 *Ibid.*, p. 179.

55 *Ibid.* : Délibérations, B 3 640 pour 1536-1541 ; B 3 641 pour 1546-1551, donc lacune : 1542-1545.

UN MÉDIATEUR

Après avoir publié l'arrêt de Mérindol et l'avoir fait exécuter de la façon que l'on sait, une fois les troupes armées retirées, la Cour se trouva face à une difficulté imprévue. Loin d'être réglée la question de la punition des hérétiques se posa d'une façon nouvelle. En effet les vaudois convoqués, par crainte, ne se présentaient pas et lorsqu'un émissaire de la Cour se présentait dans un village, il le trouvait désert, les habitants ayant fui dans les bois et les grottes. Cette situation, avec des centaines de personnes errant et échappant à la justice, ne pouvait durer. Elle constituait un véritable défi à l'institution royale. Comment atteindre ces fuyards, entrer en relation avec eux ?

C'est alors qu'apparaît un personnage, parfaitement inconnu par ailleurs. Nous ignorons pour quelle raison François Aymin, potier de Manosque âgé de 35 ans, se trouvait dans la prison de la Conciergerie. Sans doute fit-il savoir qu'il avait des révélations à fournir. En tout cas il comparaît à la Cour le 21 mai 1545, soit un mois après la « semaine sanglante ». Il a peut-être eu l'appui de Blanche de Lévis, dame de Lourmarin et de Sault car il déclare lui avoir parlé. S'il est reçu par le Parlement c'est qu'il apparaît à ce dernier à la fois comme de bonne foi et crédible, étant en rapport avec les vaudois dont il avait réussi à persuader un certain nombre de se rendre : il en avait conduit à Aix un premier groupe le 16 mai et un second le 20 mai. Il déclare à la Cour qu'il en a convaincu environ 150 qui se sont rendus. Il connaît les vaudois pour les avoir fréquentés sans toutefois partager leur croyance : ce sont de braves gens, de bonne volonté ; ils ont été pervertis par quelques meneurs qui se trouvent à Cabrières-d'Avignon. « Ce sont de pauvres gens qui n'ont fauté que de conduite. » Dès lors, ayant présenté tout ce qu'il avait déjà fait pour convaincre les vaudois de déposer les armes et y avoir partiellement réussi, le potier devint en quelque sorte l'émissaire officieux de la Cour. Celle-ci se trouvait dans une situation délicate : d'une part, à plusieurs reprises, elle affirma son refus de négocier avec les rebelles mais, d'autre part, elle investissait le potier d'une mission pour les conduire à se soumettre, d'évidence la force n'y suffisant pas. N'était-il pas le médiateur idéal puisque reconnu par les deux partis ? D'une part les vaudois, qu'il fréquente depuis vingt ans et dont il a entendu plusieurs prêches et, d'autre part, la Cour qui le mandate, le chargeant de mission auprès d'eux.

Le Parlement s'en préoccupa au cours de six séances entre le 21 mai et le 15 juillet 1545. Elle finança l'opération, libéra même à la demande du potier dix ou douze prisonniers pour l'accompagner afin de mieux convaincre les autres à se livrer, intervint pour lui faire rendre le cheval et les armes qu'un capitaine lui avait saisis, ayant eu sans doute du mal à voir dans ce potier un émissaire du Parlement. L'homme, à l'en croire, s'activait : suivant les groupes vaudois à Lacoste, Cavaillon, Joucas et même jusqu'à Valdrôme. Rendant compte de sa mission, il affirmait que la plupart étaient prêts à se rendre pourvu que le roi leur accorde sa grâce, rende leurs biens tant à ceux qui abjureraient et resteraient au pays qu'à ceux qui préféreraient les vendre et quitter le pays. Mais c'était l'impasse. Le roi n'avait aucune intention de gracier des sujets qui lui avaient désobéi et avaient pris les armes contre lui et, par ailleurs une bonne partie des biens des condamnés avaient déjà été vendus aux enchères, ce qui convenait parfaitement aux finances royales. Pourtant le potier avait promis de parvenir à les convaincre. Les magistrats s'impatientaient de la longueur que prenaient ces négociations qui, officiellement, n'en étaient pas.

Apprenant que le potier, « soi-disant capitaine des vaudois », était à Aix, la Cour le convoqua le 4 juillet pour lui faire rendre compte de ses promesses et de sa mission. François Aymin tenta de se justifier, affirma qu'il avait bon espoir de les réduire à obéissance, leur ayant promis qu'ils ne seraient ni emprisonnés ni envoyés aux galères. Ils lui auraient répondu qu'ils n'étaient pas vaudois, alors qu'il sait pertinemment qu'ils le sont. Les vaudois demandent à sortir du pays pourvu que le roi les autorise à vendre leurs biens. Il y en a encore beaucoup dans les montagnes et ce sont de mauvaises gens. Désormais le potier ne voit qu'une issue : leur tendre une embuscade de nuit. C'était reconnaître l'échec de sa médiation. Aussi la Cour, une fois le potier sorti, conclut-elle de demander au roi de leur permettre d'abjurer, de vendre leurs biens et de quitter à jamais le pays avec femmes et enfants car sinon ils abjureraient par feinte seulement pour ne pas perdre leurs biens et le désordre continuerait dans le pays.

Curieux et étrange personnage que ce François Aymin, sur lequel nous ne disposons d'aucune autre information ; même J. Aubéry ne le mentionne pas dans sa plaidoirie de 1551, alors qu'il eut accès à toute la documentation du Parlement. Il n'était assurément pas banal de voir un artisan, de plus prisonnier, paraître dans la Chambre d'audience du Parlement, sinon en qualité d'accusé ou de témoin. Qui était-il et comment interpréter sa tentative de médiation entre les vaudois et la Cour ? Aigrefin espérant tirer quelque avantage de son entremise, par exemple sa libération ? Sincère sympathisant de ces gens qu'il fréquentait par ailleurs depuis longtemps ? En effet Manosque, ville qu'il habitait, est relativement proche de la vallée d'Aigues : un notaire de Manosque, Antoine Aloati, n'était-il pas alors également greffier de la Cour seigneuriale de La Tour-d'Aigues, les deux villes étant éloignées de 27 km[56] ? Que devint-il ensuite ? Nous l'ignorons. En tout cas, même si elle se révéla finalement inefficace, la mission du potier témoigne de la tentative du Parlement, inconnue jusqu'ici, de trouver une solution par la négociation avec les vaudois dispersés après le massacre. C'est une nouvelle pièce versée à ce dossier.

LES BIENS

Un autre sujet d'embarras pour les magistrats d'Aix nous est révélé par ces documents : les biens des condamnés. Non que nous ignorions qu'ils étaient saisis à la main du roi, mais nous saisissons ici la difficulté que présenta la mise en œuvre concrète de la disposition, ce qu'indique déjà la fréquence avec laquelle la Cour s'en saisit : 25 fois sur les 17 mois que couvrent les deux registres. Les lettres patentes du roi, données à Fontainebleau le 31 mai 1540, qui ordonnaient la poursuite des « luthériens, vaudois et autres… » et en attribuait la première instance au Parlement, ne disent mot des biens des condamnés. Mais la

56 Arch. départ. Alpes-de-Haute-Provence, 2 E 3036 : *Regeste des causes faictes et tenues en la Court de la val d'Aigues et par devant monsieur le juge d'icelle ou ses lieutenants, écripvant moy Anthoine Aloati, royal notaire de la ville de Manoasque, greffier d'icelle Court, comancé en l'an mil cinq cens quarante troys à la Nativité Notre Seigneur et continué comme s'ensuit.* »

règle était connue. La Cour s'en préoccupa le 31 juillet et décréta « que tous et chacuns leurs biens seront pris et saisiz à la main du roy par description et inventaire » et décida de nommer des commissaires pour en établir l'inventaire et en assurer la gestion. Elle y revenait le 22 août pour ordonner à deux huissiers du Parlement et au sergent d'Apt de se rendre à Mérindol pour exécuter la prise de corps contre les suspects du lieu dont la liste avait été établie et dresser l'inventaire de leurs biens. Mais, à leur retour les émissaires déclarèrent n'avoir pu remplir leur mission, les habitants ayant déserté le village et, quant aux biens, ils n'avaient pu recueillir les informations nécessaires.

En revanche il est mentionné à la séance du 22 novembre que les biens meubles de Colin et Jacques Pellenc du Plan-d'Apt, condamnés et brûlés, non seulement avaient été inventoriés, du moins ceux qui restaient, mais qu'ils avaient déjà été vendus aux enchères. D'ailleurs le 24 novembre la Cour considère que le retard mis à la saisie et vente des biens nuit aux intérêts du roi car elle est informée qu'ils sont « journellement » emportés par leurs anciens propriétaires ou par d'autres. La Cour ne cesse de rappeler qu'il est interdit de s'emparer des biens dévolus au roi et décide de procéder contre leurs ravisseurs. Finalement, en désespoir de cause elle décide d'interroger les prisonniers pour établir la liste de leurs biens et savoir ce qu'ils sont devenus. Par ailleurs il importe de se préoccuper des « fruits pendants » c'est-à-dire des produits qui attendent les futures récoltes, moissons ou vendanges. Finalement il est décidé le 20 mai 1545 de procéder à leur vente.

Nous disposons par ailleurs d'un document provenant de la Cour des comptes, daté de 1545[57]. Il est divisé en six parties et rassemble les sommes provenues des amendes infligées aux hérétiques et de la vente de leurs biens confisqués et saisis au roi. Il n'est pas utile ici d'analyser ce document. Laissons la première partie consacrée aux amendes, imposées à 146 condamnés et dont le total s'élève tout de même à 7 830 livres tournois. Il n'est pas inutile de préciser que la Cour décida le 18 septembre 1545 « que ceulx qui seront receuz à abjuration par la vertu desdites lettres de grâce seront condemnéz en quelques amendes qui seront arbitrères, sellon la qualité des personnes, faculté de leurs biens et qualité de leur charge » (f° 78v°).

Il suffit, pour le reste, d'en dégager le résultat, même s'il n'est pas si aisé à établir. D'abord à cause de la variété des unités monétaires

57 Arch. départ. Bouches-du-Rhône, B 7 488.

mentionnées (écu, florin, livre tournois) mais aussi du manque de rigueur : le lieu, la nature du bien, l'ancien propriétaire ne sont pas systématiquement indiqués. Grâce à quelques équivalences données dans le document même entre l'écu et la livre (1 écu = 2,3 livres) et celle connue par ailleurs entre le florin et la livre (1 livre = 1,6 florin) il est possible de convertir le tout en livres tournois, monnaie de compte habituelle, sans tenir compte ici des sous et des deniers en lesquels se divise la livre. La vente des fruits rapporta à elle seule 37 018 L. t., celle des biens meubles 2 572 et celle des biens immeubles 2 166, sommes auxquelles il convient d'ajouter les 1 125 livres perçues par le receveur de Draguignan ainsi que les 565 provenant des biens, probablement meubles, vendus à Lambesc, sans que la nature des biens soit précisée. L'ensemble des biens saisis et ainsi vendus aux enchères se monta donc – estimation basse – à 43 446 L. t. En y ajoutant les amendes, l'exécution rapporta au bas mot plus de 50 000 L. t. au trésor royal. Voilà qui explique l'intérêt que le roi et, par ricochet, la Cour aixoise portèrent à la saisie de ces biens.

Mais bien des difficultés apparurent et à tous les niveaux, depuis l'inventaire des biens jusqu'à leur vente aux enchères et à la gestion des biens fonciers non vendus. Durant les dix-sept mois durant lesquels les délibérations nous sont parvenues, le Parlement se pencha à onze reprises sur ces problèmes. Connaître exactement les possessions de chaque condamné se révéla déjà une tâche délicate, à tel point que la Cour décida en fin de compte d'interroger les prisonniers eux-mêmes qui, de façon paradoxale, pouvait y voir une sorte de protection de leurs biens. De fait à plusieurs reprises sont signalés des vols et pillages contre lesquels le Parlement dut sévir. Il fut même décidé parfois de transformer provisoirement le vol en séquestre, la Cour confiant les biens dérobés à leur détenteur avant d'en décider. Se posa également le problème des biens ravis et transportés en Comtat : le chancelier lui-même s'en préoccupa, ordonnant de récupérer ceux qui avaient été emportés à Cabrières-d'Avignon ou à Bonnieux. Une fois de plus l'affaire prenait une tournure internationale. Et que faire avec les créanciers qui avaient avancé de l'argent ou des semences aux vaudois pour leurs semailles et qui réclamaient leur dû ? Quant à l'évêque d'Apt il informe la Cour que les vaudois menacent de recouvrer leurs biens. Enfin des condamnés ne cessaient de présenter des recours, ce qui, en cas de succès, créait une situation inextricable dans le cas où les biens avaient été vendus. Loin d'être une sinécure la question des biens des condamnés saisis au roi se révélait des plus délicates. Cette situation n'est pas sans rappeler celle que créa un siècle plus tard la Révocation de l'édit de Nantes en 1685 entraînant comme l'on sait l'exil massif des huguenots mais aussi la saisie de leurs biens et aboutissant à l'organisation d'une administration particulière pour les gérer, la « Caisse des Économats ». Dans les deux cas la décision royale, loin de résoudre le problème, créa plutôt des difficultés et fut à l'origine d'un nombre croissant et incessant de procédures.

LES VAUDOIS ET L'ÉCRIT

Il n'est plus à démontrer que la grande majorité de la population de cette époque était analphabète et, en milieu rural, plus encore. De même il est acquis depuis longtemps que l'imprimé, inventé dans les années 1450, commença à se diffuser plus largement un demi-siècle plus tard soit dans les années 1520-1530 et fut l'une des voies empruntées pour la diffusion de la Réforme. Ce qu'Emmanuel Le Roy Ladurie par exemple a confirmé à propos des paysans du Languedoc avec sa fameuse formule « Cardeurs huguenots et laboureurs papistes[58]. » Heureuse expression mais trop belle et trop entière pour être généralisée. En tout cas elle ne concerne pas les vaudois qui, tous paysans, passèrent en bloc à la Réforme – au demeurant fait unique pour une « hérésie » médiévale – théoriquement à leur synode de 1532 et dans les faits, pour ceux de Provence en tout cas, dans les années 1560. Paysans et réformés, comme l'étaient également ceux des Cévennes ou du Béarn, les vaudois posent la question du rapport qu'ils pouvaient entretenir avec l'écrit.

L'importance des archives notariées, tout autant que le maillage serré des études notariales à cette époque en Provence comme dans tout le Midi, montre que l'appel au notaire était fréquent. Pour autant les inventaires après décès prouvent que les quelques ouvrages signalés en milieu campagnard se trouvent chez de rares seigneurs ou ecclésiastiques.

58 E. Le Roy Ladurie, *Les paysans de Languedoc*, Paris, E.H.E.S.S., 1985, 2e édit., *ibid.*, 1992, 2 vol., t. 1, p. 341.

Quant aux paysans, les plus aisés conservent rarement des documents écrits et quand ils en ont ce sont titres de propriété, testaments, quittances… Ce qui n'implique pas nécessairement pour autant qu'ils aient été capables de les lire.

Pourtant, à cet égard, les vaudois se distinguent des autres. De fait, en recevant les prédicateurs itinérants, les barbes, qui circulaient toujours avec de petits livrets sur eux servant à leur prédication et dont environ deux cents nous sont parvenus, faisaient pénétrer au sein des familles vaudoises l'écrit qui, du coup, perdant de son caractère lointain et sacré, leur devenait plus familier. Les fidèles pouvaient même en conserver chez eux, à leurs risques et périls, même s'ils ne pouvaient les lire, les tenant à la disposition des barbes. Les poursuites qui s'engagèrent contre eux à partir des années 1530 ne manquèrent pas de mettre au jour des éléments de cette littérature déviante.

Ainsi la séance du Parlement du 5 août 1540 (f° 37) nous apprend ce qui fut trouvé chez Jean Serre, « qui est l'ung des barbes dogmatisans en la secte luthériane et vauldoyse », alors détenu en la Conciergerie d'Aix, celui-là même dont les aveux et les dénonciations entraînèrent l'arrestation de nombreux vaudois. La perquisition révéla un livre intitulé *Déclaration des parolles etc.* ; une lettre au duc de Lorraine ; un livret intitulé *Les Rogneux qui gratent*[59] *chacun* etc. ; une autre lettre au duc de Lorraine ; un autre livret intitulé *Sommaire et briefve déclaration etc.* et enfin un dernier livre intitulé *Chanssons nouvelles* etc. Certains de ces titres ont été identifiés. L'épitre au duc de Lorraine pourrait être l'œuvre de Wolfgang Schuch imprimée à Strasbourg vers 1526 mais non celle de Guillaume Farel portant le même titre mais imprimée seulement en 1543 et 1545[60]. La « sommaire et brève déclaration », dont la première édition parut à Lyon en 1529[61], est de Guillaume Farel, réformateur originaire de Gap qui servit d'intermédiaire entre les réformateurs et les vaudois et qui fut l'artisan de leur adhésion à la Réforme. Enfin il y eut plusieurs éditions de *Chansons* dont la première parut à Neuchâtel vers 1534. Tous ces ouvrages sont notoirement d'origine réformée et donc compromettants pour leur détenteur. Les autres ouvrages n'ont pu être identifiés.

---

59 Gratter les rognes : faire des reproches, blâmer.

60 F. M. Higman, *Piety and the People. Religious Printing in French, 1511-1551*, p. 365, 216-217.

61 *Ibid.*, p. 220.

Or le mois suivant, en septembre 1540, une saisie était effectuée dans la bastide du Plan-d'Apt, propriété des Serre et des Pellenc, deux familles vaudoises parmi les plus riches de la ville d'Apt et dont il a été déjà question. L'inventaire de leurs biens mis sous séquestre prit plus d'une semaine[62]. L'ouverture d'un « secret », une cachette dans un mur qui avait été obstruée, mit au jour les écrits suivants : une bible imprimée à Neuchâtel en 1535 ; un petit livret intitulé *Sommaire et brefve déclaration*, imprimée à Anvers en 1531 ; un autre, *Acta apostolorum*, intitulé *Sanctum Jesu Christi evangelium* ; une lettre « Aux frères de la montaigne mes bons amys, commençant par : *gran salut de paix avec consolation de conscience et parfaite passiense en vos afflictions* etc. et finissant : *les frères vous saluent tous*, soubszcript : *vostre frère et entier amy, Celluy.* » La bible est parfaitement identifiée, il s'agit de la traduction française de la bible, que les vaudois avaient financée et dont quelques exemplaires sont parvenus jusqu'à nous. Son grand format (34 x 25 cm) en interdit le transport facile et secret, en contraste avec les petits livrets des barbes que nous appellerions plutôt des livres de poche. Il s'agit de la première traduction française réformée établie sur l'hébreu et le grec par Robert Olivétan, cousin de Calvin et imprimée par Pierre de Vingle en 1535.

À l'exception de la *Sommaire et brefve déclaration* figurant chez les deux détenus, l'inventaire des livres de Jean Serre, révélé par le registre de 1540, complète utilement la « bibliothèque » que pouvaient détenir certaines familles vaudoises du Luberon. Mais il est vrai que Jean Serre était barbe. Voilà qui confirme la circulation de l'imprimé réformé chez les vaudois. Ce n'était que la continuation de la tradition entretenue par les barbes qui transportaient leurs petits livrets manuscrits, avant même l'invention de l'imprimerie[63], ce qui, en milieu rural, constitue une originalité culturelle majeure. C'est là, sans aucun doute, un des éléments qui expliquent le rapprochement entre les vaudois et les Réformateurs, ces hommes tellement imprégnés de l'Écriture.

---

62 Arch. départ. Bouches-du-Rhône, B 1497, f° 304-329, f° 319.

63 Sur les barbes : G. Audisio, *Preachers by Night. The Waldensian Barbes (15th-16th Centuries)*, Leiden/Boston, Brill, 2007.

RETARD D'EXÉCUTION

Quelles raisons ou considérations ont bien pu arrêter le bras de la justice pendant presque cinq ans ? C'est la question qui se pose depuis les événements, soit depuis cinq siècles. Quelques histoires générales des vaudois ont omis cet épisode dramatique, ainsi celles d'Augusto Armand-Hugon, Jean Gonnet et Amedeo Molnar[64]. Mais la plupart des historiens des vaudois ou de la Provence l'indiquent avec plus ou moins de détails, signalant parfois au passage le retard entre l'arrêt dit de Mérindol et son exécution. Il est alors seulement mentionné, ainsi par Pierre Gilles : « … Les condamnés eurent recours au Roy, qui révoqua l'édit, moyennant certaines conditions, ce qui en fit différer l'exécution, et cependant se firent plusieurs choses, pour, et contre les susdits condamnés par escrits, disputes, enquestes, et autres moyens, jusqu'au mois d'Avril 1545, auquel on procéda à ladite exécution. » Le retard est bien relevé mais pas expliqué. C'est aussi le cas de Bernard Peyre, l'historien de Mérindol, pourtant le plus documenté : il décrit par le menu les divers événements survenus durant ces quelques années et finit par conclure : « Le roi a donc écrit au seigneur de Grignan d'assembler une armée pour exterminer les vaudois. Grignan a présenté ces lettres au Parlement, mais l'affaire n'a pas de suite. Dans l'imbroglio perpétuel que constitue cette affaire des vaudois, il est difficile de dire pourquoi[65]. »

Quelques hypothèses ont toutefois été avancées : la mansuétude du cardinal Jacques Sadolet, l'évêque de Carpentras ; l'intervention de Guillaume du Bellay, gouverneur du Piémont, qui aurait eu l'occasion d'approcher les vaudois alpins et serait intervenu auprès de François Ier en faveur de ceux de Provence, mais il est décédé en 1543[66] ; l'influence de Marguerite de Navarre, sœur du roi et protectrice des réformateurs français. Autant de possibilités mais aucune de ces explications ne peut

---

64 A. Armand-Hugon, *Storia dei Valdesi*, Torino, Claudiana, 1974-1984, 3 vol., t. 2 ; J. Gonnet & A. Molnar, *Les vaudois au moyen âge, Torino, Claudiana*, 1974.

65 P. Gilles, *Histoire ecclésiastique des églises vaudoises*, Genève, 1644, rééd. Pignerol, 1881, 2 vol., t. 1, p. 76 ; B. Peyre, *Mérindol en Provence*, *op. cit.*, p. 76-117, p. 94.

66 Il aurait envoyé au roi un rapport sur eux qui aurait été bien accueilli. Le texte en est perdu ; Crespin et de Thou l'ont résumé (J. Crespin, *Histoire des martyrs*, Genève, Crespin, 1557, édit. Toulouse, 1885, 3 vol., t. 1, p. 393).

être retenue avec certitude, faute de documentation. Mais pouvait-on raisonnablement penser qu'il était possible de découvrir de nouvelles sources sur cette affaire, après tant de recherches et de publications depuis le XVIe siècle ? Nos deux registres permettraient-ils enfin de répondre ?

Il apparaît que la difficulté ne vint pas de la poursuite des hérétiques elle-même mais du point crucial que représentait la destruction de Mérindol. De fait si l'arrêt prévoyait la condamnation des hérétiques du lieu à être brûlés vifs ou, s'ils ne pouvaient être pris, par contumace, bannis du royaume et leurs biens saisis à la main du roi, il disposait aussi « que toutes les maysons et bastides dudit lieu seront abattues, démolies et razées et ledit lieu rendu inhabitable, sans que personne y puysse réédiffier ny bastir si ce n'est par le vouloir et permission du roi[67]. » Les magistrats ne tardèrent guère à réaliser l'importance des moyens qu'il convenait de mettre en œuvre pour faire appliquer leur sentence.

De fait, prononcé le 17 novembre 1540, l'arrêt fut publié dès le lendemain et aussitôt un courrier partit en avertir le comte de Tende qui devait en assurer l'exécution. Le procureur du roi attira l'attention de la Cour sur ses inconvénients, qu'il énuméra dès la séance du 21. Il prévoyait quatre obstacles à la destruction de Mérindol. D'abord le lieu de Mérindol était de l'ancien domaine du roi mais avait été échangé avec l'évêque de Marseille qui jouissait d'une juridiction sur la ville de Marseille : par cet échange l'évêque devint seigneur de Mérindol ; si Mérindol venait à être démoli, l'évêque de Marseille pourrait demander à nouveau la juridiction de Marseille pour son éviction. De plus Mérindol est une place forte qui pourrait être renforcée. De fait lors de l'invasion de la Provence en 1536 les troupes impériales ne purent s'en emparer. Ensuite Mérindol est limitrophe du Comtat Venaissin et le village se trouve sur les rives de la Durance ; s'il était démoli le roi pourrait en subir une sérieuse perte. Enfin il faudrait abattre bien des villages comme Lourmarin, Roussillon, Joucas et d'autres qui sont tout aussi suspects d'être vaudois. En conclusion le comte, son délégué et le procureur requièrent la Cour de vouloir surseoir à la démolition de Mérindol jusqu'à ce que le roi en ait été averti.

Les magistrats, se justifiant, répondirent point par point aux objections opposées et maintinrent leur position quant à la nécessité d'exécuter

67 Arch. départ. Bouches-du-Rhône, B 5443, non folioté, à la date de la publication : 18 novembre 1540.

leur arrêt. Mais l'affaire se révélait plus délicate que prévu. D'autant que finalement le gouverneur, à qui incombait la tâche, estimait que, pour mener à bien l'expédition, il fallait réunir 2 000 hommes de guerre et 1 000 à 1 200 écus pour la financer. Qui devait payer les soldats ? Le chancelier, par sa lettre du 15 novembre 1540, donnait bien déjà « pouvoir pour faire prendre argent tant pour les frais que pour le paiement des juges sur les biens des confiscations » (f° 81) mais entendait-il par là également le paiement des troupes ? La Cour quant à elle se limitait à prendre en charge les vacations des commissaires qu'elle désignerait ; le trésorier du roi quant à lui, responsable des deniers publics, refusait de ne rien délivrer sans une autorisation expresse du souverain.

Plusieurs hypothèses animaient le débat pour savoir qui devrait payer : les évêques qui, par négligence, avaient laissé se répandre l'hérésie ; les seigneurs qui devaient au roi le ban et arrière ban ; le roi, dont le trésorier avait reçu l'argent provenant des biens saisis aux hérétiques et avaient été vendus aux enchères, encore qu'il eût décidé de faire servir ces revenus au renforcement des places fortes de la province. L'aspect financier, « nerf de la guerre », fut sans aucun doute l'une des causes majeures du retard dans l'exécution de l'arrêt de Mérindol. Les délibérations de la Cour mettent également au jour une autre raison : la politique vacillante de François Ier, alternant en ces années mesures de grâce et de répression à l'égard des hérétiques. Cette absence de ligne claire de la monarchie contribua à créer chez les magistrats aixois hésitations, tergiversations, scrupules et prudence. Enfin la position limitrophe de Mérindol, localité provençale, avec le Comtat, facilitant les allers-retours incessants des suspects entre les deux États également concernés, persuada progressivement les autorités des deux côtés qu'il était nécessaire de monter une opération commune, donc internationale. Or celle-ci dépendait inévitablement des relations entre le roi et le pape, lesquelles étaient soumises à de fortes variations en fonction des circonstances. Nous tenons ainsi, n'en doutons pas, le principal apport de ces ceux registres : les raisons qui retardèrent de presque cinq ans l'exécution de l'arrêt de Mérindol.

Enfin le second registre révèle les problèmes qu'entraîna cette exécution et que la Cour n'avait aucunement prévus, en tout cas pas à ce niveau. L'ampleur du désastre dépassa tout ce qui avait été envisagé et qu'il était coutumier aux magistrats de gérer. Le document ne permet pas d'évaluer le nombre exact de victimes de cette exécution qui tourna au massacre. Mais la plaidoirie de Jacques Aubéry, avocat au parlement de Paris fournit des éléments très précis. Henri II le nomma son procureur général dans le procès qui s'ouvrit à Paris en 1551 sur l'exécution de Cabrières et Mérindol, six ans donc après les faits. Le procès nécessita cinquante audiences et Aubéry plaida sept journées entières. L'original de son texte a disparu mais il en existe six copies dont celle qui fut imprimée en 1645 à Paris par le libraire Cramoisy[68]. La fiabilité de ce document a été établie : Aubéry s'est livré à une enquête durant plus d'un an et travailla sur les documents originaux ou leurs copies, avec même une carte de la région qu'il exhiba lors du procès, d'où une précision exemplaire dans ses descriptions[69]. Il dénombre 1 840 morts « tant de faim que de nécessité, par le fer et par le glaive, compris les morts aux galères » dans le comté de Provence sans compter ceux qui ont été tués dans le Comtat Venaissin qui pourraient bien avoir été de 900. Il compte 330 prisonniers sur les galères qui sont élargis faute de preuve, de même 51 autres prisonniers et 47 s'aidant des lettres de grâce du roi sont également libérés. En tout ils sont plus de 500, alors que seuls 16 sont condamnés à mort. En tout le bilan pourrait donc s'élever à 2 740 morts et 666 hommes envoyés aux galères[70]. Voilà qui permet de mieux mesurer l'ampleur de la tornade meurtrière qui s'abattit sur la Provence en ce printemps 1545 ainsi que la multiplication des procès et la surcharge qui en découla pour la Cour aixoise. De fait les procès traînaient en longueur et, pendant ce temps, des prisonniers mouraient aussi bien dans la Conciergerie d'Aix que sur les galères. De plus il s'avère que, dans la confusion et les désordres créés lors et à la suite de l'exécution, un certain nombre de détenus ont été arrêtés sans raison, ce que le premier président lui-même reconnaît à la séance du 26 juin 1545 : « Il se pourroit qu'il y ait des prisonniers innocents » (f° 50).

Le second registre se clôt le 10 novembre 1545. Mais les conséquences de cette exécution affectèrent le Luberon durant des années et même des décennies.

---

68 Bibliot. Nat., Paris, Fonds Dupuy 346.
69 J. Aubéry, Histoire de l'exécution…, par G. Audisio, *op. cit.*, p. IX-XIII.
70 J. Aubéry, *op. cit.* p. 144, 179.

FINALE

Après l'examen de ces deux registres, suite à leur découverte, et au moment de refermer le présent ouvrage, il n'est pas inutile de regrouper les éléments qu'ils nous ont apportés. D'abord ils ont confirmé ou complété des informations déjà connues. En premier lieu ce dossier sur la poursuite de l'hérésie, atteignant son paroxysme au massacre d'avril 1545, ne peut ni s'expliquer ni se comprendre hors de son contexte mental, à savoir la place omniprésente de la religion dans la société d'alors. Lucien Febvre l'avait bien décelée et bien exprimée quand il décrivait ces gens comme « des âmes avides de sentir et de croire bien plus que de raisonner, de critiquer et de juger. Tous en sont là » (même des juges !) et qu'il définissait ainsi cette époque en donnant ce titre à la conclusion de son ouvrage : « Un siècle qui veut croire[1]. » L'oublier c'est prendre le risque du contresens. Toute atteinte au consensus général de la croyance, qui cimente la société, c'est porter atteinte au bien public.

Or les idées luthériennes avaient gagné la Provence, comme les autres provinces, dès la fin des années 1520 et le début des années 1530, nous le savions déjà. De rares cas isolés avaient été signalés. Mais les vaudois venus des Alpes par centaines avaient investi le Luberon, comme l'inquisiteur Jean de Roma l'avait déjà révélé ; il en avait informé le Parlement et le roi. Et ici, pour la première fois, nous avons la liste précise de tous ceux que l'inquisiteur avait poursuivis en 1532. De même nous connaissions, grâce au rapport que l'archevêque d'Aix adressa au roi en 1541 l'action qu'il avait menée contre les hérétiques dans son diocèse depuis 1535 et la liste de ceux qui avaient abjuré. Mais c'est une autre liste d'abjurés, pas tout à fait la même, qui est offerte ici. Ces deux listes permettent mieux encore de mesurer l'ampleur à la fois de la présence vaudoise en Luberon, de l'influence réformée en Provence et de l'activité répressive de la Cour aixoise.

---

1 L. Febvre, *Le problème de l'incroyance au* XVI*e* *siècle. La religion de Rabelais*, Paris, A. Michel, 1942, rééd. 1962, p. 489, 491.

Le Parlement apparaît dès lors, avant même les guerres de religion, comme le fer de lance en Provence de la lutte contre l'hérésie et les décisions y sont prises à l'unanimité. Quand, suite à la démarche de Mérite de Trivulce, dame de La Tour-d'Aigues, il est question de les revoir, la Cour en son ensemble les confirme. Il faut sans doute rapprocher cette volonté sans faille des liens qui existaient entre les membres du Parlement et le clergé local. Un document de l'époque, constatant l'inefficacité des plaintes suscitées par les scandales des chanoines de la cathédrale Saint-Sauveur portées au Parlement, l'explique ainsi : « Tous les conseillers de la dicte Court quoy que soit la pluspart d'iceulx ont leurs enffans, frères, nepveux et cousins chanoynes[2]. » De fait « C'est près de la moitié des chanoines qui se trouvaient directement liés aux parlementaires et il ne s'agit là que d'un minimum[3]. » D'ailleurs, en cette première période de diffusion des idées luthériennes, aucun parlementaire ne paraît y avoir adhéré. Il semble cependant étonnant que ce milieu de lettrés n'ait pas été sensible à la Réforme, comme ce fut le cas au sein d'autres Cours de parlement. Il est vrai que les prises de position claires et publiques apparurent le plus souvent plus tard. Mais encore dans les années 1560 « À Aix, à partir des guerres de religion, ce ne fut pas le clergé qui mena la lutte contre l'hérésie, ce fut le Parlement[4]. »

La carte établie à partir des lieux de résidence des suspects d'hérésie indiqués dans ces registres a permis à la fois de confirmer et de mesurer l'emprise des idées réformées sur la population provençale. Certes les protestants restèrent toujours très minoritaires ; un ancien cantique proclamait « Prouvençau e catouli » et, tout en restant modeste comparée à d'autres provinces, la Réforme s'y avère originale par ses deux types d'origine, vaudoise et catholique, et d'implantation, concentration vaudoise dans le Luberon et dispersion réformée ailleurs.

En outre, alors que l'ensemble de la série des archives judiciaires offre le plus souvent le résultat des délibérations, avec par exemple les arrêts à la barre c'est-à-dire les sentences, les deux documents présentés ici ont l'avantage de faire apparaître la Cour en action et même, à trois reprises, de faire connaître l'opinion de chaque membre sur une

---

2 Arch. départ. Bouches-du-Rhône, G 193, cité par C. Dolan, *Entre tours et clochers…*, *op. cit.*, p. 337.

3 C. Dolan, *ibid.*, p. 338.

4 C. Dolan, *ibid.*, p. 251.

affaire particulièrement délicate et mise en débat. Ils nous permettent en quelque sorte de pousser la porte, de nous immiscer discrètement en la Grand Chambre et d'assister aux débats, à l'exercice de la justice en sa haute Cour et aux arrêts qui en résultent.

L'apport principal reste sans doute l'explication du retard de l'exécution. En quoi la situation en 1545 avait-elle changé par rapport à celle de 1540 ? À cette dernière date quatre obstacles avaient été relevés par le procureur du roi : l'éventuelle réclamation du seigneur de Mérindol, l'évêque de Marseille, en compensation pour la perte de son fief si le village était rasé ; la position forte du site, malaisé à réduire ; sa situation à la limite du Comtat, nécessitant une opération internationale ; la nécessité d'abattre bien d'autres villages tout aussi coupables du crime d'hérésie. Difficultés auxquelles s'en ajoutait une cinquième, sans doute majeure : qui devait payer l'expédition ? Or dans l'hiver 1544-1545 les obstacles furent levés : un accord s'avéra possible pour monter une opération commune entre la France et les États pontificaux, à la faveur du passage annoncé des troupes royales, « les vieilles bandes du Piémont » venant du Piémont, qui devaient traverser la Provence pour s'embarquer à Marseille en vue d'une hypothétique invasion de l'Angleterre ! Pour ce qui est du financement, au vu de l'importante ressource constituée par la saisie des biens des hérétiques condamnés, le roi décida de payer ainsi les soldats. Enfin il ne fut sans doute pas très difficile de convaincre l'évêque de Marseille, le roi disposant de plusieurs arguments persuasifs. Les obstacles levés, l'opération pouvait être montée.

Quant aux suites de cette exécution elles furent de divers ordres[5]. Sur le plan international elle émut l'Europe entière, même le très catholique empereur Charles Quint qui, paraît-il, pleura en l'apprenant. La nouvelle parvint à l'assemblée des évêques qui se réunissaient à Trente en vue du concile et, de là, véritable caisse de résonnance, se répandit largement grâce aux représentants des États qui s'y trouvaient, comme nous le savons pour Sienne. Mais c'est évidemment en milieu réformé que l'écho prit la plus grande ampleur. Un groupe de « fidelles de Provence » échappé du massacre se présenta à Genève le 14 mai 1545, où le Conseil de ville lui attribua un subside de dix écus. François Ier avait envoyé le comte de Grignan, gouverneur de Provence, à la Diète de Worms pour renouveler son amitié avec les princes protestants. Sa démarche fut

5 Voir G. Audisio, *Les vaudois du Luberon. Une minorité en Provence*, *op. cit.*, p. 372-407.

singulièrement contrariée par la nouvelle du massacre des vaudois du Luberon. Berne et Strasbourg s'entendaient pour intervenir auprès du roi. Calvin lui-même partit pour une tournée « aux Allemagnes pour la perséquucion des fidelles de Provence » comme le précise le registre du Conseil de ville de Genève le 22 mai.

Sur le plan juridique, malgré les démarches effectuées par les communautés et par la dame de Cental, Mérite de Trivulce, aucune n'avait abouti à la mort de François Ier en 1547. Les plaintes continuant à lui parvenir, Henri II finit par créer en 1549 une Cour de justice spéciale, « la Chambre de la reine » pour connaître de l'affaire avant de la renvoyer devant la grand Chambre du parlement de Paris. Qu'un Parlement, Cour souveraine, comparaisse devant un autre constitua une innovation juridique qui défraya la chronique. Le procureur s'étant récusé, le roi désigna pour son procureur l'avocat Jacques Aubéry, les accusés étant le parlement de Provence en corps avec son président Maynier d'Oppède, le second président, l'avocat général... En mai 1547 Maynier d'Oppède était arrêté et emprisonné quoiqu'il fût également homme du pape. Le procès s'ouvrit le 18 septembre 1551 : douze avocats y plaidèrent et Aubéry, à lui seul, pendant sept jours. Le procès dura presque un mois. Tous les inculpés furent blanchis à l'exception de Guillaume Guérin, avocat général, condamné à mort pour des faux en écritures, d'ailleurs étrangers à l'affaire. Quant à Maynier d'Oppède il conservait l'office de viguier de Cavaillon et était réintégré dans ses fonctions de premier président au parlement de Provence. En 1555 le roi lui accordait l'autorisation de porter les titres de chevalier de Saint-Jean de Latran et de comte palatin décernés par le pape. Il mourut à Aix-en-Provence le 22 juin 1558.

Sur place, dans le Luberon, le pays se remit progressivement de ses blessures. Il est à noter qu'aucun des lieux « exécutés » ne restèrent inhabités, à l'exception de Trésémines, hameau de Villelaure. Même Mérindol, seul village « exécuté » à être rasé et qui était voué à le rester sauf autorisation expresse du roi selon les termes de la condamnation, put renaître. Un acte notarié intitulé « accapte[6] » fut établi le 4 novembre 1549 entre l'évêque de Marseille, Jean-Baptiste Cibo, seigneur du lieu, et de nouveaux colons. Le document rappelle que

6 Accapt ou accapte : droit d'entrée en possession de biens concédés, devenu synonyme de bail emphytéotique, comme il est précisé plus loin dans le texte « à nouveau bail et emphytéose perpétuelle ».

> Aux grands regrets et déplaisir dudit seigneur évêque, les manants et habitants de ce lieu de Mérindol et autres tenanciers des biens dudit terroir, induits du malin esprit soient échus et tombés en erreur et crime d'hérésie et de lèse-majesté divine, dévoyant de la sainte foi et religion catholique suivant et adhérant aux réprouvées sectes vaudoises et luthériennes et, pour tels et comme tels, condamnés, déclarés et exécutés et tous et chacun leurs biens confisqués, tant par sentences et déclarations de leur juge ecclésiastique et compétent que par arrêt de la souveraine court de parlement de Provence et pour ce indignes, incapables et privés desdites habitations et biens et, pour ce, par disposition de droit, iceux advenus et appliqués audit seigneur temporel susdit…

Cette fois, contrairement à l'acte d'habitation de 1504, l'évêque prend ses précautions :

> Ayant grand zèle, vouloir et affection éviter gens de semblable secte pour l'avenir audit lieu et terroir et habiter ledit lieu de gens de bonne fame [réputation], lignée et progéniee [progéniture] catholiques vrais et obédiens [obéissants] à la sainte romaine Église, certifié et à plein informé de la noblesse et bonne vie chrétiennes de Jaumet, Claude et Guillaume Agard, frères, Claude Agard dit du Tor leur cousin, maître Pierre Jassaud, notaire, Guillaume Gaultier, maître Mathieu Marescal, Veyran Berrard et Claude Duranti de ladite cité de Cavaillon et Louis Bausanc de Saint-Cannat du Sauset, diocèse dudit Marseille, et de feuz leurs prédécesseurs, et comment ils sont bons chrétiens, non fourvoyés de la sainte foi chrétiane et commandements de la sainte Église romaine mais lui sont voués et zélés […], de son bon gré […] et pour la totale extirpation desdits hérétiques comme dit est convaincus et déclarés infects et contaminés de ladite secte d'hérésie vaudoise et luthérienne […] a reçu et reçoit en nouveaux habitants dudit lieu de Mérindol les surnommés […], sauf toujours le bon plaisir du roi notre sire[7]…

On le voit, désormais le seigneur se livre à une enquête avant d'attribuer les terres de son domaine à de nouveaux colons, l'appartenance religieuse devenant un nouveau et indispensable critère : seuls les bons catholiques romains peuvent être reçus. Ce que confirme la réhabilitation obtenue du roi seulement en 1557 qui autorise à « faire réhabiter ledit château, lieu et terroir de Mérindol de gens vivans expressément selon notre sainte foye et religion chrestienne, d'y faire édifier les château, maison et bastide abatues et démolies et y faire nouvelles maisons[8]. »

---

7 Arch. départ. Bouches-du-Rhône, 391 E 307, f° 468.

8 *Ibid.*, 5 G 595, f° 260, 21 décembre 1557.

Pour le reste, la question des biens saisis demeure la plus problématique, les familles spoliées cherchant par tous les moyens à les récupérer : procès, intimidations, menaces, coups de mains, d'où des plaintes, etc. L'insécurité n'est toujours pas jugulée quand, une quinzaine d'années plus tard, s'ouvre une nouvelle période pour la Provence comme pour tout le royaume, celle des guerres civiles dites de religion qui ne s'achevèrent qu'avec l'édit de Nantes en 1598. Mais pour longtemps le « massacre de Cabrières et Mérindol » resta dans les mémoires des gens du pays, transmis de génération en génération, comme en témoigne une chanson de Jean Meynard dit Calais, composée en 1860, intitulée « Le massacre de Mérindol en 1545 » ou encore celle-ci, imprimée avec la musique en décembre 1848 comptant cinquante strophes :

Complainte d'un des enfans de MÉRINDOL,
sur la ruine de cette Ville-de-Dieu

I – D'où nous sommes.

Sous les pures lumières
Des paroles de Dieu,
Jadis vivaient nos pères,
Dans un sauvage lieu.

C'était où l'Italie
S'arrête au pied des monts.
Là s'écoulait leur vie
En d'agrestes vallons.

Au fond de ces vallées
De leurs aïeux chrétiens
Les maisons exilées
Avaient fui les païens.
[...]
C'est là notre origine.
Nous sommes leurs enfans !...
Et la grâce divine
Bénit leurs descendans.

II – Où nous vînmes.

Aussi de nos montagnes
Que nous dûmes quitter
Avec nous, aux campagnes
Elle vint habiter.

Devant nous, en Provence,
Le Bon Berger passa,
Et près de la Durance
Notre bercail plaça.

Ses faveurs tutélaires
Et sa riche bonté
Embellirent nos terres
Par la prospérité.

Sa vivante Parole
Logeait sous tous nos toits
Et l'Esprit qui console
Nous guidait par ses lois.

C'était ses témoignages
Que nos Barbes prêchaient ;
Et dans ses pâturages
Leurs doux soins nous gardaient
[...]

III – Ce que Rome nous fit.

Oui, Rome est implacable !
Rome hait Jésus-Christ !
Et Rome inexorable,
Mérindol ! Te maudit !

Il faut que cette engeance,
Dit-elle des chrétiens,
Succombe à ma vengeance !
« À mort les luthériens ! »

Alors le roi de France
– C'était François premier –
Lui prêta sa puissance
Et se fit meurtrier.

De notre sang avide
D'Aix le Haut-Parlement
D'une trame perfide
Fut l'inique instrument
[...]
Quarante-cinq années
Quinze siècles passaient ;
De plus quinze journées
En avril se comptaient,

Quand Dieu sur notre terre
Nos bourreaux déchaîna ;
Quand à leur rage altière
Il nous abandonna.
[…]
Mérindol fut brûlée
Avec son beau Castel,
Et languit, accablée
De son chagrin mortel.

Ô cité de nos pères !
Combien de tes enfans
Finirent aux galères
Leurs lamentables ans !

Passant ! vois ces ruines,
Ces vallons désolés,
Et sur tant de collines
Ces murs démantelés :

De Jésus la parole
Était en chacun d'eux.
Rome vient… les immole,
Et c'est d'un cœur joyeux !

Mais que pourra la Bête
Contre Dieu, l'Éternel !
Rome ! Ton jour s'apprête !
Le nôtre, c'est … le Ciel !

FIN

Nîmes, La Tousquière,
juin-décembre 2021.

ANNEXE I

Arrêt de Mérindol[1] (18 novembre 1540)

Sur la demande du prouffit & utilité des deffaultz obtenuz par le procureur général du roy, demandeur en cas & crime de lèse magesté divine & humaine contre André Maynard, baille de Mérindol, Françoys Maynard, Martin Maynard, Jacques Maynard, Michel Maynard, Jehan Pons & sa femme, ung nommé Facy le tournejayre et sa femme, Berthin Vyan & sa femme, Jehan Pellenq et sa femme, Berthin Vyan & sa femme, les enfans et famille des dessus dits, manans & habitans dudit Mérindol, Peyron Rey, Philipppon Maynard, Jacques de Savigny maistre d'escolle, habitans du bas dudit Mérindol, Me Hélion Barberroux & Claude Favier de Torreves, ung nommé Pomery libraire et Marthe sa femme naguyères nonnain à Nysmes, Thomas Pellenq dict du Plan-d'Apt et Guillaume le Normand, retiréz & demeurans de nouveau audit Mérindol, accuséz desdits cas & crimes, adjournéz à trois briefz jours, non comparans & défaillans.

Veu les charges & informations faictes à la requeste dudit procureur général du roy ; ordonnance de prinse de corps et, à faulte de ce, d'adjournement à trois briefz jours décernéz contre lesdits accuséz et défaillans du pénultiesme de juillet an V^c^XL ; exploictz desdits adjournements à trois briefz jours ; les deffaultz obtenuz par ledit procureur général contre lesdits accuséz ; les lettres patentes du roy du dernier de may audit an mil V^c^XL adressans à ladite Court pour procéder contre vauldoys, luthérians & autres tenans sectes contraires et derrogantes à la foy & religion chrestienne ; autres lettres patentes dudit seigneur du XVIme de juillet an V^c^XXXV & du dernier de may an V^c^XXXVI, par lesquelles il faisoyt pardon et grâce aux chargéz, accuséz & suspectz d'erreurs héréticques, en eux désistant desdites erreurs et les abjurant dans six moys après la publication desdites lettres ; les récollemens des tesmoingz examinés ès dessus dites informations ; autres

1 Archives départementales des Bouches-du-Rhône, B 5443.

charges, informations et procès produictz par ledit procureur général pour faire apparoir que notoirement tous ceulx dudit Mérindol tiennent sectes vauldoyses luthérianes réprouvées & contraires à la saincte foy et religion chrestienne, retirent et recèlent plusieurs gens extrangiers et fugitifs chargéz & diffaméz d'estre de telles sectes et iceulx entretiennent et favorisent ; que audit lieu y a escolle des erreurs & faulses doctrines desdites sectes, gens qui dogmatisent lesdites erreurs et faulses doctrines & libraires qui ont imprimé & vendent livres plains de telles faulses doctrines.

Et aussi que ceulx dudit Mérindol au terroir et ès roches & boys dudit lieu et là entour ont bastides, cavernes et spellinques où ilz retirent et caichent eulx, leurs complices & leurs biens et se font fortz ; autres informations prinses par le juge d'Apt pour faire apparoir que, après que Collin Pellenq dit du Plan-d'Apt, comme sectateur desdites sectes, fut ces jours passéz condamné & bruslé & ses biens confisquéz au roy, en hayne de ce, plusieurs gens dudit Mérindol, leurs complices et adhérans, en grande assemblée comme de six ou sept vins homes arméz d'arquebouses, allebardes, espées & autres harnoys, ont rompu le mollin qui estoit audit feu Collin Pellenq & Thomas Pellenq frères, batu & oultraigé le monnyer & icelluy menassé et tous autres qui s'empescheroyent des biens de ceulx de leurs sectes.

Le tout considéré, il sera dit que la Court a dict et déclairé, dict & déclaire lesdits deffaultz avoir esté bien obtenuz et entretenuz. Et, pour le prouffit d'iceulx, que tous les dessus dits accuséz & adjournéz sont vrais défaillans et contumax, descheuz de toutes exceptions et deffences et attaincts & convaincuz des cas & crimes à eulx imposéz de tenir, maintenir et ensuyvre sectes et doctrines héréticques réprouvées et contraires à la foy et religion chrestienne et aux sainctes pohibitions du roi et d'estre retireurs, réceptateurs, receleurs et faucteurs de gens chargéz & diffaméz de tenir telles doctrines et sectes damnées et réprouvées.

Pour la réparation desquelz cas a condemné et condemne lesdits André Maynard baille, Françoys Maynard, Martin Maynard, Jacques Maynard, Michel Maynard, Jehan Pons, Facy le tournejayre, Bertin Vyan, Jehan Pélenq, Hugues Pélenq, Peyron Rey, Philippon Maynard dudit Mérindol, Jacques de Savigny, maistre d'escolle, Me Hélyon Barberroux de Torreves, Claude Favier dudit Torreves, Pomery libraire et Marthe sa femme, naguyères nonnain à Nismes, Thomas Pellenq dit du Plan-d'Apt et Guillaume le Normand, habitans dudit Mérindol, à estre brusléz & ars tous vifs, assavoir quant ausdits Barberroux et Favier en la place publicque dudit Torreves ; quant audit Thomas Pellenq en la place publicque de la ville d'Apt et quant aux autres en la place des jacopins de ceste ville d'Aix. Et, à faulte de les avoir, seront tous exéquutéz en figure et painture. Et, au regard des femmes, enfans, serviteurs et famille de tous les dessus dits deffaillans et condemnés, ladite Court les a défiéz & abandonnéz à tous pour les prendre & représenter à justice afin de procéder contre eulx à l'exécution des rigueurs & peines de droit et ainsi qu'il aparteindra.

Et en cas qu'ils ne puyssent estre prins et apréhendéz dès maintenant les a tous banny et bannit des royaume, terres et seigneuries du roy avec interdiction & prohibition d'y hanter ne venir sur peine de la hard et du feu et déclaire tous & chascuns les biens des dessus dits condemnéz et banniz, leurs femmes & enfans, serviteurs et famille estre acquiz et confisquéz audit seigneur et aussi prohibe & deffend à tous gentilzhommes, vassaulx et autres subgetz dudit seigneur qu'ilz n'ayent à recevoir ny recéler lesdits condemnéz, leurs femmes, enfans, serviteurs et famille ny leur bailler aucunne faveur, ayde ou confort en manière que ce soyt sur peine à ceulx qui feront ce contraire de confiscation de leurs biens et autres peines arbitraires.

Et au surplus, attendu que notoirement tout ledit lieu de Mérindol est la retraicte, spellunque, reffuge et fort des gens tenans telles sectes damnées & réprouvées, la Court a ordonné & ordonne que toutes les maisons & bastides dudit lieu seront abatues, démolies et arrasées et ledit lieu rendu inhabitable sans ce que personne y puysse réédiffier ne bastir si ce n'est par le voulloir & permission du roy ; semblablement que les château & spellunques, repaires et fors estans ès roches & boys du terroir dudit Mérindol seront ruynéz et mys en telle sorte que l'on n'y puysse faire fort et que les lieux soyent descouvertz et patens et que les boys où sont lesdits fortz seront copéz et abatuz deux cens pas alentour. Et davantaige faict prohibitions & défences de bailler à ferme & arrentement ne autrement les héritaiges dudit lieu à aucuns de surnom & lignée des dessus dits condemnéz.

Bechasseneuz J. Durant, relator

Publié en jugement au Parlement de Provence séant à Aix, le XVIIIe jour de novembre MV^cXL.

ANNEXE II

Composition du personnel du parlement d'Aix[1]

REGISTRE DE 1540

Président : Barthélemy de Chasseneux (1531-1541)

Conseillers :
Claude Jarente, seigneur de Sénas (13), 1512
Geoffroi Sala, seigneur de Montjustin (04), 1521
Charles de Glandèves, seigneur de Saint-Martin-de-Pallières (83), 1523
François de Genas, seigneur d'Éguilles (13), 1524
Georges Durand, coseigneur de Peynier (13), 1524
Jean Maynier, baron d'Oppède (84), 1532
Foulquet Fabri, baron de Rians (83), 1532
François Somat, seigneur du Castellar (04), 1533
Antoine Roland, seigneur de Réauville (26), 1533
Honoré de Tributiis, seigneur de Sainte-Marguerite (04) et de Peyrolles (13), 1533
Nicolas Emenjaud, seigneur de Barras (04), 1535
Jean Donneaud, 1535
François Rascas, coseigneur de Bagarris (Le Bourguet, 83), 1536
Bernard de Badet, coseigneur de Gardanne (13), 1539

Procureur général : Thomas de Piolenc
Avocat général : Guillaume Garsonnet

1 D'après les registres. Date d'entrée en fonction.

Greffier criminel et civil : Honoré Boisson

Greffier criminel : Jean Cotereau

Greffier civil : Guillaume Fabri

Premier huissier : Pierre Sanson
Jean-Louis Loque

Huissier : Philippe Courtin

Avocats :
Thomas de Bécaris
Honoré Ferreporte

Procureur :
Pierre de Pontevès

Chambre des Comptes :
Honoré Arbaud, maître rationnal
Pierre Vitalis, maître rationnal

REGISTRE DE 1545[2]

Premier président : *Jean Maynier*, 1544-1557
Second président : François de la Font, 1543-1552

Conseillers :
Claude Jarente, seigneur de Sénas (13), 1512
Geoffroi Salla, seigneur de Montjustin (04), 1521
Georges Durant, coseigneur de Peynier (13), 1524
François de Genas, seigneur d'Éguilles (13), 1524
Foulquet Fabri, baron de Rians (83), 1532
François Somati, seigneur du Castellar (04), 1533
Honoré de Tributiis, seigneur de Sainte-Marguerite (06) et de Peyrolles (13), 1533
Antoine Roland, de Réauville (26), 1533
François de Pérussis, seigneur de Lauris (84), 1534
Nicolas Émenjaud, seigneur de Barras (04), 1535
François Rascaz, seigneur de Bagarris (Le Bourguet, 83), 1536
Rémy d'Ambrois, 1539
Bernard de Badet, coseigneur de Gardanne (13), 1539
Gaspard de Arcussia, seigneur d'Esparron (83), 1542
Jean de Beaumont, 1543
Antoine Geoffroy
(Jean-)Augustin de Foresta, baron de Trets (13), 1543
Claude de Panisse, baron de Montfaucon (30), 1543
Accurse de Léone, 1543
Gaspard Garde, seigneur de Vins (83), 1543
Jean-Augustin de Foresta, baron de Trets (13), 1543
Antoine Gaufridi, seigneur de La Galinière (13), 1543
Antoine de Saint-Marc, 1544
Pierre Bompar, seigneur de Magnan (13), 1544
Louis Puget, seigneur de Fuveau (13), 1544
Antoine de Saint-Marc, 1544

2 *Italiques* : présents en 1540.

Procureur général : Thomas de Piolenc
Avocat général : Guillaume Guérin, 1541

Greffiers : Honoré Boisson
Jean Cotereau

Clerc du greffe : Bonnaud

Huissiers :
Joachim Maignan
Boze

Archiviste : Borrilli [notaire d'Aix]

Geôlier : Acurse Neguet

ANNEXE III

Début de l'inventaire des procès

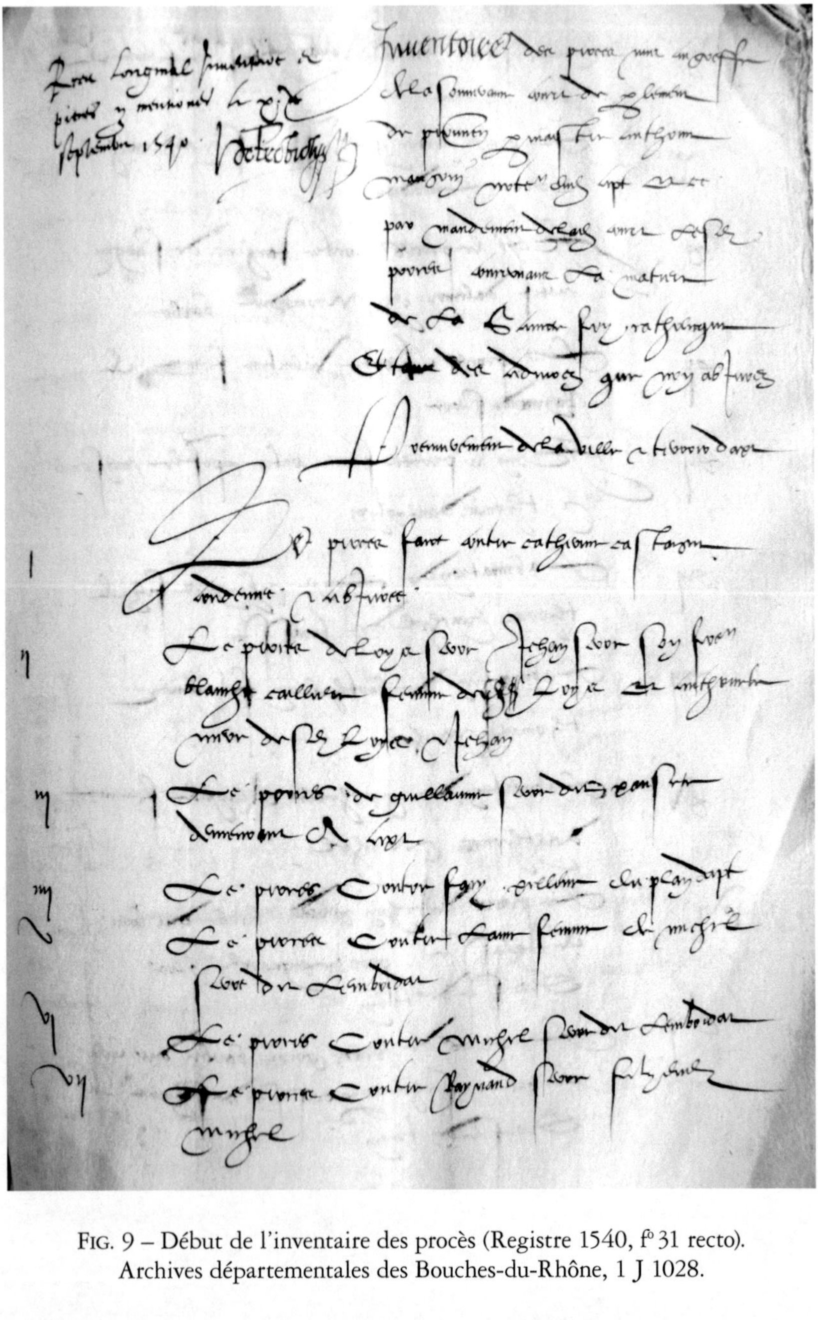

FIG. 9 – Début de l'inventaire des procès (Registre 1540, f° 31 recto).
Archives départementales des Bouches-du-Rhône, 1 J 1028.

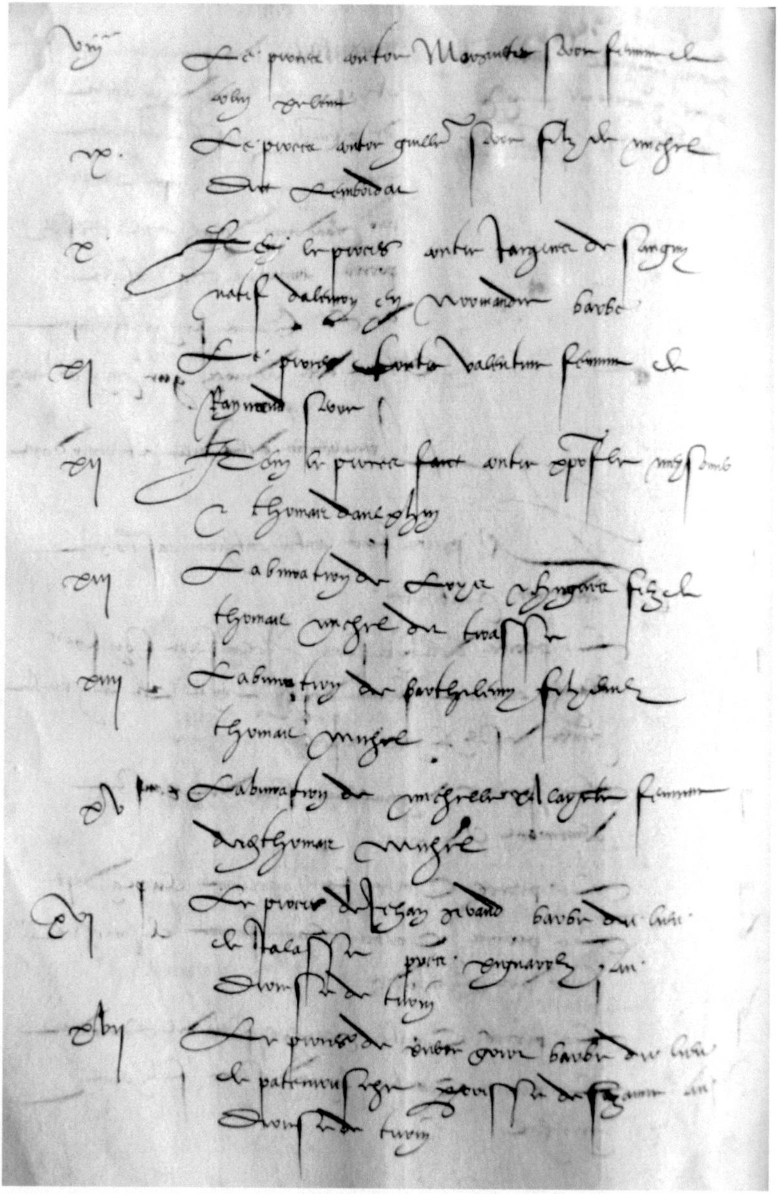

FIG. 10 – Début de l'inventaire des procès (Registre 1540, f° 31 verso).
Archives départementales des Bouches-du-Rhône, 1 J 1028.

GLOSSAIRE

Advouer : approuver
Affiger : afficher
Ains : mais
Ainsin : ainsi
Affoler : maltraiter
Amender : punir
Ambe : avec
Amplier : agrandir, augmenter, élargir, copier (un acte)
Ampliation : étendue
Apparoir, aparoir : apparaître
Arbitre : volonté
Archivaire (provençal) : archiviste
Arduité : difficulté
Ars : brûlé
Aspre : petite pièce d'argent turque
Attestoire, attestor : attestation
Aucun, aucuns : quelqu'un, quelques-uns

Baille : habitant investi de la fonction de juge
Bailler : donner
Ban, arrière-ban : service militaire dû par les vassaux à leur seigneur
Barbe : prédicateur vaudois
Brassier : ouvrier agricole
Bulletin : laissez-passer, sauf-conduit

Cayeron : petit cahier (provençal : caierot)
Capitulation : négociation, traité
Capituler : traiter, négocier
Charger : accuser
Chaud, au chaud : avec ardeur
Ci, cy : ici
Combien que : bien que
Commination : menace
Commotion : soulèvement
Composition : négociation
Compulsoire : contrainte judiciaire
Comté de Venise : Comtat Venaissin
Congréger : rassembler, réunir
Controuver : inventer, imaginer
Controuveur : inventeur de choses fausses
Convenant : accord
Converser : fréquenter, séjourner
Cop : coup
Couleur, coleur, sous couleur : prétexte, sous prétexte
Coulpe : faute
Créance : message confidentiel ; croyance
Crie, crye : criée
Croton : cachot
Cuider : croire

Délat : accusé
Demeurance : résidence
Demeurant : reste
Départir, despartir : distribuer, répartir
Département, despartement : départ, répartition
Dépaysement : départ du pays
Dépécher, despécher : traiter rapidement, achever
Dépopuler : dévaster, piller
Dernier : derrière
Désaise, désaisement : malaise, maladie
Desloger : partir, départ
Despartir : répartir
Détraction : dénigrement
Dirumpre : ruiner, démolir

Discrépance, discrépant : désaccord, en désaccord
Discussion : répartition, dispersion
Distraire, distraction : disperser, dispersion
Divertir (se) : se disperser ; dissuader
Divisement : séparément
Dogmatiser : enseigner, instruire

Élargir, eslargir : libérer
Élargissement, eslargissement : libération
Employer : solliciter l'aide
Endoctriner : instruire
Endroit : emplacement, ici
Ensemble : avec
Ès, èz : en les
Escarmoucher : effaroucher
Escroue : écrou
Exaction : exigence
Exécutoire : acte contraignant au paiement
Exhiber : exposer, montrer, présenter
Exigatis (latin) : voir exécutoire
Expédient : moyen
Expédition : exécution
Expier : épier
Exploit : acte de justice pour assigner, notifier, saisir
Exploiter : accomplir, exécuter

Falloir : manquer
Fauteur : partisan
Figure, en figure : en effigie
Force de : beaucoup de
Fors : sauf, excepté
Fuitif : fugitif

Garach (provençal) : guéret
Gré : à gré, volontiers
Grief : grave

Habiller : préparer
Harnois : armure, équipement d'armes
Hasard : danger

Illec : ici, là
Impertinent : qui ne convient pas, impropre
Inhibition : interdiction
Incontinent : immédiatement, aussitôt
Ire : colère

Jà : déjà, maintenant
Jacobins, jacopins : dominicains
Joint que : outre que

Laier : laisser
Laisse : lien, attache
Lettres missives : simples lettres
Lettres patentes : lettres scellées au nom du roi

Mandement, mander : ordre, envoi ; commander, envoyer
Marri : désolé
Massier : sergent royal
Mégerie : bail à chaptel
Ménage, mesnage : contenu de la maison
Ménager, mesnagier : administrateur de maison, domaine, terre.
Merci : pitié, miséricorde
Mestier, si mestier est : si besoin est
Ministrer : fournir, procurer
Minute : note brève
Mises : dépenses

Nonnain : nonne, religieuse
Ne : ni
Nulli, nully : aucun

Obvier : prévenir, éviter
Official, officialité : juge, tribunal de l'évêque
Ombre, umbre : sous ombre, sous prétexte
Opiner : donner son avis, voter
Or : maintenant, à présent

Parforcer (se) : s'efforcer
Partant : donc, par conséquent
Patente : certificat, brevet
Pervertir : détourner
Piéça : depuis un certain temps

Plège, pleige : caution
Pondérosité : importance
Pratiquer : exécuter selon les règles
Prou : beaucoup

Querelle : revendication en justice
Quérir : chercher

Rabiller : réparer
Rat, rate, de bonne rate : de bon cœur
Réaulment, réyaulment : réellement
Récoler : lire aux témoins leur déposition pour vérifier qu'ils la maintiennent.
Recourir : secourir
Recouvrir : récupérer
Réduire, se - : soumettre, se -.
Regarder de : éviter de, veiller à
Relaps : personne retombée dans une hérésie après l'avoir abjurée.
Relevée (de) : après-midi
Rescrit : ordre par écrit
Responsif, ve : en réponse
Retraits : lieux d'aisances
Réyaulment : voir réaulment
Rière : devers
Rognes, gratter les rognes : faire des reproches, blâmer
Roideur : rigueur
Roole, rôle : liste

Séminateur : semeur
Séquutivement (sécutivement) : à la suite, en suivant
Serrer : ranger, bloquer, fermer
Si : aussi
Souloir : avoir coutume de
Souspeçon : soupçon
Spelunque, spelenque : caverne
Subrestan, (subre-estan, provençal) : surveillant
Subvection : transport
Surnom : patronyme, nom de famille
Sursoyer : différer, surseoir
Synagogue : assemblée

Tabellionné : rédigé, dressé, établi
Taxer, taxation : fixer le montant, montant
Traite : transport
Travailler : tourmenter
Trèstous : absolument tous

Umbre : voir ombre
Université : communauté

Vacation : charge, fonction, vacance des tribunaux
Venise : Comté de Venise, Comtat Venaissin
Verser avec : fréquenter
Vuider : vider, quitter, achever

SOURCES ET BIBLIOGRAPHIE

SOURCES MANUSCRITES

Archives nationales, Paris, J 851, n° 2 : Procès contre Jean de Roma, inquisiteur, 1533

Archives départementales des Bouches-du-Rhône :
B 3640-3647 : Délibérations, audiences (1536-1557)
B 3722-3763 : Audiences (1532-1559)
B 4488-4500 : Arrêts à la barre. Civil (1531-1540)
B 5443-5458 : Arrêts à la barre. Criminel (1540-1549)
5 G 595 : Mérindol.
1 J 1028 : registres du parlement de Provence, délibérations et procédures contre les vaudois et luthériens, 1540, 1545

Bibliothèque Méjanes (Aix-en-Provence) :
Ms 774 : Affaire de Cabrières et Mérindol. Copie (1540-1545)
Ms 775 : Affaire de Cabrières et Mérindol. Copie (150-1545)

Musée Arbaud (Aix-en-Provence) :
Le Tholonet : Acte d'habitation (1519)
MF 4 : Délibérations du Parlement (1542-1581)
MF 49 : Affaires de Cabrières et Mérindol. Copie (1540-1545)
MQ 29 : Affaires des vaudois. Copie (XVIe siècle)
MQ 755 : Informations sur Catherine Castagne par Jean de Roma (1532)

Bibliothèque Ceccano (Avignon) :
Ms 1557, n° 11 : Acte d'habitation de Mérindol. Copie XVIIIe s. (1504)
Ms 2398, f° 301 : Massacre des huguenots de Mérindol en 1545. Copie.
Ms 2779 : Dissertation sur l'exécution de Cabrières et Mérindol (XVIIe s.)

Bibliothèque Inguimbertine (Carpentras) :
Ms 1359 : Secrétariat de l'évêché de Carpentras (1538-1546)
Ms 1800 : Église réformée (XVIe s.)
Ms 1834 : Contre les luthériens (XVIe s.)

BIBLIOGRAPHIE

ALBANES, Joseph-Hyacinthe, « Un nouveau document sur les premières années du protestantisme en Provence », *Bulletin historique et philologique*, respectivement 1884, p. 25-41.

ALBANES, Joseph-Hyacinthe, « Nouvelles pièces concernant le protestantisme en Provence (1533-1538) », *Bulletin historique et philologique*, 1885, p. 214-230.

AUBENAS, Roger, *La sorcière et l'inquisiteur. Épisode de l'Inquisition en Provence*, Aix-en-Provence, La Pensée universitaire, 1956.

AUBERY, Jacques, *Histoire de l'exécution de Cabrières et Mérindol…*, Paris, Cramoisy, 1645, rééd. G. Audisio, Paris, Les Éditions de Paris, 1995.

AUDISIO, Gabriel, *Les vaudois du Luberon. Une minorité en Provence (1460-1560)*, Mérindol, A.É.V.H.L., 1984.

AUDISIO, Gabriel, *Une grande migration alpine en Provence (1460-1560)*, Torino, Deputazione subalpina di storia patria, 1989.

AUDISIO, Gabriel, *Procès-verbal d'un massacre. Les vaudois du Luberon (avril 1545)*, Aix-en-Provence, Édisud, 1992.

AUDISIO, Gabriel, *Les Français d'hier*, t. 2, *Des croyants, XVe-XIXe siècle*, Paris, A. Colin, 1996.

AUDISIO, Gabriel, *Une inquisition en Provence (Apt, 1532)*, Paris, H. Champion, 2008.

AUDISIO, Gabriel, *Migranti valdesi, Delfinato, Piemonte, Provenza (1460-1560). Migrants vaudois, Dauphiné, Piémont, Provence*, Torino, Claudiana, 2011.

AUDISIO, Gabriel, « Le massacre des vaudois du Luberon : de la décision (1540) à l'exécution (1545) », *Riforma e movimenti religiosi*, 2021, n° 9, p. 105-130.

BARBICHE, Bernard & CHATENET, Monique, *L'édition des textes anciens, XVIe-XVIIIe siècle*, Paris, L'Inventaire, 1990.

CRESPIN, Jean, *Histoire des martyrs*, Genève, Crespin, 1557, édit. Toulouse, 1885, 3 vol.

DAUBESSE, Sylvie, *Conjurer la dissension religieuse. La justice du roi face à la Réforme (1555-1563)*, Ceyzérieu, Champ Vallon, 2019.

DOLAN, Claire, *Entre tours et clochers. Les gens d'Église à Aix-en-Provence au XVIe siècle*, Sherbrooke, Éditions de l'Université de Sherbrooke, 1981.

GEISENDORF, Paul-F., *Livre des habitants de Genève, t. 1, 1549-1560*, Genève, Droz, 1957.

MASSON, Paul, dir., *Les Bouches-du-Rhône. Encyclopédie départementale. Première partie.* T. 3, *Les temps modernes, 1482-1789*, Marseille, Archives départementales des Bouches-du-Rhône, 1921, chap. XIII, « Les institutions judiciaires », p. 322 *sq.*

PEYRE, B., *Mérindol en Provence*, Avignon 1939, Marseille, Laffitte Reprints, 1971.

VENARD, Marc, *Réforme protestante, réforme catholique dans la province d'Avignon, XVIe siècle*, Paris, Cerf, 1993.

WOLFF, Louis, *La vie des parlementaires provençaux au XVIe siècle*, Marseille, 1924.

INDEX DES NOMS DE LIEUX[1]

1 Aix-en-Provence exclu. Entre parenthèses : numéro du département.

TABLE DES FIGURES

TABLE DES MATIÈRES

IMPRIM'VERT®

Achevé d'imprimer par Corlet,
Condé-en-Normandie (Calvados),
en Mai 2022
N° d'impression : 176131 - dépôt légal : Mai 2022
Imprimé en France